FAMILIAS COMO LA MÍA

colección andanzas

FRANCISCO FERRER LERÍN
FAMILIAS COMO LA MÍA

1.ª edición: enero de 2011

© Francisco Ferrer Lerín, 2011
Níquel fue publicado por primera vez en la Editorial Mira (Zaragoza), en 2005

Diseño de la colección: Guillemot-Navares
Reservados todos los derechos de esta edición para
Tusquets Editores, S.A. - Cesare Cantù, 8 - 08023 Barcelona
www.tusquetseditores.com
ISBN: 978-84-8383-291-2
Depósito legal: B. 466-2011
Fotocomposición: Anglofort, S.A.
Impresión: Limpergraf, S.L. - Mogoda, 29-31 - 08210 Barberà del Vallès
Encuadernación: Reinbook
Impreso en España

Queda rigurosamente prohibida cualquier forma de reproducción, distribución, comunicación pública o transformación total o parcial de esta obra sin el permiso escrito de los titulares de los derechos de explotación.

Índice

Níquel
I	11
II	43
III	57
IV	81
V	105
VI	115
VII	119
VIII	129
IX	135
X	157
XI	169
XII	179
XIII	193

Nota final 209

Nora Peb
La Bête de Gévaudan	213
Cine Cristina	231
De vientre	237
La señora Peb	239
Recapitulación acompañada de un documento	251
La casa Ocuc	255
La Sierra de Onete	259
La sobrina Alena	261

Juego 269
Morna 279
Tufo 289
Galalit 301
Dux 307

Notas 313

Níquel

Para Fran
Para Miqui

I

Febrero de 1960

Josep, La Muerte, camina por el oscuro, frío y húmedo pasillo que de la sala de disección conduce a la plataforma. La colilla en los labios, gafas con cristales de culo de vaso, interminable bata que debió de ser blanca arrastrando casi tanto como los dos cadáveres que lleva sujetos bajo los brazos. Y un descuido en el manejo del elevador que a esas horas nadie debía utilizar produce el salto al vacío –no hay puertas– y una caída al hueco de grasa, cables y ruedas dentadas, donde permanecerá tres días magullado y abrazado a unos seres con los que según la masa estudiantil acostumbra a mantener sofocadas relaciones sobre las mesas de mármol. Josep Cuscó Balsareny, oriundo de la montaña pirenaica, represaliado, protegido por un profesor ayudante que se dice también es rojo, tiene como misión el traslado de los cuerpos y de sus porciones desde la morgue situada en el segundo sótano hasta la gran sala, situada encima, donde profesores y alumnos realizan las prácticas de anatomía: en unos grandes recipientes, inmersos en un líquido espeso y que produce irritación en los ojos, se encuentran otras piezas pero su extrema dureza, al estar momificadas por el formol, hace casi imposible diseccionarlas; una de las bromas propias de primer curso, además de meter en el bolsillo de la bata de las escasas estudiantes orejas o penes mutilados, era bailar con Ramiro, un cadáver gigantesco, de espantosa rigidez, que se extraía con gran dificultad de su bañera y se colocaba de pie apoyándolo en un muro. No se descubrió a La Muerte hasta el lunes y esos largos viernes, sábado y domingo tuvo ocasión de considerar si no hubiera sido mejor dejarse matar en el maquis.

Había que eliminar ese olor nauseabundo que tras casi cinco horas de prácticas impregnaba principalmente los cabellos pero también toda la piel. La ducha se prolongaba, en estas ocasiones, más de lo normal, y eran frecuentes las imprecaciones familiares a las que había aprendido a responder con el más absoluto desprecio. Recuerdo que durante la cena, breve en mi caso ya que esa noche había quedado especialmente pronto, mi padre, sin mirarme, sin levantar los ojos del plato, me volvió a amenazar con hacerme pagar la mitad del recibo del agua y en esa ocasión –debía de molestarle más de lo acostumbrado la úlcera del estómago– incluyó varios comentarios sobre sus tiempos de estudiante en los que se dibujaba un escenario de sacrificios, penurias y vocación desmedida. Realmente a mí, la medicina, no me interesaba en absoluto, sólo, por esa posición acomodaticia que ya entonces, con dieciocho años, me caracterizaba, acepté matricularme; todo el mundo consideraba que gustándome los animales y siendo mi padre médico era ahí donde debía labrar mi futuro. La noche fue intensa. Un conato de pelea en la barra del Tokio –un tugurio que combinaba pista de baile y sala de billar– se saldó con rasguños y contusiones en las manos y cara de Toni Mascaró, amigo de la infancia, de cuando los veraneos en Sardañola. La entrada en el Alhambra –sala de fiestas– de bote en bote los viernes por la noche, derivó en una agria discusión con el portero por si Máiquel Bundó llevaba o no llevaba desabrochada la camisa. Ya en el interior comencé a bailar con una gallega que iba a grabar un disco; la historia era compleja –perseguida por un primo hermano que a la vez que se ofrecía para conseguirle actuaciones en las fiestas de no sé qué montón de aldeas quería beneficiársela huye a Madrid donde se instala con una tía soltera que arregla trajes apareciendo ésta muerta al segundo día luego se viene a Barcelona y se pone a servir en casa de un comisario cuyo hermano logra que le hagan una prueba, etcétera– pero lo que yo quería a estas alturas, tras las disecciones, las discusiones y el alcohol, era correrme, y le digo que vaya un momento al servicio a quitarse la faja que por más que lo intento –y ella se dejaba arrambar como decíamos entonces– sólo consigo rozarme con un borde duro, con una especie de costura metálica, y se aparta violentamente y me suelta una bofetada monumental. «¡Qué hostia, qué hostia!», dice Toni cuando vamos saliendo hacia la calle empujados por el gerente. Toni y Máiquel eran mis compañeros de este tipo de juergas, mal vistos por mi familia, malos estudiantes, uno terminó vendiendo objetos de culto y el otro se casó con una extranjera quince años mayor con la que vive en Mijas. Ah, mi nombre es Paolo, Pablo Amatller Moragas, y éste es mi diario (secreto).

No es cierto que la vida en aquellos años fuera triste y aburrida. No quise desprenderme de una vieja moto Guzzi 75 –palanca de cambio manual de tres velocidades situada en un costado del depósito– que utilizaba en el pueblo durante el verano y que pese a su deteriorado aspecto me permitía obtener un grado de movilidad si no, imposible. Sería el martes o el miércoles siguiente –ya Josep, La Muerte, recuperado– cuando en Anatomía se iba a explicar el riñón y resultó que no había ninguno fresco. Esperé al catedrático, doctor Fusté, a la salida de clase y me ofrecí a conseguir uno. El pobre hombre, horrorizado, pero conociéndome bien –era amigo de mi padre– ya imaginó que la cosa podía ir en serio y mirando a un lado y a otro, en voz muy baja, me dijo: «Pero con cuidado Amatller..., por Dios, sin problemas». Bajé al bar de la facultad que estaba situado junto a la sala de prácticas y busqué a Pedro Castán, un veterano interno aragonés al que siempre le iban bien unas pesetas. A las ocho de la mañana entramos en el Hospital del Perpetuo Socorro, con batas blancas, maletín de instrumentos y paso decidido, atravesamos un amplio zaguán de mosaicos azules, tomamos el pasillo de la izquierda y bajamos, tras abrir una pequeña puerta, unas escaleras, luego otra puerta, y allí estaba el túmulo en el que dos soñolientas monjas velaban un muerto. Pedro se inclinó hacia una de ellas, ambas se miraron, y salieron presurosas rumbo a la capilla. La operación fue muy rápida: sacamos el cadáver lo colocamos sobre una mesa contigua y le extrajimos un riñón; cosimos y volvimos a meter el fiambre en su sitio dejando cinco duros en uno de los reclinatorios. Sobre el minúsculo asiento trasero de la Guzzi había atado una cesta en la que colocamos el riñón envuelto en una sabanita del pabellón infantil. Otra historia relacionada con esta moto y que ilustra el carácter festivo de esa temporada tuvo lugar a la semana siguiente. Octavio Torres disfrutaba, desde la ventana de su cuarto, que daba a un patio de luces, de las exhibiciones de la hija de los porteros. Realmente, cuando fui a comprobarlo, la cosa merecía la pena: Ramona, que así se llamaba, dejaba la ventana entreabierta, lo justo para que se pudieran apreciar las variadas maniobras autosatisfactorias que desarrollaba sobre la cama y en paños menores. Decidimos utilizarla; yo podía conseguir éter y tenía la Guzzi, Octavio me la presentaría y la invitaríamos a una fiesta en Moncada, donde, en una leñera del jardín de la torre propiedad de los padres de Pajas –así apodado por su desmedida afición onanista– estarían aguardándonos; sólo entrar la anestesiaríamos, y tumbándola sobre un poyo podríamos llevar a la práctica provechosas fantasías. Pero una lluvia impenitente desbarató los planes. Calados hasta los huesos, Ramona y yo pasamos la tarde semiprotegidos por el alero de un almacén sin llegar a salir de Barcelona.

Abril de 1960

Debo a Luis de Caralt, a Ediciones G.P., a Plaza y Janés, quizás a todos por igual o quizás a sólo uno de ellos –aparecían todos los nombres sin saberse a ciencia cierta quién mandaba– mi conocimiento de William Faulkner o, lo que es lo mismo, el inicio de –como alguien diría después– una cierta carrera literaria. Una pequeñísima papelería –más que librería–, en la Vía Layetana, en un semisótano, contiguo a otro en el que se ubicaba la confitería donde cuando niño se compraban los dulces tras la misa de doce, mostraba, en unos escaparates de madera pintada de verde que quedaban muy por debajo del nivel de los ojos, varios volúmenes de la colección Reno de esa editorial, ejemplares en un formato que entonces debió empezar a llamarse «libro de bolsillo». Entré por primera vez en el establecimiento con la idea de comprar unos cuadernos pero sólo terminar de bajar las empinadas escaleras me topé con un expositor –ese artilugio que luego se denominaría pomposamente góndola– en el que se encontraban los mismos títulos que en los escaparates de la calle. Fue un acto reflejo, cogí uno, lo hojeé, vi algo que era nuevo, una literatura densa, pero como mecida por música negra, lo acerqué al mostrador y me lo envolvieron junto a unos blocs de Enri. Era mi primer Faulkner, *El villorrio*, no el mejor, pero el que abriría el camino; ahora recuerdo que la confitería se llamaba Vila Bou y que en la misma papelería-librería adquiriría meses más tarde otro libro, uno de los primeros volúmenes de la colección Los Premios Nobel de Literatura, también de Ediciones G.P., que incluía tres obras de autores diferentes, la primera, *¡Desciende, Moisés!;* conjunto de relatos faulknerianos entre los que se halla uno memorable: *El oso.*

Luego vinieron más, creo que todos los que por aquellos años podían conseguirse en librerías de nuevo y, sobre todo, de viejo. Una relación, en la que ya no están las *Obras completas* y algunos títulos en inglés –fruto de un fracasado intento de leer a Faulkner como está mandado– que quedaron por el camino en los variados cambios de residencia, incluiría *Sartoris, En la ciudad, Los invictos, Pylon, Gambito de caballo, ¡Absalón, Absalón!, Intruso en el polvo* y *Estos trece* entre los libros sin historia. Porque, y es hacia aquí a donde quería llegar, los libros han tenido siempre para mí un valor objetual que a menudo ha superado su valor de contenido; quizá lo correcto sería decir que al valor del objeto, del fetiche, que podría comprender no sólo cualidades tipográficas o de encuadernación sino editoriales, se suma un valor recordatorio, la posibilidad de recuperar situaciones que no sólo abarcan el acto de su adquisición sino un campo más amplio cuyas coordenadas temporales y espaciales pudieran estar perdidas hasta el momento en que el libro vuelve a nuestras manos. De todas formas, con el resto de material Faulkner que dispongo, sólo uno de los ejemplares tiene ese poder evocador, aunque otros tengan valores añadidos: *Mientras agonizo,* edición de Aguilar de 1957, está traducido desde la página 23 a la 154 por Arturo del Hoyo y desde allí –en un punto que no coincide con el final de página ni siquiera con el final de un párrafo– hasta la conclusión por Agustín Caballero Robredo; *Las palmeras salvajes,* Editorial Sudamericana, 1956, consta como traducido por Borges pero hoy se sabe que fue su madre la traductora; *La paga de los soldados,* en la Colección Gigante de Luis de Caralt, 1959, no hace referencia a la traducción; *El sonido y la furia,* en la argentina Los Libros del Mirasol, ofrece un título distinto –«sonido» por «ruido»– al acuñado en la bibliografía española; *Réquiem para una reclusa* es una adaptación de Albert Camus, traducida por Victoria Ocampo, de la novela *Réquiem por una monja; Lumière d'août,* 1961, y *Moustiques,* 1963, los traigo a colación por el detalle de los traductores franceses de referirse al americano distinguiéndolo del inglés y, por el olor característico, que pese a los años transcurridos, aún desprende el primero de ellos (como todos los libritos de la colección Le Livre de Poche); finalmente *Santuario,* Espasa-Calpe, 1934, reúne un cúmulo de curiosidades, desde el haberlo colocado sus editores en la colección Hechos Sociales pese a ser una novela, pasando por el atinado y pulcro prólogo de Antonio Marichalar, hasta ser el ejemplar que antes he señalado con poder evocador, pero esto será tratado más adelante.

Verano de 1960

Qué años cuando corría por la era escribiría en el 62 intentando recrear un horizonte de siestas, calinas y mundo agrícola que la verdad nunca había disfrutado del todo, demasiado fuerte el poso urbano, pero ya absorbidas ciertas lecturas de carácter memorial-rural-sentimental de la señora Matute. Hubo, en la infancia, en los veranos de finales de los cuarenta, algunos episodios de bicicleta, cosecha y ranas en la alberca pero fueron escasos. En general, las estancias en el pueblo oscilaron entre la rijosidad (ya exhibiciones de Elenita Sánchez levantándose la falda, los dos metidos dentro de una tienda de indios de sus hermanos mayores y diciéndome pizpireta, ella con tres años y yo con siete: «¿Quieres ver revistas?») y el descubrimiento de una portentosa fuente de ingresos jugando al póquer con los amigos. Pero aunque nada fue fácil, tampoco resultó fatigoso y mucho menos sorprendente. A finales de agosto de ese año de 1960 aparecieron unas francesas espectaculares; eran las fiestas del barrio de Cordellas y yo estaba apoyado en una de las acacias engalanadas con farolillos y banderitas. De pronto oigo que me llaman –«¡Paolo, Paolo!»– y veo que se acercan sobresaltados Toni Mascaró, Máiquel Burdó y Santi Loverdos. «¡Qué tías, qué tías!» «¿Has visto las francesas que han venido?» «¡Dicen que son hermanas!» A eso de las doce de la noche un Renault 4/4 de color verde irrumpió vertiginoso en plena verbena. Frenó y derrapó en el centro del polvoriento Paseo de Cordellas y de su interior salieron dos musas mascando chicle. Nadie esa velada se atrevió a sacarlas a bailar. Al día siguiente, a las seis de la tarde, tuvo lugar el suceso más importante de lo que llevaba de verano, y quizá de lo que llevaba de vida: jugábamos al póquer en el casino y de repente se oyó la voz inconfundible de Toñín Soler: «Paolo, ¿puedes venir?». (Toñín Soler, de unos treinta años, donjuán irreductible, seductor profesional, de una rica familia en la que nadie nunca había trabajado, gozaba de los últimos estertores de la fortuna, poseía una casa enorme rodeada por un jardín en el que se decía existía un subterráneo –El Pudridero– donde llevaba a sus conquistas y en el que se fumaba opio.)

El Sevillano era un Fiat 1100 de morro alto, de color negro, matrícula pues de Sevilla, con el que Toñín, las dos francesas y yo partimos aquella noche, desde Sardañola, hacia Las Ramblas de Barcelona. Delante iban Toñín conduciendo, borracho como una cuba, y Carmen, la mejor de las dos francesas –realmente había nacido en España– guapa, simpática y siempre dirigiéndose a mí con una amplia sonrisa. Detrás, yo con la otra, Martine –natural de Tarbes, algo delgada, a punto de casarse–, que me había elegido al verme por el pueblo y había obligado a Toñín, pareja estival de Carmen desde hacía algunas temporadas, a que me propusiera ser su acompañante. Aparcó el coche en la plaza del Teatro y como si estuviera todo planeado Toñín y Carmen salieron disparados hacia la calle Escudillers y Martine y yo quedamos medio recostados en el asiento trasero del Sevillano. El tiempo fue largo y el dolor testicular agudo. Ya durante el viaje había trajinado mis partes y allí, al final de las Ramblas, por temor a manchar el coche aguanté, como nunca había aguantado, todo tipo de tocamientos y lamidas. De golpe, regresaron, y nos fuimos los cuatro a comer calamares y luego a beber Pastis. Volvimos a Sardañola de madrugada y, maravillado, pude constatar que la existencia del Pudridero no era una entelequia. Esa mujer francesa Martine, entusiasmada con mi anterior control en el asiento del vehículo creyó que iba a ser su gran noche pero yo estaba agotado, e hice el más espantoso de los ridículos: la cosa debió de durar un par de minutos, y no estoy seguro de que llegara siquiera a penetrarla. Me fui escopeteado, Martine tirada sobre el catre medio vestida y los otros dos, en el rincón de enfrente, roncando en una atmósfera de humo. Pero, desde luego, mi prestigio, entre los amigos y la gente del casino en general, subió enormemente. Hubo quien nunca había jugado al póquer y se sentó a la mesa durante unos días –pocos, nadie podía perder demasiado– para conocer detalles del acontecimiento pero, sobre todo, con la esperanza de que alguien pudiera creer que era compañero mío de correrías. Martine vino a buscarme a casa al cabo de dos días –hubo cierto revuelo familiar– y no pareció en absoluto molesta por lo de la otra noche. Andando llegamos a un pinar, Las Fontetas, donde veraneantes y paisanos asaban costillas y bebían sangría y, estando yo de pie apoyado en un pino e intentando explicarle algo en mi mal francés, se arrodilló, me abrió el pantalón y me hizo un ídem. Aquella tarde partieron hacia su tierra. En primavera recibí, metido en un sobre rosa, la foto de un bebé; detrás ponía: «¡Es tuyo!». ¿Un francés fruto de otro? Destruí la prueba.

Noviembre de 1958

Los naipes nacieron conmigo. No tengo conciencia exacta de cuándo empecé a manejarlos pero sí tengo presentes varios hitos en esa prehistoria de mi vida de jugador. Recuerdo una partida al anochecer en un pueblo de la provincia de Tarragona donde mi tío Carlos tenía una finca y yo había acompañado a mi padre para no sé qué asunto familiar. Habíamos hecho una especie de merienda cena y alguien propuso jugar al póquer. Pusieron una manta sobre una mesa circular de grandes dimensiones y rápidamente se sentaron mi tío, mi padre, el administrador de la finca y otro tipo que debía de ser del pueblo. Yo quedé apartado, sentado en la silla junto a la mesa en que habíamos cenado, y nadie reparó en mí. Estaban todos deseosos por jugar, se diría que muy deseosos. Pidieron varias veces la baraja al chico que ayudaba a servir y como no la encontraba se levantaron –creo que fueron el administrador y el del pueblo– y entraron en la habitación contigua rebuscando en los cajones de una consola. Al final consiguieron un par de barajas viejas y las echaron sobre la manta disponiéndose enseguida a abrir los estuches para ver cuál estaba mejor. Hubo un pequeño lío al contar las cartas, no se aclaraban respecto a cuántas debían ser y yo, que me había acercado a ellos, solté con toda naturalidad el número: veintiocho. Me miraron, sonrieron, mi tío me dio las gracias, pero nadie estaba dispuesto a perder más tiempo y se pusieron frenéticamente a jugar. Cogí una silla y me coloqué detrás de mi padre, entre mi padre y el administrador; tenía entonces dieciséis años, ya había intervenido en varias timbas con gente de mi edad e incluso con algún adulto, y siempre había ganado.

La partida se estaba desarrollando atropelladamente. Los más agresivos, mi tío y el paisano, practicaban un juego violento pero que, por el momento, les daba resultado. Mi padre, que nunca fue un entusiasta de los juegos de naipes, iba perdiendo algo y, al administrador, acomplejado, aturdido y con muy mala suerte, le estaba costando la broma una pequeña fortuna. Se llegó a un punto en que mi padre, que casi había hecho la paz, se levantó diciendo que estaba cansado y el administrador, que seguía con su mala racha, no supo si levantarse también; se debía de haber quedado sin fondos. Un instante de duda, que resolvió rápidamente mi tío ofreciéndole dinero al administrador y, para quitar hierro al asunto, mientras sacaba un fajo de billetes del bolsillo, se dirigió a mí, sonriente, diciéndome si no quería sustituir a mi padre, que ya había salido del salón camino del dormitorio. Medité la respuesta y al final dije: «No llevo dinero». Mi tío rió de buena gana y tras echarle al administrador, sobre la manta, un montón de billetes, cogió dos y señalándome con ellos dijo: «Te toca a ti, tú das las cartas». Me sentí invadido por una especie de fuego, me levanté, cogí los dos billetes y, sin dar las gracias, me senté en la silla de mi padre recogiendo y barajando las cartas con total desparpajo. Lo que sucedió a partir de ese momento es digno de aparecer en una antología de historias de jugadores de póquer. Cada vez que me tocaba dar las cartas les ganaba el resto; a uno, a dos o a todos. Era como si esperara a poder tener en mis manos las cartas para machacarles. Y no es que no entrara en las jugadas en que yo no barajaba pero es que llegó un momento en que la partida quedó centrada en las veces en que me tocaba dar. Se fue creando un clima de progresiva expectación y las caras al principio asombradas e incluso divertidas se empezaron a agriar, surgieron algunos comentarios a cargo del energúmeno local y fue, cómo no, mi tío quien me preguntó, entre extrañado y molesto, que quién me había enseñado a jugar (no se atrevió a decir que quién me había enseñado a barajar). La verdad es que las rachas en el juego –y yo lo estaba comprobando por primera vez– son arrolladoras. Mis conocimientos sobre el póquer, sobre los naipes en general, no eran suficientes para saber hacer trampas, pero, en estos estados de gracia el buen juego, las buenas jugadas acuden aún más (al menos ésta es la sensación) cuando a uno le toca dar. Llegó un momento en que tal era mi dominio que empecé a echarme faroles; bastaba que pusiera la mano en el resto para que tiraran las cartas. A eso de las tres de la mañana, con prácticamente todos los billetes en mi poder, con varios pagarés del paisano repartidos por la mesa, ante lo desolador de la situación, mi tío se puso en pie y dijo algo así como «señores otro día será, esto se acabó por hoy». Se levantaron también los otros dos y salieron los tres juntos del salón. Oí cómo cuchicheaban brevemente en la puerta, luego un ligero portazo y mi tío entrando otra vez en el salón con los pagarés en la mano y una expresión de no sé qué he de decirle ahora a esta criatura. Pero no dijo nada, o casi nada, sólo: «Ya hablaremos mañana..., los tres» y miró arriba hacia el dormitorio donde estaba mi padre descansando; aunque la verdad es que creí –o quise– adivinar un tono de satisfacción, casi de orgullo, en sus palabras. Al día siguiente me volví, con mi padre, a Barcelona, y nadie, que yo sepa, hizo mención de la partida.

Otoño de 1956

Identificar un año de mi vida o al menos un curso académico con la figura del falangista Ernesto Giménez Caballero no sería exacto pero tendría abundantes elementos de aproximación a la realidad. El curso 1956-1957, mi quinto de bachiller, supuso el despertar de una pasión literaria en su doble vertiente de descubrimiento de la literatura como fuente de placer y de inicio de la escritura de poemas aunque sólo fueran puros mimetismos. El volumen *La Edad de Plata. Poesía* de la meticulosa y sistemática obra *Lengua y Literatura de España,* editada por el propio autor en Madrid, en 1946, en la imprenta de su padre, aportó las dosis necesarias de rigor y erudición para convertirme en un fanático entusiasta de citas, fechas, relaciones exhaustivas de títulos y biografías sintetizadas. Una cuidada tipografía y una iconografía inusual completaron el marco en el que me sumergí durante aquel curso y también durante meses y años después. Sólo algunos tratados botánicos –Pío Font Quer–, zoológicos –Perrier– y etimológicos –Corominas, pese a la aburrida rémora localista– consiguieron emular esa maravillosa sensación de libro total, de fuente inagotable de información sin vocación de cripticismo. Conservo el libro de Giménez Caballero y en él aparecen anotados, en los márgenes, ingenuos poemas, dibujos surreales y enigmáticos diagramas que pudieran remitir a la logística bélica o al entonces incipiente mundo de las comunicaciones. Se trata de un objeto magnífico castigado –fatigado en términos bibliófilos– por el tiempo (es una edición en rústica) al que no quiero ofender con restauraciones y/o encuadernaciones. Cuesta creer, en una mirada superficial, que su destino fueran los inoperantes escolares de catorce años de aquellos tiempos, pero ahí subyacía una poderosa fuerza dinamizadora que se manifestaba en lo más evidente –el Darío de «ínclitas razas ubérrimas», *Vírulo, mediodía* de Ramón de Basterra– pero sobre todo en el expeditivo tratamiento de los conflictos regionales y políticos: no se rehuía, y no sólo desde una perspectiva de juegos florales, señalar la existencia de otras literaturas no castellanas de las que se aportaban numerosos textos y autores, sino que también, poetas proscritos por el régimen –Lorca, Alberti– aparecían suficientemente reseñados. Claro, a todos, Giménez Caballero, los asimilaba a la causa imperial, con todos construía una Hispanidad romana y delirante pero nadie publicó entonces –y diría que nunca– un libro de texto de tan poderosa sugestión, que fuera capaz de hacer de motor de arranque (mi pequeño homenaje al muy nombrado Marinetti) a una maquinaria que luego engrasarían, pondrían a punto y conducirían William Faulkner, Saint-John Perse, Kafka y Borges: estoy hablando de mí, no sé en qué acabarían mis condiscípulos del Centro Alemán de Estudios; miento, uno de ellos, Nicolás Romeu, gozó de fama, momentánea, a finales de 1974, al haberse suicidado tras disparar contra una manifestación de obreros en Santa Coloma de Gramanet y verse acorralado.

1962

Aquel sueño recurrente en que mi abuelo materno recientemente fallecido volvía a casa –a su casa, al piso de Consejo de Ciento entre Paseo de Gracia y Vía Layetana encima de la Delegación de la Sección Femenina– y todo el mundo aceptaba el hecho sin preguntarle nada, tuvo, durante el invierno de 1961-1962, una especie de prolongación o adaptación, tampoco excesivamente real, con la desaparición de mi padre. Hubo ciertos presagios, detalles que luego fueron traídos a colación, pero no una pista clara, una razón convincente que explicara el suceso. Llegué a casa a eso de las nueve de la noche y allí estaban llorando mi madre y mi hermana rodeadas por tío Carlos, tía Lolita –su mujer– y su hijo mayor el primo Álvaro, todos sentados en el salón y con mucha más luz de la acostumbrada: habían encendido la gran lámpara del techo. Mi relación con mi padre no era mala, era inexistente; enfrascado en sus asuntos de faldas atendía con desgana la Clínica Altea, de propiedad familiar –su padre, mi abuelo Ivo, que no conocí, la había adquirido y al morir pasó a sus dos hijos–, donde yo debía, en el futuro, sustituirle, y en donde de hecho ya le ayudaba en algunas pequeñas intervenciones. La carta que había dirigido a mi madre, escrita con la vieja Olivetti en una hoja de recetas, era lacónica y triste: notificaba su voluntad de dejar trabajo y familia, renunciaba a todos los bienes –que por cierto ya estaban desde hacía tiempo a nombre de ella– y pedía disculpas por los disgustos que esta actitud y otras anteriores hubieran podido provocar. Todo fue muy rápido: mi madre y mi hermana se fueron a vivir a la casa de Sardañola, se vendió a mi tío la parte de la clínica, y yo dejé la carrera de Medicina dispuesto a vivir solo en el inmenso piso de la Diagonal. Parecía que mi madre no iba a tener problemas económicos y que todos íbamos a seguir haciendo el mismo tipo de vida, pero las cosas no fueron exactamente así. Unas malas inversiones aconsejadas por personas allegadas quebrantaron gravemente la fortuna familiar; en pocos meses sólo quedaron restos: a mí me correspondió un pequeño piso en la calle del Camp, el picadero de mi padre, decorado en tonos rojos y sin apenas muebles; allí me instalé, y sobre todo, allí instalé los libros. A partir de ahora, sin cuenta corriente a la que acudir y debiendo comer todos los días, era indispensable plantearme qué hacer con mi vida, es decir, en primer lugar, y con toda urgencia, pensar dónde iba a conseguir dinero, rotos los débiles vínculos con mi madre y fuerte y definitivamente enfrentado al resto de la familia.

Sólo alumbraba una luz en el horizonte, y estaba suspendida sobre un tapete verde.

Hice una lista. Con quién contaba. No era mucho pero debía conocer los recursos de que iba a poder disponer a corto plazo. Ésta era:

–«Pajas» (Alberto Espinalt Recoder); 22 años; estudia Ingeniero Industrial; grado de afición, 8; recursos, altos.

–«Róbert» (Roberto García Sanahuja); 21 años; estudia Económicas; grado de afición, 7; recursos, regulares.

–«Tito» (Arturo Fuentes Malats); 21 años; ha colgado los estudios; grado de afición, 7; recursos, bajos.

–«Royé» (Alberto Lanaspa Jarne); 22 años; estudia Derecho; grado de afición, 8; recursos, regulares.

–«Cuca Verda» (Melchor Almagro Díaz); 24 años; estudiante; grado de afición, 5; recursos, altos.

–«Barretina»; unos 40 años; vende coches; grado de afición, 7; recursos, regulares.

–«Loscos» (José Luis); unos 32 años; ¿viajante?; grado de afición, 7; recursos, bajos.

–«Manel» (Manuel Pérez Serra); unos 35 años; practicante; grado de afición, 7; recursos, bajos.

–«Santi» (Santiago Sánchez Sánchez); 23 años; trabaja con su padre; grado de afición, 5; recursos, altos.

–«Falí» (Felino Casas); unos 45 años; carpintero; grado de afición, 9; recursos, altos.

–«Señor Satorra»; unos 60 años; portero de finca; grado de afición, 8; recursos, bajos.

–«Truchas» (José M.ª Aulat Salas); 26 años; trabaja con su padre; grado de afición, 8; recursos, muy altos.

–«Pollastre» (Salvador Espasa Espasa); unos 40 años; taxista; grado de afición, 10; recursos, regulares.

–«Seisdedos»; unos 35 años; profesión desconocida; grado de afición, 7; recursos, bajos.

–«Huracán»; unos 35 años; electricista; grado de afición, 8; recursos, regulares.

–«Marmota» (Rosario Cruces Vallhonrat); unos 32 años; artista; grado de afición, 10; recursos, bajos.

Luego estaban Máiquel Bundó, Toni Mascaró y Octavio Torres, pero como colaboradores; a ellos no pretendía ganarles, es más, si me ayudaban como prestamistas, captando puntos o incluso completando mesa, podrían sacar un beneficio. Locales de juego, sitios donde jugar, había pocos. Descartada mi casa –nunca hay que jugar en casa propia– quedaba la imprenta del padre de Róbert en la que casi todos los sábados noche se organizaban partidas (en una ocasión irrumpió la policía pero para secuestrar el número de una revista económica en el que de algún modo se debía atentar contra el régimen y al final tres agentes se quedaron a echar unas manos) y las casas de Máiquel y Toni, aunque, al tratarse de las viviendas de sus padres, resultaba complicado. También estaban los bares; en el Putxet se jugaba en Can Petanca, en La Verneda en La Noria y en la izquierda del Ensanche eran numerosos los garitos más o menos fiables en los que se podía trabajar llevando todos los jugadores o contando con parte de la parroquia. Pero yo necesitaba una estructura más consistente: jugadores fáciles, ricos, educados, sumisos, y un lugar confortable y a prueba de sustos. Y de repente surgió Miralpeix: un fabricante de corbatas de cuarenta y siete años, soltero, perfectamente estúpido, con un capital recientemente heredado, con ganas de aventuras, con una ostentosa casa en Esplugas y al que conquisté con rapidez presentándole a la hermana de Angelina Turmo. Fue una temporada espléndida; suculentas cenas, suculentas hembras y suculentas timbas. Miralpeix no jugaba, o no jugaba casi nunca –si alguna vez lo hizo procuré que saliera en paz–, pero estaba encantado en que convirtiera su chalé (le gustaba denominarlo así aunque en aquellos años resultara insólita esta palabra) en un casino: por allí desfilaron gentes de variado pelaje a las que siempre se trató bien, aunque ello les supusiera una necesaria y siempre soportable contribución. Y como cierre a este capítulo, una curiosidad, una timba cultural, una partida que emprendí contra Pajas y Róbert (siempre iban tontamente aconchabados) en un lóbrego piso de la calle Fontanella propiedad de un leído tío de Pajas y en la que tras desplumarlos me invitaron a visitar la biblioteca y a cambio de tres libros que elegí les facilité circulante para seguir un rato más de juego. Los libros eran *Santuario*, el Faulkner antes citado, *El mundo como voluntad y representación*, la obra de Arthur Schopenhauer en una edición de Rafael Caro Raggio de junio de 1930, y *Las ideas y las formas* de Eugenio D'Ors en la Biblioteca de Ensayos de Editorial Páez de Madrid, s/a (primera mitad del siglo XX).

Invierno de 1961

Nadie entonces hablaba en catalán, me refiero a nadie que yo tratara. Se conocía la existencia, eso sí, de una bolsa de menestralía en el barrio de Gracia, pululaban también algunos miembros de una secta denominada La Seva y entre las personas mayores era corriente oír la ingrata fonética. Mis padres se expresaban de esa manera pero, todos, incluso los totalmente inmersos, reconocían el carácter rústico y provinciano del idioma. Recuerdo la aseveración rotunda, muchos años después, hecha desde el púlpito, del cura párroco de Vallgorguina, mosén Vespino: «¡Sí, es nuestra lengua, pero es una lengua de misa y fútbol!»; mi padre, oriundo de La Cerdaña, que cuando hablaba en castellano todos creían que hablaba en catalán, nunca abrigó dudas acerca de la imposibilidad de conseguir nada importante utilizando esa herramienta. En mis primeros años de bachillerato, en los jesuitas de Sarriá, se estigmatizaba, con el regocijo de los mentores, a los pocos alumnos que, desde luego involuntariamente, proferían en lemosín alguna frase o siquiera palabra: se les llamaba payesas, enfatizando con el cambio de género el tono denigrante del calificativo. Pero las cosas cambiaron. Un programa de Radio Barcelona llamado *La comarca nos visita* fue la premonición de lo que se nos venía encima. Gentes del interior de Cataluña, hasta ahora inexistentes en nuestras vidas barcelonesas, empezaron a abandonar sus campamentos agrícolas y arropados con títulos, incluso universitarios, desembarcaron en los foros ciudadanos, cada vez con menor recato: ante la dificultad para expresarse –para competir– en castellano optaron por hacer del catalán su modo único de comunicación, encontrando, frente a todas las previsiones, el apoyo de los emigrantes de segunda generación, especialmente aragoneses, que así creían subir un peldaño en la escala social y dejaban de ser unos parias: los llamados cariñosamente charnegos. Pero la circunstancia que refrendó el proceso fue de carácter político. Desde luego, contra Franco todo valía, pero en la lucha contra el ridículo alfeñique, hubo una toma de posiciones por parte de intelectuales y gentes de izquierda avalando reivindicaciones lingüísticas y, lo que es lo mismo, autonomismo/nacionalismo, que pareció entonces el colmo de lo progresista y democrático y que ha supuesto la mayor de las rémoras de cara al futuro. Como es lógico, las instituciones más reaccionarias –Iglesia, Cajas de Ahorros– apoyaron sin fisuras, desde el principio, la genial apuesta.

Invierno de 1963

Can Culapi, o sea Los Escolapios, o sea Las Escuelas Pías, era un centro de enseñanza que absorbía un sector de por encima de la Diagonal –Balmes, Travesera, Aribau– de clase media alta y un sector pequeñoburgués correspondiente a los viejos y mugrientos barrios contiguos. Ese invierno, la Filmoteca Nacional, en un gesto de audacia, organizó un ciclo sobre Antonioni y dos ex alumnos de Can Culapi, pertenecientes al grupo de los cultos –fotografía, filatelia, música seria– de los veranos en Sardañola, me llamaron por si quería acompañarles: eran José Mari Zapater, que iba para director de cine, y Carlitos López que escribía guiones. La verdad es que los tres estábamos emocionados con la posibilidad de ver, en versión original, títulos como *El grito*, *La aventura*, *La noche* y *El eclipse*. La jornada inaugural en un vestíbulo impregnado de ambiente intelectual, europeo y, sobre todo, clandestino, permanecíamos los tres, inmóviles, en silencio, con las entradas en la mano, junto a la puerta de acceso a la sala, tensos, deseando ya que el acomodador permitiera el paso, pero sin querer perdernos nada de lo que se hacía y se hablaba (era posible escuchar palabras y casi frases de los corros próximos), cuando de pronto, entre la muchedumbre de barbudos y fumadores en pipa, apartándola gracias a su corpulencia y a su andar vacilante, apareció un personaje de difícil catalogación –joven pero de nobles entradas en una frente rimbombante, rostro incontrolado, cutis jienense, chubasquero de plástico oscuro– que, para mi sorpresa, saludó –eso sí, con altivez– a mis compañeros y se colocó el primero en la más o menos difusa cola. Entramos juntos y tras varios cambios decidió sentarse a mi lado aunque con un espacio de por medio. Encajó su cuerpo en la butaca, y se produjo una especie de terremoto en toda la fila, pero lo sorprendente vino después; al apagarse las lámparas surgió un resplandor, un fogonazo verde, su piel irradiaba una intensa luz, un rarísimo fenómeno de fosforescencia que no intrigó, por conocido, a José Mari y Carlitos, pero sí al acomodador y a buena parte del selecto público: por esta circunstancia y por otras que luego se verán, le denominaremos Potencia, evitando también con esta triquiñuela cualquier tipo de responsabilidad, ya que hoy es persona de poder omnímodo.

Durante ese día Potencia y yo no intercambiamos palabra. No hubo comentarios durante la proyección, tampoco durante el calvario de la salida y, en la calle, desapareció tal como había venido, entre el gentío, sin apenas despedirse. Pero ese mismo respeto por la obra cinematográfica –no hablar, esperar a que acaben los créditos– nos dio pistas sobre nuestras respectivas cataduras morales. Zapater y López me acompañaron andando hasta casa, quizá para poder contarme –más que para comentar la película– las particularidades biográficas de su ex condiscípulo. Como se esperaba, incidieron más en lo malo que en lo bueno, es decir en lo que ellos creían que iba a impresionarme pero siempre moviéndose en el terreno de la burla: sólo reseño el que reconocieran su prodigiosa memoria que según parece hacía que los profesores acudieran a él y, luego, las sempiternas manchas en sus pantalones bombachos producidas por la sardina de lata en aceite envuelta en papel de periódico que se traía de casa y que hasta ser consumida en el recreo permanecía en sus bolsillos (alternaba derecho e izquierdo). Las siguientes sesiones permitieron, en las entradas y salidas, que diéramos tímidos avances en el proceso de nuestro conocimiento y, terminado el ciclo, quedamos para visitar los puestos de libros viejos del mercado de San Antonio.

Resulta difícil comprender cómo pude mantener durante dos años aquella extraña relación que no se movía sólo en el campo de la amistad sino también en el de la complicidad y el sufrimiento. Era –y soy– incapaz de aguantar la más pequeña incomodidad en el trato con las personas y en el caso de Potencia éstas abundaban: era un ser omnipresente, era tiránico en sus obsesiones intelectuales y, a su desaliño corporal, sumaba una dificultad motriz estrepitosa. Dos ejemplos sobre esto último: no sólo no acertaba nunca a entrar por una puerta –se golpeaba contra el marco–, sino que era incapaz de sujetar cualquier objeto y así se llegaba a situaciones insostenibles como en aquel cóctel en la Terraza Martini (a menudo nos colábamos en eventos así) en que fue expulsado tras habérsele escapado de la mano un vaso de whisky –que estalló con gran estrépito al chocar contra la barra– luego derramar una copa de champán en la moqueta y, finalmente, esparcir por los peldaños de la escalera todos los canapés de una bandeja durante el forcejeo con un camarero creyendo que éste se la ofrecía entera. Pero no había rivalidad entre nosotros. Potencia vivía en el mundo de la fantasía. Y yo en el de la realidad. En el momento en que el grado de compenetración fue lo suficientemente elevado y no fueron necesarias las farragosas preguntas, sólo diciendo Miller le refería cuáles habían sido mis últimos lances sexuales y, si decía Rossen, le contaba el resultado de la timba de anoche. Porque los libros y el cine –y las artes plásticas secundariamente– ocupaban en exclusiva nuestro marco de relación pero él vivía dentro de ellos y yo, en cambio, me limitaba a disfrutar con ellos, como disfrutaba también con otras cosas. Me habló de una especie de almacén de libros en Sabadell que estaba a cargo del abuelo de otro ex condiscípulo de Can Culapi. Y le propuse asaltarlo, que fuéramos en un coche y que él se ocupara de distraer al jubilado. Era su primera incursión en el mundo real. Se entusiasmó. No sólo temblaba, sus pequeños ojos parecían despedir chispas y las glándulas sudoríparas se le dispararon. La operación, como no podía ser de otra manera, constituyó un éxito; en el 1400 del padre de Toni Mascaró –también ex alumno de Can Culapi– partimos los tres a primera hora: sobre las once ya habíamos llenado el maletero. Fui generoso con Potencia; él se quedó con casi todo el botín –cosas tipo *Obras completas* de Shakespeare en la edición de Astrana Marín y *Obras selectas* de Azorín de la Biblioteca Nueva– aunque luego tuvo dificultades para justificar tan abundante maná ante sus padres y hermanos. Por cierto que el padre de Potencia –rancio abogado– me pillaría tiempo después –iba yo aquel día de caza con Brillante del que ya se tratará luego– en plena ingestión pectoral –se dejaban abiertos tres botones de la camisa a la altura de lo más ancho de la corbata– del tomo XXV de *Cahiers du Cinéma* –el dedicado al cine americano–, pero tuvo la delicadeza de mirar hacia otro lado (concretamente hacia las páginas del librito obsceno que acababa de sacar del infierno de la Librería Aurora donde nos encontrábamos, casi en familia).

1963

Potencia. Y Brillante. Brillante y Potencia. ¡Qué gran pareja! Y no es que la formaran. Su independencia en lo moral y creativo era proverbial. En todo sobresalientes. Potencia era el macho de elefante marino. Brillante la hembra del guepardo. Potencia basaba su estrategia en el aplastamiento físico y erudito. Brillante en el rápido giro de su cabeza de mantis presto a devorar al adversario. A Potencia debo la ampliación de mis horizontes literarios. A Brillante la ampliación de las páginas de mi agenda. Contaré dos anécdotas.

Tras ver *El buscavidas* y llegar a la conclusión de que era el único epílogo posible del cine negro emprendimos una *tournée* por las salas de billar. Potencia era el Gordo de Minnesota y yo era Paul Newman. En una de ellas, creo que en El Velódromo, un hombrecillo pulcro que por allí trotaba nos estuvo estudiando largo rato –Potencia de Minnesota con traje oscuro sentado en una silla con las regordetas piernas abiertas y Paul Amatller inclinado sobre la mesa dándole al taco y a las bolas– y debió de parecerle un cuadro de gran carga sexual porque nos abordó resuelto, y nos propuso hacer lo mismo en su casa pero todos con menos ropa y con algún dinero a cambio.

Con Brillante hice un viaje geográfico-artístico por Los Monegros a bordo de un Renault 4L de mi propiedad. Después de una primera noche en Fraga donde el posadero nos dio una monumental tabarra añorando los tiempos de no sé qué minas, de cuando aquello era América, llegamos a Bujaraloz para visitar las lagunas saladas. El «cuatro latas» era invencible, pero quizá no tanto y nos quedamos atrapados en una curva del camino convertida en un fangal por las últimas lluvias. Hice todas las maniobras propias en estos casos para salir del trance pero, ya oscureciendo, optamos por abandonar el vehículo y buscar ayuda. En la confluencia del camino con la carretera nacional, en un desmonte, tres desvencijados camiones de chillones colores, con sus tres remolques, estaban aparcados en triángulo, formando una plaza en la que varias personas colocaban mesas y sillas. Era el Circo Mabuse donde el Doctor Mortaja, el Caballero Refugio y las Hermanas Sisters Brothers constituían lo más granado. Se disponían a cenar y nos invitaron a acompañarles diciendo que luego nos ayudarían a sacar el coche. Brillante sedujo a las Hermanas, al Doctor, al Caballero y a un grupo de enanos llamado Carimales. Se crecía en estas circunstancias: subido encima de una mesa recitó varios pasajes de *La bella durmiente* en la versión de Arístides Maillol, imitó el vuelo del dirigible rígido Graf Zeppelin entre Friedrichshafen y Sevilla e improvisó algo de gospel hasta producir más de un desmayo. Se suscitó entonces una acalorada disputa sobre su parecido físico. Encabezada por el Doctor Mortaja se creó una corriente que señalaba a Ava Gardner, al perfecto óvalo de su cara; los enanos creyeron ver en cambio a Mick Jagger; y el resto del grupo, burlón y semiebrio, se inclinó por uno de los hermanos Calatrava, el menos feo. De pronto el cielo se abrió por un rayo y una espectacular tormenta de agua y granizo provocó la desbandada general. Quedé solo. ¿Dónde se metió Brillante? Nadie lo sabe. A los pocos minutos había dejado de llover pero ahí no se veía a nadie. Esperé un rato y me acerqué casi a tientas –la única luz venía de los faros de la carretera– a uno de los remolques. Llamé. Y no me abrieron. Repetí en los otros. Y todo igual. Me dormí al final tirado en el suelo. Y al oír un claxon me desperté. Era de día y el coche, limpio, sin una sola mancha de barro, estaba junto a mí con Brillante sentado en la plaza delantera derecha. Y del circo ni rastro. Preferí no hablar del asunto durante el regreso a Barcelona.

1964

Ya a punto de concluir una etapa cerrando el ejercicio cercana mi incorporación a filas paso revista a una serie de actividades que de un modo u otro dieron sentido a mi vida en esos años y de paso agradezco a los transportes públicos de mi ciudad el amplio abanico de posibilidades que me ofrecieron para poder desarrollar las técnicas de frotación en su variante cular que tuvieron en el otoño de 1959 su mejor exponente. Esperaba todas las mañanas el tranvía 66 para ir a la facultad y mantuve durante un largo periodo una singular relación con una mujer de unos treinta años falda plisada y elocuentes tacones. El primer día me situé tras ella seleccionándola por su aspecto de recién masturbada y no usar habitualmente faja disponiendo en el primer frenazo de innecesaria excusa, por lo que luego se vio, para oprimir sus posaderas con mi bajo vientre ya que íbamos los dos de pie y agarrados a las anillas de la barra horizontal casi pegada al techo. Pasado el empujón y al socaire del aumento de personal al llegar a la Gran Vía me coloqué cómodamente de modo que pude casi encajar mis partes entre sus nalgas tan fina era la falda plisada y sin ser rechazado aunque también es cierto que sin colaborar ni un ápice pude consumar el acto de frotación con una cálida y muy confortable corrida. Al día siguiente estaba ya en la parada cuando yo llegué y sin cruzar una mirada y por descontado una palabra subimos uno detrás del otro hasta situarnos en el lugar que ya sería nuestro hasta el día en que misteriosamente no volvió a aparecer y hay que decir que nunca le puse una mano encima y que nunca movió sus caderas en acto de lascivia. Sustituyéndola pero ya era otra cosa una cuarentona afecta prácticamente de esteatopigia que seguramente nos habría observado me aliviaba pero ya de modo activo inclinándose al notar que llegaba la eyaculación como si buscara algo en el suelo para permitirme así disfrutar con más precisión de los recursos de su grupa. La variante frontal ilustrada ya en el episodio del Tokio tenía en un local de jazz de la Plaza Real llamado Jamboree su mejor campo de operaciones cuando los sábados por la tarde se transformaba en pista de baile y batallones de obreras del textil (aún no «téxtil») procedentes de Sabadell y Tarrasa recién salidas de la boca del metro eran probadas una tras otra hasta encontrar la anhelada blandura. Fue una noche de verano en los jardines de un hotel de la Costa Brava durante una corta estancia sexual en la que me acompañaba Toni Mascaró cuando conocí lo que nunca había imaginado y que nunca volví a encontrar en mi larga vida de practicante de la especialidad. Saqué a bailar a una chica extranjera que estaba sentada con sus padres y comenzamos a evolucionar entre las numerosas parejas de modo que era difícil que pudieran vernos con claridad y sobre todo era imposible que pudieran vernos de cintura hacia abajo y allí algo había de extraordinario porque aunque nuestras cabezas y torsos permanecían separados pese a los encontronazos con los demás bailarines nuestros pubis estaban soldados es decir estaban siempre juntos pero el suyo o en el suyo ocurría algo como si estuviera en rotación como si en el lugar del monte de venus hubiera un motor que moviéndose circularmente me producía un placer de dioses. La cara de mi pareja sumida en una inexpresividad bondadosa no se alteró lo más mínimo en el momento en que llegué al paroxismo con esa vulva que se aceleraba en su convulsión y parecía abrirse al modo de las holoturias o cohombros de mar. Nunca supe qué pudo ser aquello. Volví la noche siguiente pero el grupo de los ingleses había desaparecido.

Yakut Abdilla ar-Rumí (1179-1229) fue, junto a al-Idrisí, uno de los más grandes geógrafos de la Edad Media. Griego del Asia Menor fue llevado a la sabiduría del islam por un mercader de Bagdad. Se dice que los funcionarios de una de las diez bibliotecas de la hoy desaparecida ciudad de Merv, en el norte de Persia, se ofrecieron a llevar a su aposento, de una vez, los doscientos volúmenes que había reclamado para su estudio, haciendo así demostración, con este acto insólito, de la confianza que les inspiraba el erudito. Hacia 1228, Yakut, completó su *Mu'jam al-buldán* (Diccionario de las Comarcas), vastísima enciclopedia geográfica que fue traducida parcialmente al inglés por W. Jwaideh con el título *The Introductory Chapters of Yakut's Mu'jam al-buldan* y publicada en Leiden en 1959. Un tío de Brillante, el barón de Vilagayá, poseía una prolija biblioteca en su casa de Llavaneras, dedicada, sustancialmente, al mundo árabe. Allí, una calurosa tarde del mes de agosto, descubrimos un párrafo que cambiaría nuestras (mejor, «sus») vidas. Habla Yakut de una población, cercana a Toledo, llamada Magam, donde la tierra es comestible. Busqué en la guantera del coche el mapa de carreteras y, sin dificultad, localizamos, a pocos kilómetros de la capital de la provincia, el municipio de Magán, evidente trasunto del enigmático enclave. Había que organizar el viaje. Llamó Brillante a Potencia y yo empecé a documentarme sobre la ingesta de tierra. En el siglo XVI era costumbre comer arcilla; las damas elegantes para conseguir la delgadez y palidez sublimes consumían búcaros de Estremoz (téngase en cuenta que la acepción actual de «vasija» es consecuencia del nombre del material del que estaban hechas). Bucarofagia, barrofagia o geofagia definen una actitud no ceñida a una época y tampoco a una sola motivación –iba del hambre a la moda–, pero siempre con las mismas secuelas: opilación y estreñimiento. (Cierro este apartado con los versos de Quevedo «¿Quién gasta su opilación / con oro y no con acero?», en los que juega con el tratamiento férrico de la enfermedad: tiempos, sin duda, de mayor impregnación inorgánica que los actuales.)

Llegamos a Magán al atardecer del jueves 16 de septiembre de 1964, la torre mudéjar de la iglesia con su vivo reflejo dorado despuntaba como un faro en mitad de la llanura manchega.

La verdad que estaba cansado después de tantas horas de conducir y sólo deseaba poder meterme en la cama. Pero no fue la cosa tan fácil. La fonda del pueblo estaba cerrada y hubo que buscar alojamiento en casas particulares. Brillante y Potencia, a los que no les importaba compartir habitación, se hospedaron en la casa del alcalde y yo, en la de un tal Publio Conejo, viudo y cazador que vivía con una hija soltera. Tomé sopa y algo de fruta y me retiré rápido a mi habitación. Antes de apagar la luz, pero ya metido entre sábanas, no pude dejar de reparar en un cuadro que colgaba sobre la pared de enfrente, algo así como una bestia sentada sobre sus cuartos traseros –un perro o un zorro– que miraba fijamente a un círculo plateado, sin duda la luna, y que pudiendo tener todo el encanto de lo naif producía en cambio una intensa desazón. Al levantarme, con la luz de la mañana entrando implacable por la ventana abierta, constaté que se trataba de una vieja pintura hecha sobre una tabla rectangular en la que encerrado en una mandorla aparecía un extraño animal y que, en la parte inferior de la madera, se distinguían, pese a haber sido raspados, los restos de una leyenda en los que se repetía la palabra «Adive» intercalada entre otras que parecían prevenir al espectador en términos como «Cuídate de él», «Vigílalo», «Está aquí». Comenté a Brillante y Potencia, durante el desayuno en el bar de la plaza, la extraña pintura y ellos, sin darle importancia, apuntaron que también en casa del alcalde, justo en la entrada, colgaban unos cuadritos, como antiguas láminas coloreadas, que podían representar también a un perro de tamaño mediano. Dejamos la cuestión para centrarnos en el motivo del viaje: queríamos comer tierra y si las amenazadoras nubes descargaban pronto, a lo mejor esta misma tarde, con el terreno empapado, podríamos empezar la experiencia.

La tarde fue lluviosa. No tan lluviosa como parecían anunciar las negras nubes, pero sí cayó la suficiente cantidad de agua como para contentar a los paisanos que nos acompañaban en la prospección climática tras los sucios cristales del bar La Parra. Valorando el largo rato que ya llevábamos encerrados con aquella gente y la buena noticia de la lluvia sobre los campos, aventuramos una aproximación. Fue Brillante, haciendo uso de su versátil poder de seducción, quien inició el diálogo y para nuestra sorpresa se produjo una respuesta en cascada; todos deseaban intervenir no sólo para saber quiénes éramos y qué queríamos sino para poder mostrar su caudal de conocimientos. Un extracto del intercambio podría quedar así:

BRILLANTE *(de pie pero apoyado en la mesa de formica con el cuerpo orientado hacia el ventanal pero la cabeza vuelta hacia el grupo que nos rodeaba en una de sus poses más características y exitosas)*: ¿Buena lluvia, eh? Esto debe de ir muy bien para el campo...

PAISANO 1 *(sentado al revés en una silla con las enormes manos sobre el respaldo que sirve de apoyo a la barbilla)*: Veo que entiende, je, je, aquí decimos «Por san Colás la lluvia verás y si no la vieres mal año tienes».

PAISANO 2 *(sentado correctamente en una silla pero apoyado en una mesa)*: A estos señores no sé si les interesa mucho cómo nos vaya la cosecha... parecen turistas

PAISANO 3 *(sentado a lo lejos con las patas delanteras de la silla levantadas y el respaldo apoyado en la pared)*: ¿Y por qué no les han de interesar nuestros campos, o es que tú sabes quiénes son y a lo que han venido?

PAOLO *(sentado en una silla apoyado en la mesa y con un vaso de refresco en una mano)*: No, no, sí nos interesan sus campos... precisamente hemos venido porque supimos lo buenos que eran... lo buena que era la tierra...

PAISANO 1: ¡Pero no son del ministerio!, son demasiado jóvenes y el coche no lleva matrícula oficial... ¿Quién les habló de la tierra...?, si se puede saber claro está...

BRILLANTE: Leímos, leímos que la tierra era tan buena que incluso era comestible... Nos pareció una cosa tan extraordinaria... que hemos venido a ver si es cierto... Ustedes... ya que son tan amables... nos pueden explicar...

PAISANO 2: ¡Tonterías, eso son tonterías, aquí todo el mundo tiene qué comer, aquí nadie tiene necesidad de comer tierra, aquí a todos nos sobra un duro para echar un vaso de vino *(se levanta)*... no sé... en tiempos... cuando las pestes...!

PAISANO 3: ¡Hombre... pero no es malo que estos señores quieran ver nuestra tierra y si la quieren probar (se ríe) que la prueben!
POTENCIA *(que se ha levantado y ha ido rodeando el grupo hasta colocarse junto a la puerta)*: ¡Ya ha dejado de llover!
PAOLO *(se levanta y mira sonriente al grupo)*: ¿Y ustedes serían tan amables de indicarnos por dónde deberíamos ir para encontrar con facilidad un sitio donde pudiéramos conseguir esa tierra y... si se tercia *(se ríe)*... probarla?
PAISANO 4 *(de pie al fondo, apoyado en la barra)*: Que vayan por el camino de la Fuenvieja hasta los campos de Víctor... los araron ayer, y con la lluvia...
POTENCIA *(ha abierto la puerta, sale, da unos pasos por la acera y vuelve para asomar la cabeza en el interior)*: ¿Qué hacemos?, ha salido el sol y aún queda un buen rato de luz.. ¿nos vamos ya?
BRILLANTE Y POTENCIA *(salen del local seguidos por casi todos los paisanos –que compiten por dar las explicaciones más precisas acerca de por dónde se coge mejor el camino–, alcanzan a POTENCIA que ya está en el centro de la plaza, se despiden cordialmente y los tres se montan en el coche).*

El ocaso sorprende a tres individuos –Potencia, Brillante y Amatller– a cuatro patas comiendo la tierra de un campo recién labrado y llovido a dos kilómetros del pueblo de Magán en la Mancha toledana. No hay lugar para el humor sólo hambre acumulada y deseo de refrendar las conclusiones del geógrafo. Pasados unos minutos de gimnástica cena adoptan otras posturas menos arriesgadas y, en cuclillas, parecen mordisquear, cuasi hartos, rescoldos del banquete. Sentados ahora en lo alto de un ligero promontorio, bajo la luz de la luna, los tres amigos aún no se atreven a hablar, opilados quizás ya, y avergonzados sin duda, ni se miran a la cara. La noche avanza y les invade un sopor que les lleva a tumbarse: adormilados oyen los primeros ladridos. El dolor les despierta. Una manada de chacales dorados –*Canis aureus*–, unos seis ejemplares, arrancan sus ropas, cercenan sus miembros: Potencia carece ya de una mano y de la otra falta un dedo, Brillante ha quedado sin orejas y de su pierna derecha cuelgan por las fauces tres adives, Amatller corre ladera abajo perseguido con saña por uno de ellos pero logra llegar al camino y allí agarra un palo que ahuyenta la bestia. Nadie cree nada de la aventura en el Hospital General de Toledo; son perros asilvestrados y nosotros cazadores furtivos en la noche toledana. Pedro Santos Morenés –alias Borrascas–, que se libró primero de la mili al ingerir en ayunas grandes cantidades de vinagre durante dos días para así poder decrecer lo suficiente y que luego en la guerra se libró de tener que fusilar a su tío al enfermar por restregarse con ajo los sobacos, cuenta a los familiares de los heridos, en la sala de espera del centro médico, la verdad de lo sucedido: que él conoce las hienas de África, que prefieren los cadáveres humanos, que los van a buscar a los cementerios y hasta en las propias calles, que aquí en Magán (y en Mocejón, y en Olías, y en Cobeja) lo que hay son adives, chacales, los que se traían a Europa los nobles en tiempos pasados y que sólo aquí, en esta porción de la Mancha, han sobrevivido, y están medrando en los últimos años gracias a las basuras y a las ratas, y si pillan alguna carroña, no le hacen ascos.

Excesiva sangre para poder mantener amistades adolescentes. Excesiva inconsciencia. Mutilados, envenenados, humillados, regresan a Barcelona convencidos, ellos y los suyos, que Paolo Amatller es el responsable de todas sus desgracias. Soy vetado, proscrito, borrado. Potencia da un giro a su vida –no demasiado disoluta por otra parte– e ingresa en el redil de los cabales: escribe, estudia, trabaja, y a medida que su obra literaria va creciendo, hasta extremos insospechados –es apodado Agatha de Molina por el más ocurrente de sus contemporáneos–, se le abren de par en par las puertas de la política donde ahora se halla justamente instalado. Brillante entra en la carrera diplomática y su valía en el ejercicio de las relaciones públicas –no empañada siquiera por los pabellones auditivos de plástico– le permite escalar puestos: agregado, en la actualidad, para asuntos deportivos, en la embajada de España en Malabo. Pero sería injusto no reconocer que cuando necesito sus apoyos éstos me son inmediatamente dados. Hay cosas, situaciones, que desbordan los límites impuestos por convenciones, buenas maneras e incluso sacrosantos posicionamientos geoestratégicos: los lazos establecidos en la juventud, cerrados a menudo en cuitas de guateque y pasillo de instituto, obligan a acudir, ciegamente, en ayuda del compañero; y ésta es una de las grandezas de la condición humana.

Dos documentos, uno de la época, otro muy posterior, se adjuntan a continuación. El primero, de finales de 1964, pretencioso y juvenil se conserva en su forma manuscrita (pluma estilográfica Parker), firmado Moragas (la vacilación en el reconocimiento de la autoría de mis textos viene ya incluso de antes, de 1959, de cuando «De las situaciones estáticas y evolutivas» y «Ababojoa», rubricados como F. Ferrer Lerín). El segundo, de 1997, es un texto que no llegó a ver la luz pese a haber sido encargado por un diario nacional y recupera situaciones propias u originadas durante los sesenta; de haberse publicado lo hubiera sido bajo el seudónimo Titus.

VALOR Y PALABRA

La divisa de los hombres honorables se equipara en Jenofonte a la sagacidad de los débiles: ceder ante cualquier corriente antes que descubrir nuestra resistencia. Heliodoro de Rodas tiene palabras amables para los que se escudan en la cobardía propia: «Luchar es descubrir nuestros sentimientos, el honor es mantener en la oscuridad lo que nadie debe conocer; mostrándoos tal cual sois no hacéis más que comportaros como los simples y en el mejor de los casos os exhibís como rameras». Los miembros más reticentes de la gran familia Ashwiili prosperan constantemente. La frugalidad expresiva les confiere atributos mágicos –saber por no decir, callar por saber– y la parquedad se convierte en riqueza.

En un panorama adolescente, el deseo de medrar plantea la dicotomía valor-temor en términos de extra-introversión. El aparentar se diluye en las aguas de la agresividad verbal pero también en las del silencio histérico. Aristóteles cita a dos ciudadanos enzarzados en una polémica que gira en torno a su propia estima. El más viejo reconstruye la realidad (actual) con los sueños de una juventud pletórica. El otro desea cambiar el mundo pero no tiene valor para exponer sus ideas. Hay un momento en que ambos personajes se detienen ante una comitiva fúnebre y el más joven, necesitado imperiosamente de expresar algo, clava un puñal en el corazón de su compañero –que desde el principio ha sido el único que ha hablado– y huye a través de la muchedumbre. La juventud puede tener la inteligencia de la madurez pero nunca está desprovista de ciertos absurdos impulsos. El ser-por-poder-hablar-(comunicar) queda así ridiculizado de forma magistral.

REGIONAL

Me cuentan una gloriosa historia. Un individuo es detenido, acusado y juzgado por el asesinato de su mujer y, por falta de pruebas, es absuelto. Regresa al pueblo y, aunque apodado a partir de ese momento «el Criminal» al existir algo más que dudas acerca de su inocencia, es aceptado por sus vecinos, se reintegra a su puesto de trabajo y ahora, final y felizmente, contrae nuevo matrimonio eso sí con una persona veinte años más joven que la trágicamente desaparecida. Mi informador hace hincapié en las grandes dosis de civismo, tolerancia y fe en la justicia de ese colectivo rural que, según él, ejemplifican palmariamente la idiosincrasia de todos los miembros de su comunidad autónoma. Un detalle, la nueva esposa es natural y vecina de la localidad mientras que la anterior lo fue de un lugar próximo.

Recuerdo cuando por razones profesionales, hará de eso veintitantos años, dejé mi residencia familiar barcelonesa y me instalé en una población de tamaño medio, alejada administrativa y culturalmente pero de excelente nivel de vida. Sólo llegar, de inmediato, varios componentes –yo diría que todos los componentes– de la exigua colonia catalana corrieron a abrazarme, a consolarme, a protegerme, dándome a entender, desde el primer momento y sin ningún tipo de ambages, que a partir de ahora, todas las agresiones que iba a padecer por parte de los indígenas podrían ser compartidas, comprendidas y mitigadas al tener el respaldo del grupo.

Luego intenté, y lo hice durante muchos años, olvidarme de aquel episodio penoso, relativizando muchas actitudes, alguna de ellas realmente ofensivas, que una histórica situación de vecindad geográfica y desigual capacidad económica y política motivaba y que un recurso mal manejado como el agua dulce y una actividad chocarrera y violenta como el deporte de competición acrecentaban. El cambio de paisaje fue sin embargo enormemente enriquecedor para mi particular acervo lingüístico; no sólo aprendí que los catalanes éramos polacos, los franceses gabachos, los «navarros ni de barro», los zaragozanos cheposos o almendrones, sino que los gentilicios de todos los pueblos del entorno poseían una potente carga peyorativa y que, obviamente, habían sido acuñados por sus vecinos, como se ve en los siguientes e ilustrativos ejemplos: Comerranas, Tripudos, Caganegros, Capados y Cabezudos. Una vida urbana no permite conocer estas interesantes facetas de la condición humana y a lo sumo, sólo a los aficionados al fútbol, se les facilitan las pistas de que una rivalidad entre Barcelona y Espanyol puede ser un ejemplo preliminar de lo que son las rivalidades localistas entre pueblos vecinos o equiparables –Sabadell/Terrassa, Jaca/Sabiñánigo, Torredonjimeno/Torredelcampo, Madrid/Barcelona– y las rivalidades, a menudo trágicas, con trasfondo tribal, partidista o financiero entre lo que se denomina, de modo poco afortunado, autonomías. Habría que ir pensando en una aproximación indulgente a cualquier postura de exaltación territorial ya que lo único que diferencia al hincha del Gimnástico de Torrecárdena con el nacionalista más ilustrado es el tamaño de sus respectivas patrias. Quien esté libre de culpa que tire la primera piedra.

Como remate a todas estas reflexiones y al hilo de lo dicho en la última frase traigo a colación la figura de un personaje singular al que conocí y traté durante esos años. Nacido en Sitges, pero afincado desde niño fuera de Cataluña, Jaime Tramullas, fue, igual que su padre, un apasionado del cine donde, tanto como documentalista como simple organizador de veladas en los pueblos, marcó una época, distinguiéndose siempre por su cordialidad no exenta de socarronería. Este hombre, que pasó más de la mitad de la vida fuera del lugar de nacimiento, y ya al final de sus días, cuando el grado de confianza en nuestra relación era muy alto, me confesó que él creía que yo no debía seguir allí, que aquella gente no nos quería y para apoyar el argumento me volvió a contar, por enésima vez, y para denunciar el carácter rústico e inhóspito del paisanaje, la anécdota del acopio, antes de salir de viaje en coche, de una bolsa de pistolines (caramelos Pectolín) que arrojaba al cruzar determinados poblachos para evitar ser apedreado por la chiquillería. Y ahora, ya en un plano de confidencias y equiparaciones culturales, expondré lo que me contaban de pequeño, de unos antepasados míos, pudientes y ostentosos, que cada vez que atravesaban de día, por una polvorienta carretera, el pueblo siguiente al de su finca, debían soportar siempre el mismo ritual: encaramados a un muro, diversos críos y *gañapias,* realizaban primero una invocación que sería algo así como «l'Hispano de Can Zurbano, llonganissa d'Hispano-Suïssa», para, a continuación, y de forma torrencial arrojar un cóctel de líquidos y sólidos orgánicos sobre la capota del automóvil ya previsoramente levantada. Esa gamberrada tuvo siempre, para mi abuela, una única explicación: nada de diferencia de clases, simplemente por ser del pueblo de al lado.

II

1965-1966

Se podría iniciar una narración que versara sobre mi cumplimiento del servicio militar con un lapidario «yo fui feliz en el ejército» para continuar con algunas explicaciones del tipo «dispuse de un suficiente grado de reconocimiento», «disfruté por primera vez de la camaradería», «vi perfectamente ejemplarizada la pirámide social (un general, unos jefes, vasta tropa)», «comprobé lo cómodo de obedecer frente a lo incómodo de mandar» y ya, en un plano aparentemente azaroso –pero que no lo era tanto–, «me permitió conocer a dos personajes que de diverso modo marcarían mi vida».

Nada es extrapolable a otros individuos. Nada de lo que me ha ido sucediendo a lo largo de la vida y por lo tanto, o sobre todo, nada de lo que me sucedió durante aquellos once meses, puede servir para salvar el estamento militar y justificar la existencia de la mili; pero yo soy yo y la vida de la inmensa mayoría de los otros reclutas no podría constituirse en objeto de una novela. De entrada, mis sentimientos patrióticos eran nulos, y hablo tanto de la patria española como de la patria catalana –éstos lo pasaban particularmente mal–, lo que me evitaba padecimientos de compromiso o no compromiso con banderas y consignas. Que me ordenaran marcar el paso, lustrar el correaje o saludar correctamente, en dos palabras, someterme a una disciplina, casi me gustaba, había algo riguroso, limpio, propio de las leyes físicas de causa efecto que, luego, siendo ya cabo segunda, pude paladear en sentido inverso cuando me encomendaban formar la tropa y ésta sin rechistar obedecía.

Aunque habría que separar los primeros cuatro meses de campamento en el Centro de Instrucción de Reclutas de San Clemente Sasebas en el Pirineo de Gerona y los siete de cuartel en el Grupo a Lomo en la ciudad de Lérida. La etapa de recluta (no hice las milicias universitarias al haber dejado de estudiar Medicina) fue la etapa dura y, en el cuartel, como siempre pasa, se produjo un relajamiento en la aplicación de las normas. Pero, dejando para más adelante acontecimientos fundamentales, se podría ilustrar ese largo periodo con las secuencias más curiosas y divertidas.

En el CIR

Nunca utilicé las duchas. Me daban asco y me daba vergüenza mostrarme desnudo. Era un túnel maloliente por el que corría un reguero de agua sucia en el que chapoteaba la soldadesca. Unos chorritos laterales mojaban sus cuerpos que no deseaba ver ni mucho menos rozar. Siempre me escaqueé; me lavaba –poco– con el agua de la fuente y la verdad es que nunca me he caracterizado por ser un individuo sudador, y además era invierno. En el barracón, cuyo techo fue arrancado de cuajo una noche de tramontana, estábamos instalados por orden alfabético, lo que supuso que los hermanos gemelos Amesto ocuparan las literas contiguas a la mía –debajo tenía a Amazo uno de los feroces veteranos que cumplían toda la mili en el CIR sirviendo de ayudantes de los instructores– y así, noche tras noche, podía contemplar, al apagarse la luz, cómo el de arriba se bajaba al catre de su hermano para dormir, pero tras procurarse placer uno al otro; Amazo, a menudo, inflamado por el clima de intensa sexualidad, agarraba su monumental cipote, se ponía de pie y se la meneaba entre salvajes aullidos. Tampoco visité nunca las letrinas. Los excrementos se amontonaban a tal altura que hacían complicado ponerse en cuclillas si uno no quería descansar sobre ellos. Además, era el lugar favorito de los ladrones: pasaban, a la carrera, por delante de los compartimentos –sin puertas– donde se aliviaba el vientre y, con una habilidad pasmosa, arrebataban las gorras, bien de la cabeza, bien de las manos en los casos de reclutas avisados pero a los que la rapidez de la maniobra rara vez se la permitía sujetar lo suficiente so pena de perder el equilibrio lo que acarreaba fatales consecuencias. Nadie, fuera del ejército, puede imaginar lo que supone tener o no tener gorra: un comercio subterráneo funcionaba exclusivamente dedicado a la venta de la prenda; porque no se admite formar, ni siquiera circular fuera de techado, sin la cabeza cubierta.

Sólo probé el rancho una vez, mejor dicho, sólo entré en el comedor una vez, y el espectáculo era realmente dantesco. Para no aburrir con detalles escatológicos me limitaré a contar el caso del «turuta», individuo de gran corpulencia y pasmosas dotes de ahorro –se enriqueció con la paga de esos meses– que, necesitado sin duda de una buena dieta proteínica, agarraba, eso sí con el tenedor, uno de los huevos fritos que coronaban la bandeja, y arrastraba a todos los que estuvieran pegados. Se formaba un rosario de huevos fritos entre la bandeja y su plato y, entre el regocijo de los presentes, era capaz de dar cuenta de veinte de ellos. En otras mesas, y en una sorprendente muestra de diversidad culinaria, en vez de fritos, los huevos se servían duros, pero sumergidos en salsa de tomate y... con la cáscara; así que los comensales los cogían con las manos, se los acercaban a la boca, los lamían y luego los cascaban a puñetazos sobre la mesa. Comía pues en la cantina, casi siempre con Salat, un gerundense solitario, pintor de postín, encargado de repartir el correo y que se entretenía introduciendo en los sobres dibujos pornográficos de su propia cosecha. (Me contó la reacción de uno de los reclutas: aguardaba, se supone que durante toda la dura jornada, la carta de la casta novia, y echado en su litera, abría con respetuosa fruición la amorosa misiva; fue tal la sorpresa al ver la ilustración que acompañaba a la carta que al no poder dar crédito a lo que estaba pasando, leyó ésta a toda velocidad, luego el sobre por ambas caras, luego otra vez la carta y así estuvo varios minutos queriendo descubrir algo que indicara que la dirección no era la suya o que el texto no era de ella. Al final, en un gesto de violenta resolución, cogió un sobre nuevo, estampó su remite, luego la dirección de la novia, e introdujo con rabia el dibujo. El proceso, en un mundo sin teléfonos como aquél, es imaginable. La novia recibe el sobre. Lo abre. No comprende nada. Vuelve a mandarlo. Y así hasta que se ven durante el permiso de Navidad, aunque siempre una siniestra duda planearía sobre el matrimonio que hoy reside en Santa Perpetua de la Moguda.) En esa cantina, una noche de tormenta, se cortó la electricidad y yo ya había comprado mi cena –pollo con ensalada– y a trompicones me sentaba y comenzaba a comérmela, extrañado por lo muy crujiente que era la lechuga y los pedazos tan pequeños en que estaba troceada pero, cuando volvió la luz, pude comprobar que se trataba de gordas moscas azules muertas, del fondo del recipiente de plástico donde guardaban el vinagre y que, a oscuras, vertieron en mi plato junto con lo que quedaba de líquido.

Hubo una prueba escrita, un test, y como resultado me ascendieron a cabo segunda y fui nombrado profesor de analfabestias: tierna titulación otorgada por el sargento mallorquín que teníamos asignado. Poco más que reseñar: una epidemia de meningitis en la que murieron dos soldados y, en el campo de tiro, al aprender a lanzar las P2 –bombas de mano– alguien no sincronizó bien los movimientos (había que tirar de la anilla, balancear el cuerpo tres veces, tirar la granada y echarse al suelo pero con los nervios, un mozarrón de Centellas, olvidó la penúltima parte del programa).

En el cuartel

En la gran explanada, plaza rectangular de logradas proporciones, jinete en caballo espumeante, blandiendo la amenazadora fusta, el alférez Cuadros nos insultaba, imprecaba a los soldados procedentes de San Clemente Sasebas que tras diecinueve horas de tren borreguero –la horda famélica y deshidratada asaltó incluso la estación de Manresa donde nos abandonaron en una vía muerta por espacio de hora y media– más las caminatas del CIR a la estación de Figueras y de la estación de Lérida al cuartel, no estábamos causando una buena impresión de marcialidad en nuestra entrada al sagrado recinto. Pero las cosas, después, los días que siguieron, no fueron tan malas como presagiaba la recepción. Cuadros, sumido en perpetua borrachera, desapareció del mapa, al capitán no le interesaba el mando de la tropa preocupado por ascensos y maquinaciones y del teniente coronel ya hablaré más adelante.

Ubicados en unas inmensas naves disponíamos de un grado de movilidad impensable en el campamento, tampoco existía excesivo control –el sargento raras veces aparecía– e incluso convertimos una especie de almacén contiguo en lugar de descanso –en teoría no nos podíamos echar sobre las literas durante el día–, juego y grandes comilonas. Tampoco las duchas y letrinas tenían nada que ver con las de San Clemente y la comida, sobre todo los martes y jueves en que había cocido, era aceptable. En ese marco me dispuse a pasar lo mejor posible los próximos siete meses. De entrada, cuando solicitaron un escribiente para el capitán médico, yo di antes que nadie el paso al frente, y yo fui elegido. Cosme Álvarez era un buen hombre y un mal médico metido en el ejército a instancias de su mujer y ante el improbable éxito de una vida profesional civil. Ser su escribiente me eximió de hacer guardias, instrucción, llevar uniforme y tener que pasar la noche obligatoriamente en el cuartel. El haber cursado dos años de carrera y la experiencia de quirófano contraída con mi padre debieron de pesar a la hora de la elección –hubo una prueba escrita y mi velocidad ante la máquina fue superada por los cuatro contendientes–, pero supuso algunas incomodidades ya que Álvarez descargaba cada vez más su trabajo en mis limitadas posibilidades.

Vino una mañana a verme el teniente coronel. Me preguntó tres veces si el capitán estaba de viaje y ya convencido se sentó y sin rodeos soltó algo así: «Moragas», ya se sabe que en el ejército se utiliza más el segundo apellido, «tengo un problema y tú me lo vas a solucionar», tomó aire, era un ser alto, calvo, corpulento, de unos sesenta años, y que al hablar se acompañaba de variados movimientos de los brazos y manos, «me casé hace tres meses, y mi mujer es muy joven... yo, ya ves, soy maduro y, además, he vivido mucho... ya sabes, los disparos, ¿cuántos disparos puede hacer un hombre a lo largo de su vida... mil, cinco mil?», como esperaba que dijera algo me senté yo también y, con aire profesional, comencé: «Depende, eso depende de la vida que se haya llevado... la bebida, el tabaco», de golpe se abrió la puerta y el capitán Álvarez irrumpió en escena: «¡Mi teniente coronel!, ¡a sus órdenes mi teniente coronel!», la reunión se acabó de golpe, a los dos días me llamó por teléfono, me citó en un bar de Lérida y le llevé unos comprimidos hormonales que debieron de funcionar muy bien, porque a eso de un par de semanas me lo encontré acompañado de su mujer y ambos, entre sonrisas cómplices, me saludaron afectuosos.

Del capitán Álvarez finalmente recordar una llamada nocturna para ayudarle a trasladar el cadáver de su suegro. Unos suegros que habían venido a pasar el fin de semana y que ahora, sigilosamente, debían ser devueltos al pueblo oscense de origen. Envolvimos en unas sábanas y mantas el fiambre, lo pusimos en el suelo del asiento posterior del «dos caballos» y allí marchamos; de noche, bajo la lluvia, capitán al volante, viuda entre sollozos y yo detrás sin saber dónde pisar pues no recordaba de qué lado había quedado la cabeza. Nos esperaba una descomunal alifara –chorizos, longanizas, tortetas, huevos al salmorrejo, costillas de cerdo en adobo y vino de al menos catorce grados– y el regreso a Lérida, de madrugada, aún lloviendo, permitió conocer la imagen más dinámica y divertida del capitán Álvarez: no dejó de cantar y contar chascarrillos mientras sorteaba camiones cargados de fruta a base de alegres volantazos.

Sícoris, el precedente romano de Segre, era el nombre de un club, del club más popular de la población y, entre sus muchas instalaciones, había algo así como una sociedad recreativa que organizaba bailes al aire libre animados por una orquesta de varios profesores. Allí conocí a Juanita, a Juanita Laderas. Acudía todos los domingos acompañada de cuatro amigas pero era ella la que destacaba; alta, de estrecha cintura, piernas largas torneadas, sobresaliente y firme busto, coronada por una cabeza grácil con pelo corto oscuro y rostro más que agradable. Nos descubrimos sólo entrar yo por primera vez en el recinto. Ellas sentadas, apiñadas, llenas de risas y picardía, me dirigieron la mirada, dejaron unos segundos de cacarear, y yo, flanqueado por el cabo Totana y el soldado Arterio, le clavé, a ella, sólo a ella, el poder de mis ojos azules repletos de pasión y experiencia. Toda la tarde nos estuvimos estudiando. La sacaban a bailar y aceptaba sólo las piezas rápidas. Se exhibía para mí contoneando las caderas y abriendo la preciosa boca para sacar un poco la lengua y enseñar los perfectos dientes. Yo cruzaba la pista siempre que quedaba despejada para ir de un sitio a otro y así poder lucir mi metro ochenta y cinco de estatura y aquel modo de andar que me hiciera famoso: como navegando, movía brazos y piernas, mientras estiraba el largo cuello y sacaba pecho (luego supe que las cinco, quizá ella, me bautizaron Frankenstein).

Juanita Laderas fue mi mujer durante aquella etapa. Una mujer excepcional, cariñosa, enamorada y que con Mauricette Fécamp, una francesa del Rosellón que amé en el hotel Las Palmeras de Lloret de Mar, son las dos únicas mujeres comestibles que he conocido en mi vida: carnes almizcladas, fluidos almibarados, no hubieran necesitado nunca pasar por el jabón y la esponja, qué fenómeno natural tan extraordinario; a veces, en días de particular melancolía, me martirizo pensando en sus cuerpos sumidos ya en el azote del tiempo o quién sabe si en el sombrío festín de los gusanos.

El cabo Totana era un pillo murciano de esa zona del norte de la provincia de donde proceden si no los mejores sí al menos los más espabilados jugadores de ventaja. Me propuso montar una timba en el cuartel, en esa zona ganada por nuestra batería para solaz del cuerpo. El juego era el copo. Él daba las cartas y de los cuatro palos conocía uno: con la punta de un alfiler había marcado los bastos inferiores a la sota. Se trataba de superar, apostando a ciegas, con las tres cartas que repartía a cada jugador, la carta que él voltearía. Colaboré. Hice de punto durante unos días. Pero aquello me asqueaba y le dije que se buscara otro socio; es curioso pero en mi ya larga vida de jugador nunca había hecho trampas, quizá porque no lo había necesitado, pero había en ese trapicheo algo, como una señal, que me producía un profundo rechazo.

Dos personalidades

Corros de reclutas al atardecer de San Clemente en torno a otro recluta pequeño, gordito, que disertaba con convicción, con dominio escénico, con gran acento catalán, pero en castellano para que todos le entendieran. Los temas: la imposible existencia de Dios, la evolución de las especies, la protección de la naturaleza, el control de la natalidad, el control de las migraciones, la supremacía de Cataluña. El resultado: la intervención del capellán castrense, la llamada al orden. No recuerdo cómo fue que llegamos a hablar por primera vez. Ya hacía tiempo que sus conferencias estaban prohibidas y sólo su incapacidad para marcar el paso y su situación de último de la fila por la estatura llamaban la atención; debió de ser durante un paseo por los alrededores del campamento cuando coincidiríamos.

Baltasar Sistella era hijo de artistas: su padre pianista, su abuelo paterno cantante de zarzuela, su madre incluso hacía malabares en las fiestas de Sans, barrio popular barcelonés del que eran naturales y residentes. Nuestra relación se consolidó rápidamente. Balta –así se hacía llamar– tenía en mente la elaboración de un inventario de toda la fauna vertebrada del Principado. Me ofrecí a colaborar en el campo de los reptiles y anfibios, que siempre me habían interesado. Lo suyo eran las aves, le dije que a mí me resultaban inasequibles, pero la verdad es que los pajarillos –las únicas especies que podía observar– me resultaban poco, por no decir nada, atractivos; los consideraba cosa de gente cursi y ridícula. Los paseos por los alrededores, cada vez más largos y frecuentes, nos llevaron un día a descubrir –a que Balta identificara–, posado en una de las estacas de una valla, a un macho de un ave de San Martín, especie que recordaba, por el nombre, de *El reino de los animales*, tres volúmenes de cubiertas azules y doradas, traducidos del alemán, que en mi infancia habían sido objeto de reiterada lectura. El ave, al aproximarnos, levantó el vuelo y quedé subyugado por la elegancia de sus planeos a ras de la hierba y por el colorido gris azulado, contrastado con el blanco y con el negro, de su plumaje. Me estaba convirtiendo a la causa. Me habló de la Sección Regional Catalana de la Sociedad Española de Ornitología (la SEO). De la edición de una *Guía de campo para la identificación de las aves de Europa*. De la lucha para proteger biotopos y especies amenazadas. De la infame acción de la caza. Y, sobre todo, de la situación límite que atravesaban las grandes aves necrófagas. ¿Había buitres en España? ¿Cómo era posible que yo no supiera que sobre nuestras cabezas, en algunos lugares todavía, sobrevolaban estructuras vivas de 2,70 metros de envergadura, a la busca de cadáveres? ¿Qué cadáveres? ¿Dónde era posible encontrar cadáveres tirados al aire libre? ¡Qué mundo se me estaba abriendo! Todo el placer de la arqueología, de los anacronismos, casi de la paleontología, me lo estaba sirviendo en bandeja el amigo Baltasar Sistella. Había que entrar en ese mundo. Luchar por él. Evitar que se extinguiera. Ampliarlo y consolidarlo si ello era posible.

En la Plaza de Abastos, junto a la farmacia militar donde iba a recoger los medicamentos para el servicio, había un pequeño bar –donde quedé en aquella ocasión con el teniente coronel– en que acostumbraba a tomarme una cerveza para remediar los rigores del duro estío leridano. Sería un viernes y a la habitual exigua parroquia se debían descontar los que huían a la playa el fin de semana. Me senté a una mesita apartada de la puerta por la que penetraba un despiadado sol de las seis de la tarde y que tampoco recibía el molesto aire del ventilador situado sobre el televisor ahora apagado. El dueño, dos jubilados medio dormidos sentados en otro rincón y una mujer rubia teñida, apoyada en la barra, que había pedido un café con leche, eran los ocupantes. Estaba meditando qué hacer esta noche tras entregar las medicinas cuando un individuo, un hombre de unos treinta y cinco años, de estatura mediana, aspecto pretendidamente deportivo, gestos poco naturales y bigotillo fascista, irrumpió en el bar, echó una ojeada a los presentes y se sentó en un taburete de la barra donde pidió una cerveza San Miguel. Sólo servírsela, dio un giro, se puso de pie, y sin más preámbulos se dirigió hacia mí. «¿El cabo Moragas?», lo dijo con voz firme pero no alta, como protegiendo nuestra intimidad. «Sí, soy yo», le contesté sin querer dar muestras de sorpresa. «Soy el capitán Susana», y casi se cuadró al mismo tiempo que yo me levantaba y, en posición de firmes, sin exagerar, bien es cierto, respondí «¡A sus órdenes mi capitán!» mientras pensaba que qué era aquello y si era posible que existiera un oficial con tan extravagante apellido. «¿Nos sentamos?», dijo mezclando pregunta y respuesta mientras colocaba su vaso al lado del mío. Empezó sonriendo y a medida que desgranaba el preparado discurso fue quedando envarado, con el labio superior afectado por el esfuerzo, invadido por un temblor que hacía separarse los pelos del ralo bigote y que dejaba entrever la cicatriz de un mal tratado labio leporino.

Susana dijo trabajar para los servicios de inteligencia militar. No quedaba claro si pertenecía a ellos o si colaboraba con ellos, pero tras trazar un idílico panorama de lo que eran esos organismos y de su necesidad para el correcto funcionamiento del Estado, se remontó a la época en que también él era soldado y de lo acertado que estuvo el día que aceptó prolongar su estancia en el ejército –ascendiendo, como si hubiera pasado por la Academia– realizando una labor, callada, pero muy provechosa e interesante.

No paró de hablar, ni para tomarse un trago. Dijo que había –o habían, no recuerdo bien– observado mi trayectoria en la vida militar, y también en mi vida civil, lo que no dejó de inquietarme, y que consideraban que yo reunía las condiciones adecuadas para poder trabajar para la patria en una labor que ahora iba, sucintamente, a describir, y que –y no daba crédito a todo lo que estaba pasando y empezaba a creer que podía tratarse de un loco farsante– consistiría, sin alterar mi vida normal, en la que por cierto no se veía a medio plazo una solución laboral o sea económica presentable, en la observación de la realidad, y aquí puse ojos como platos, en mantenerme atento a los acontecimientos y a vigilar, si se me pedía, pero desde luego esto sería algo excepcional, a determinadas personas y a informar sobre ellas en los mismos partes que sobre esa realidad circundante entregaría periódicamente. Calló. Quedó inmóvil. Mirándome fijamente, con las manos apoyadas en la mesa y los dedos entrecruzados. Cogí el vaso y lentamente bebí un sorbo de cerveza. Empezaba a sentirme francamente incómodo. Susana seguía igual y allí no se movía nadie. No me atrevía a levantar la vista pero daba la impresión de que el bar se había petrificado, que el tiempo se había detenido y que lo único cierto era que yo estaba cara a cara con aquel baranda que parecía no respirar. Opté por romper el silencio: «Mire, no sé si todo lo que me ha contado es verdad... nunca había oído nada parecido... póngase en mi lugar, yo quiero creerle pero no sé incluso si usted, y perdóneme por el atrevimiento... no sé si usted es quien dice que es... además es que a mí esto no me interesa, claro que no tengo mi vida resuelta, y ya sé que quizá no sean muy recomendables mis métodos para obtener dinero... pero...». Susana se levantó, sin dejar de mirarme, pero suavizando la voz y la compostura, dijo que lo comprendía, que ya hablaríamos en otra ocasión, que no comentara con nadie todo aquello y, finalmente, riendo, se despidió, en voz alta, desde la barra, con un «¡estás invitado cabo!».

Cerramos este capítulo con un escrito apócrifo y antimachista, de 1998, destinado a una revista mensual para la mujer, en el que aprovecho, como soporte para lanzar el alegato, el territorio y la parte de mi biografía que acabo de describir. No fue publicado. Repetí heterónimo de 1959.

LA NUEZA NEGRA
por el profesor A. Tudó i Alzina
Selección, traducción y notas: F. Ferrer Lerín

Iniciarse en un nuevo campo del saber, en una disciplina que aun perteneciendo a tu área profesional, es desconocida, produce una sensación de despegue, de apertura, de constatar día a día, hora a hora, cómo se amplían tus conocimientos y cómo, por lo tanto, tu capacidad de comprensión de los fenómenos naturales.

Entré en el área de las ciencias de la naturaleza a través de la herpetología. Quizá el rechazo generalizado hacia las serpientes y lagartos que siempre ha existido, y más aún en aquellos años de mi adolescencia, contribuyó, por ese espíritu de rebeldía y excentricidad que siempre me ha caracterizado, a inclinarme por esa rama de la zoología aunque, de hecho, ya de niño, siempre me había sentido atraído por tan singulares vertebrados.

Fue cumpliendo con mis obligaciones militares, en el CIR de San Clemente Sasebas, cuando, gracias a las largas conversaciones mantenidas con el capellán castrense, hombre de amplísima y sólida cultura, me acerqué al mundo de las aves. Salíamos a menudo a recorrer aquellos páramos y él me ilustraba, con tal precisión y apasionamiento, que los catorce meses de estancia resultaron, por un lado cortos pero, por otro, decisivos en cuanto a fijar definitivamente cuál iba a ser, a partir de aquel momento, el rumbo de mi vida. Siempre recordaré con especial cariño mi primera identificación certera, sin el auxilio de mi mentor, del canto de celo de un ejemplar de escribano montesino –*Emberiza cia*–, junto a las letrinas del campamento.

Los años ponen a prueba las convicciones y he de decir que, pese al tiempo transcurrido, mi entrega a la ornitología es igual a la del día en que empecé mis estudios superiores en la Universidad de Barcelona. Luego llegaron pruebas de fuego, enfermedades, problemas familiares, baches en la economía, pero siempre, por encima de todo, mantuve mi compromiso con esa ciencia a la que tantos buenos momentos le debo y que me siento obligado a propagar en todos los foros. Gracias a ello, este verano, impartiendo un Curso Rápido de Reconocimiento Visual de Alcaudones, en el Hospital de la Virgen de la Arrixaca, de Murcia, trabé amistad con un botánico aficionado que me animó a penetrar en una parcela de la sabiduría que, hasta la fecha, solamente había considerado como un apoyo de mis investigaciones sobre la avifauna mediterránea.

La botánica ha constituido para mí una importante sorpresa. No es sólo un empleo encaminado al conocimiento, a la clasificación, del reino de las plantas; en ella hay un caudal inigualable de materias colaterales, íntimamente relacionadas, que te aproximan a la vida humana, que te permiten realizar esfuerzos para mejorar las condiciones de supervivencia, la cura de enfermedades, los recursos alimenticios. El botánico comprende mejor las relaciones del hombre con el medio, conoce sus necesidades, comprende sus miserias. En el botánico se puede reconocer al humanista, al sabio total, al ser que tiene respuestas para todas las inquietudes de la sociedad moderna.

Un ejemplo para terminar esta larga reflexión: la nueza negra –*Tamus communis*–. Una enredadera herbácea de hojas acorazonadas y frutos encarnados que se cría en lugares húmedos de buena parte de la Península Ibérica. Un vegetal que a buen seguro había contemplado en múltiples ocasiones pero del que hasta ahora lo desconocía todo. Y lo primero, desconocía su nombre. Y al conocerlo descubrí que el mundo rural, que las personas sencillas, que la gente del campo que es la que otorga los nombres a los animales y a las plantas, ya había resuelto esa cuestión, tan repetida hoy en día por parte de nuestra sociedad, sobre el sexismo en el léxico, que en el fondo enmascara el revanchismo de determinadas mujeres. El fruto recordaba una nuez, pero como era pequeña y redondita, le atribuían un carácter femenino. Y para feminizarla le añadían la letra «a». ¡Santa y envidiable manera de resolver las cosas! Pero aún hay más. El uso principal de la nueza negra es sanar las heridas, las contusiones que se les produce a las mujeres. Hasta la hermosa lengua francesa recoge en el nombre popular de la benefactora planta todo ese acervo de virtudes y propiedades medicinales de uso cotidiano; la denominan *herbe aux femmes battues*. Sólo las ciencias naturales, y la botánica en especial, confieren a sus seguidores, a los científicos, el poder para arreglar y comprender la problemática de los hombres y mujeres contemporáneos.

Notas del traductor: Nueza no es la feminización léxica de *nuez* sino una palabra derivada del latín *nodia*, nudo, por los que forma la planta al propagarse. Juan Texidor y Cos en su *Flora farmacéutica de España y Portugal*, Barcelona, 1871, dice que la nueza negra «la usa el vulgo, y en particular las mujeres, para resolver los derrames sanguíneos consecutivos a las contusiones, por lo cual, quizás, ha recibido en Francia el nombre de Hierba de las mujeres apaleadas».

III

1966-1967

La vuelta a la vida civil. La normalidad. Trataba de recomponer todas las estructuras que once meses de ausencia habían podido resquebrajar. Dinero para pagar facturas relacionadas con mi vivienda, recuperación de amigos, visita a los locales de juego, repaso a la ciudad, y, del servicio militar, sólo el contacto llamado Sistella cuyas consecuencias en aquel momento no imaginaba. Aparentemente nada había cambiado, las cosas estaban en su sitio, todos respondían a mis llamadas y la perspectiva a corto plazo era que podía reemprender el tipo de vida de siempre. Sin embargo, como ahora veremos, hubo cambios, y algunos sustanciales.

Mis tres amigos (Toni Mascaró, Máiquel Bundó y Octavio Torres)
Quedamos en el bar Bauma, un espacio conocido en el que dominábamos la situación y donde, a determinadas horas, era posible hablar sin tenerse que preocupar de si te estaban escuchando. Primera noticia: Miralpeix había muerto; un infarto durante un pantagruélico banquete había acabado con el fabricante de corbatas y con el inigualable marco para organizar partidas; un mazazo. Segunda noticia: durante mi estancia en el ejército habían estado jugando; organizaban timbas aquí y allá, en sus casas, en casa de otros, en locales, y conseguían beneficios superiores al quince por ciento que yo les daba como prestamistas o comisionistas.

Pichones
Recorrí los lugares donde era fácil toparme con ellos sin que pareciera que iba en su búsqueda. Pajas y Róbert en La Bodeguilla, Tito y Royé en los billares del Coliseum, Cuca Verda y Santi en el Tenis Barcelona, Barretina, Loscos, Pollastre, Manel, el señor Satorra y Seisdedos en el bar Cometa, y así sucesivamente. Pero las cosas no eran iguales. Estaban resabiados, los habían explotado malamente. Los amigos Toni, Máiquel y Octavio de modo desleal conmigo, sin inteligencia alguna, agotaron el filón en once meses. La vieja teoría que tantas veces intenté inculcarles del valor de cada partida, de lo que se podía sacar de ella sin que la misma se resintiera, evidentemente no había calado. Habría que empezar de nuevo, pero tenía grandes dudas de que mereciera hacerlo con este material. Además ya no estaba solo; ellos pensaban volver a intentarlo: rematar la gallina que si no fue la de los huevos de oro al menos me había permitido sobrevivir durante bastante tiempo.

Locales de juego
Salí de excursión por Barcelona. Empecé por la periferia y enseguida comprobé lo mucho que había cambiado el ambiente. La Noria, El Búho, Casañas, Almogávares, no aceptaban jugadores que no fueran parroquianos; se formaban partidas –en las que quizá se me haría un hueco– pero debía competir con la fauna autóctona, y eso no era recomendable; era increíble lo que habían hecho esos tres imbéciles en tan poco tiempo. En el Ensanche las cosas no estaban mejor, pero por otra razón: la policía había prohibido el póquer. El grado de relajación había llegado tan lejos que ya no jugaban en los reservados sino que lo hacían de cara al público, en las mesas junto a la barra. Fue en la Bodega Andreu, tras hablar con el dueño, cuando se me acercó un individuo a preguntarme si estaba interesado en echar una partida. Era un tipo que nunca había visto y que se presentó como Ángel Mula y que sonriente, exhibiendo varias fundas de oro, concretó que todos le conocían por Angelito.

Angelito
Otro murciano se cruzaba en mi vida. Parecía una mala persona que no tenía ningún interés en disimularlo. De unos cuarenta años, bajo, gordo, cuatro cabellos grasientos peinados de oreja a oreja, hablaba con la cabeza gacha como si fuera a mirar por encima de las gafas, que no llevaba. Él conocía locales, no son garitos precisaba, donde se jugaba al póquer en cualquiera de sus modalidades, volvía a precisar, sitios legales, gente legal, claro está, y podía presentarme, él me acompañaría. No supe qué hacer con todo aquello. Y le dije que a lo mejor, que dónde podría localizarle si me decidía. Y me dio un trozo de papel con un número de teléfono escrito a lápiz. «Es de la Pensión Goya», aclaró, «y si no, aquí me encontrará siempre a estas horas.» Y me fui.

Baltasar Sistella irrumpió como un torbellino. Deseaba el encuentro y se le veía rebosante de ideas. Le había citado en mi casa por ese prurito burgués de demostrar que uno tiene donde guarecerse y que lo que podían ser sólo pistas a través de nuestro trato militar era ahora ya el momento de confirmarlas: sí, venía, era, de buena familia, aunque diversos avatares lo desdibujaban; pero quedaban rastros del poderío y, en mi territorio, era mucho más fácil desempolvarlos. Abrió enseguida las carpetas. Todo eran flechas, líneas, círculos. Una constelación de tinta china al servicio del estudio y protección de la avifauna catalana. Quería catalogar, ésa era su pasión. Divididas en sedentarias, estivales, invernantes y de paso, aparecían todas las especies cuya presencia fija o temporal era posible en Cataluña. Los nombres vulgares –en catalán y castellano– se acompañaban de los nombres científicos quedando, a la derecha, un espacio en el que debía señalarse con un aspa su presencia o no. Estaba todo preparado. Me convenció –no necesitó tampoco insistir demasiado con sus argumentos– para realizar ya, ese próximo fin de semana, una salida al campo, la primera del magno proyecto, en la que visitaríamos la zona de San Pedro Pescador, rica en biotopos acuáticos y que, por lo tanto, estaba enormemente amenazada. Quedamos para el sábado, ¡a las cuatro de la mañana!, en la esquina de las calles Tarragona con Diputación. Balta sería, y así me lo dijo varias veces, muy puntual.

Unos bonitos días observando pájaros, a la zaga del maestro Sistella, con las terribles incomodidades –primera y última vez– de la acampada en una tienda. La identificación de las aves –la casi religión británica del *birdwatching*–, esa actividad civilizada que en aquellos años de sólo escopeta y cepo resultaba, más que exótica, peligrosa. (Tuvimos que echarnos al suelo en más de una ocasión sobre una alfombra de alas de flamenco, patas de alcaraván y cabezas de andarríos, restos de la matanza semanal, mientras silbaban los perdigones y postas de una tropa armada hasta los dientes disparando a todo lo que se movía.) ¡Qué gentuza! ¿Cómo no había reparado hasta aquel momento en esta faceta del ocio, que ahora se consideraba un deporte y que en tiempos había sido privilegio de nobles y envidia soterrada del pueblo? ¡Cuánta ignorancia! ¡Cuánta falta de sensibilidad! Baltasar Sistella me había llevado, en labor de apostolado, para ganarme a la causa ornitológica, y estaba enrolando a un alumno radical, cautivado por la belleza del paisaje y de su fauna, pero violentamente decidido a acabar con los elementos que estorbaban, con las actividades –y con las personas– que ponían gratuitamente en peligro la continuidad de esas maravillas. Por la estética a la defensa del medio. Se había despertado en mí un justiciero ecológico. El tiempo –el breve tiempo– diría de lo que era capaz.

Las semanas que siguieron fueron, para mí, formativas: consulta de libros, visita a museos, proyección de diapositivas, caminatas reveladoras. Aprendía rápido. Había algo en el descubrimiento de la naturaleza que me atraía enormemente, que trascendía lo científico para trasladarme a tiempos pasados; a mi infancia, que, aunque urbana, tuvo en los veranos ciertas aproximaciones –como ya se dijo– al mundo animal, a los pequeños reptiles, a los anfibios y, además, suponía la recreación de un mundo perdido que quizá ni siquiera era perdido, no había existido nunca. Y esa pasión por conocer y recuperar enmascaraba, aunque era consciente de que así era, la pasión por luchar; pero la visión de los cazadores despanzurrando pájaros estaba ahí, la tenía grabada. Por todo ello secundaba a ciegas cualquier iniciativa de Balta. Un cursillo, me propuso organizar a medias un cursillo de identificación de aves, y sin saber lo que era eso me entregué al trabajo. Le acompañé al Oro del Rhin, un vetusto café contiguo al cine Coliseum, y asistí a la reunión quincenal de los vetustos ornitólogos barceloneses, los únicos ornitólogos reconocidos entonces. Habló del proyecto, de la necesidad de un aula, de un laboratorio, de algo de dinero para material y propaganda. Y lo consiguió todo. El sábado 25 de noviembre se inauguró el cursillo. Ocho sesiones teóricas, seis prácticas y cuatro salidas al campo, lograron que de doce alumnos, cuatro ingresaran en la cofradía: Charo Azpeitia Lomba, Senén González Verrugoso, José Andoaín Castells y Mistress Dora Butcher se revelaron como incondicionales de Balta, sus seguidores, defensores hasta la muerte de la causa ornítica. Mi papel secundario, de alumno aventajado, pero poseído por la furia de los justos, no pasó inadvertido ante el selecto grupo. Heroicas singladuras nos aguardaban.

Pero había descuidado peligrosamente mis finanzas. Un mes, dos meses, dedicado en cuerpo y alma a la ornitología sin acercarme a una mesa de juego; de hecho, desde mi vuelta del servicio militar no ingresaba un duro, la cuenta del Central casi vacía y no estaba dispuesto a rebajarme recurriendo a los traidores. Cogí el teléfono y llamé a Ángel Mula. No estaba en la pensión y recordando lo que me dijo acudí a la bodega. Sólo entrar le vi haciendo solitarios en una mesa apartada. Fui directo a él y al aproximarme levantó la cabeza, esbozó una viscosa sonrisa y se puso de pie alargando la mano derecha mientras que en la izquierda retenía parte del mazo de cartas. Retiró la mano húmeda con parsimonia y a la espera de que yo hiciera ademán de sentarme inició la conversación con un «¿cómo van las cosas?», en el que interpreté un amplio conocimiento por su parte de la situación de paro forzoso en la que me encontraba, e incluso del alto nivel de juego que se me atribuía. Sentados, bebiendo cerveza, expuso sus condiciones, las posibilidades de encaje de mi juego en las distintas partidas y todo ello con mucha calma, con el lenguaje apropiado, sin que yo tuviera que intervenir para preguntarle y mucho menos para corregirle. Cobraba el veinte por ciento de los beneficios, si los había. Cobraba el treinta y cinco por ciento diario si me prestaba y, en ningún caso, y aquí desveló un semblante nuevo, más que amenazador, terrorífico, con un plazo superior a tres días. Y yo decidía la partida en que prefería intervenir. Angelito –y volvió a insistir en que así era como le llamaban–, de todas formas, si yo quería, y aunque pudiera formarme una opinión después de visitar con él algunos locales, podía aconsejarme, desinteresadamente, cuál era la más apropiada para mí, y en esto volvía a hacer ostentación implícita de su grado de conocimiento de mi actual situación anímica y económica. Quedamos para el día siguiente. A las nueve de la noche, ya cenado, le recogería en la bodega e iniciaríamos el recorrido.

La noche fue larga. Y los beneficios cortos. Primero entramos en un bar de la parte baja de la calle Viladomat y, por una escalera oscura y angosta que arrancaba tras una cortina situada junto a los servicios, bajamos a un sótano lleno de humo. En dos pequeñas mesas circulares casi pegadas una a la otra, jugaban al póquer tapado unos individuos de talante sombrío; eran gente del barrio, rondando la cincuentena pero en cada mesa, incluso para un observador mediocre, era fácil descubrir al intruso: un profesional de tercera que intentaba exprimir moderadamente los caudales de los incautos. Angelito tardó dos segundos en darse la vuelta, con un ligero tirón en la manga me invitó a acompañarle escaleras arriba. Cruzamos el bar. Se despidió de manera cómplice del camarero. Y ya en la calle, sin mirarme, sentenció: «¡Completo!». Cogimos un taxi –que yo pagué– para llegar a una pizzería de Infanta Carlota. En el interior, donde un par de pinches recogían ya las mesas, un hombre grueso, con barba de tres días, que sería el dueño, señaló con el índice una escalerilla de caracol al fondo del local. Angelito asintió con la cabeza y nos plantamos en un cuarto de techo muy bajo, en un altillo por el que yo debía andar medio agachado y que se prolongaba más allá de lo que debía de ser el comedor de la planta. Al fondo, una mesa rectangular estaba ocupada por cinco jugadores; había un puesto libre y jugaban al póquer sintético, al chiribito. Al ver el cuadro, Angelito volvió a darme un tirón en la manga, dimos la vuelta, bajamos la escalerilla y de pie, apoyados en la barra, hizo el siguiente análisis: «Son cinco pichones, los conozco a todos, no hay problema para que usted juegue, yo lo presento, y viniendo de mí ellos estarán encantados de jugar con usted». «Cuestión resto, tienen la costumbre de que si alguien se sienta con la partida iniciada debe sacar la parte proporcional de lo que hay en el tapete, pero deben llevar poco rato, con unas tres mil habrá bastante para empezar, ¿cuánto lleva?, ¿necesita algo?» Miré a los ojos a Angelito para darme seguridad a mí mismo y, sin parpadear, solté: «Llevo suficiente». Angelito asintió con la cabeza: «Bien», dijo, «vamos a subir, a las dos pasaré, no creo que la partida dure mucho más». «Cualquier problema, el dueño, es de confianza.» Y subimos. Sobre las dos menos cuarto, como ya había vaticinado Mula, se dio la última mano. Los puntos, gente aceptablemente educada, se despidieron de un modo que daba a entender que me aceptarían en otra ocasión. Pagué la consumición el último, dejé una propina, y me senté en un taburete. Angelito apareció por la puerta que daba a la cocina. «¿Cómo ha ido?», dijo, y se sentó a mi lado.

Basado en la confianza, el trato con el intermediario se rige por códigos de caballeros. No le dije cuánto llevaba, no sabe –aparentemente– cuánto he ganado, no valen pues argucias del tipo: mira cinco mil como llevaba cuatro son mil el beneficio toma doscientas. Tampoco se estipula si los gastos de bebidas, comida si la hubiera, taxi, u otros que, como más adelante se verá, pueden ser cuantiosos, son descontables o corren a cuenta de uno u otro. Parece como si el mismo trato, la calidad del mismo, van a ir condicionando estas minucias. Pero hay un aspecto capital en la relación: el puenteo, prescindir del intermediario una vez que se conocen las partidas y se es aceptado en ellas; pero también aquí, ese código no escrito corre en auxilio de todos los Mulas del mundo; se da por hecho que la vinculación se mantiene para siempre en lo que hace referencia a los garitos aunque no sea así, necesariamente, respecto a las personas, es decir que los componentes de la pizzería pueden organizar una timba en un domicilio particular, invitarme, y yo ya no estar obligado a abonar el veinte al intermediario, pero no fue así en mi caso. Mantuve a Angelito informado de todos los movimientos, le pagué religiosamente siempre que hubo –y era casi siempre– beneficios, liberándome, eso sí, cuando surgía una timba que se organizaba a partir de terceras personas, aunque procedieran de la cantera original. Las ganancias no eran realmente pingües ganancias. Servían para ir tirando y, de forma velada pero constante, dejaba caer que podría arriesgarme a dar el salto, que había otros lugares donde se movían cantidades mucho mayores y que incluso así no tendría que estar jugando tan a menudo. Dije que por ahora me valía con lo que estábamos haciendo. Lo otro quedaba para alguna ocasión especial. Y eso aún tardaría en ocurrir.

El grupo era fantástico. Dinámico, incansable, trabajaban de sol a sol. En poco tiempo acabaron la prospección de la Cadena Litoral y ya llevaban muy adelantada la porción oriental de la sierra de Prades. Surgían citas espectaculares. Quién podía imaginar la nidificación del águila real a pocos kilómetros de Sabadell, cómo se explicaba que Collserola, encima mismo de la ciudad de Barcelona, fuera un importante lugar de paso de águilas culebreras y ¡águilas pescadoras! y que nadie hubiera reparado en ello. Estaba, estábamos, entusiasmados. Balta propuso entonces que, sin dejar el metódico inventario comarca a comarca, nos lanzáramos a censar las poblaciones de las grandes aves carroñeras que, según algunos indicios, aún existían en el Principado. Dora Butcher, escocesa, de entre cuarenta y cuarenta y cinco años, la veterana pues del grupo, la única de ellos que disponía de coche y quizá la más entusiasta, narró las vicisitudes que corrieron los ornitólogos de su país hasta conseguir la recuperación del pigargo –*Haliaeetus albicilla*–, enorme ave rapaz que, en tiempos, se podía ver en grandes bandadas devorando los cadáveres de las ballenas varadas sobre las desiertas playas. Sí, primero deberíamos saber si quedaban buitres, alimoches y quebrantahuesos pero confirmada su existencia, habría que alimentarlos; colocando carroñas en las Hébridas y Orcadas lograron que la relicta población de pigargos se recuperara y hoy puebla, vigorosa, todo el norte de Escocia.

Balta consiguió empleo en el Museo de Zoología y en el zoo de Barcelona. Su rendimiento intelectual era parejo a su rendimiento manual. Por las mañanas dirigía el grupo pasando fichas en limpio, identificando voces grabadas, montando diapositivas, todo ello en un despachito que habilitó en la segunda planta del Museo. Por las tardes hacía de cuidador en el zoo y además, como buen taxidermista, naturalizaba y conservaba los cadáveres de los residentes que fallecían. En poco tiempo fue la persona indispensable a quien todo el mundo acudía y al que nunca se le vio un gesto de fastidio o se le oyó pronunciar una palabra inadecuada. Pero era consciente de esto y con la mente puesta en el nuevo proyecto de recuperación de rapaces carroñeras, contando con su posición de privilegio en la institución, urdió una estrategia encaminada a obtener con facilidad y sin riesgo alguno carroña abundante, toda la carroña que fuera necesaria para colmar la secular hambruna de los buitres de nuestras montañas. Mas, lo indispensable ahora, era localizarlos, saber dónde vivían, cuántos eran y en qué estado se hallaban. Nos convocó un jueves a las ocho de la tarde en el museo para explicarnos el plan. Ese mismo sábado, de madrugada, como debía ser, partimos en el Ford Cortina de Dora: ella conducía, yo iba delante y, detrás, apretujados, Balta, José Andoaín y Charo Azpeitia; Verrugoso tenía exámenes y, además, su presencia me hubiera obligado a coger también mi coche.

El destino de la excursión era Camarasa. Uno de los vetustos había contado que en su juventud, acompañando a su padre a pescar truchas por el río Segre, había visto muchos buitres por los acantilados que encajonan el río. Entonces no sabía lo que eran pero ahora estaba seguro de que se trataba de esa especie, pero, claro, había pasado tanto tiempo... Ésa era una parte de la provincia de Lérida que yo no conocía. Acostumbrado a la llanura estepuaria, a la prolongación oriental de los Monegros, ver unas imponentes formaciones rocosas que cerraban el horizonte y adelantaban, pese a la distancia, la cordillera pirenaica, daba la sensación de no hallarse por fin en la superpoblada y degradada Cataluña y de estar adentrándose en territorios salvajes donde aún era posible disfrutar de alguna sorpresa. Y así fue. Llegamos con el coche hasta la misma presa del embalse, bajamos, y aún antes de que los rayos del sol iluminaran la zona, en una operación perfectamente estudiada, nos desplegamos en batería, plantamos toda nuestra artillería óptica –trípodes soportando catalejos, prismáticos, cámaras fotográficas–, y nos dispusimos a identificar cualquier punto que apareciera en el cielo o cualquier señal de vida en los inmensos paredones o en el vasto erial que nos rodeaba. Fue Butcher, como siempre, que no había despegado el ojo del ocular del catalejo desde que tuvo colocado el trípode, quien, con su voz quebrada, casi de halcón peregrino, descubrió la primera, una gran ave en vuelo. Todos dirigimos nuestras ópticas hacia el punto que con su mano izquierda, sin despegar eso sí el ojo del ocular, señalaba nerviosa, al mismo tiempo que gritaba: «¡Perdicera, perdicera!». Una hermosa hembra adulta de águila perdicera –*Hieraaetus fasciatus*– volaba recta, muy alta, hacia la vertical del punto en que nos encontrábamos, y pocos segundos después, y esta vez fue Charo la descubridora, otra águila, el macho, apareció siguiendo a la primera, a considerable distancia. Se presagiaba una jornada pletórica de resultados, y así fue. Cinco ejemplares de buitre leonado –*Gyps fulvus*– levantaron simultáneos el vuelo desde su dormidero. Localizada una térmica, comenzaron a girar en medio del cielo azul de la mañana componiendo esa imagen tan cara a los westerns y que, y entonces lo supe porque Sistella nos lo explicó, constituía en este caso una inapropiada comparación: en América no hay ni ha habido nunca buitres, sino catártidas –zopilotes, auras, cóndores en lugares concretos–, aves típicas del nuevo continente y que tienen una convergencia trófica con nuestros buitres. Los cinco miembros del grupo, en pleno éxtasis ornítico, inmóviles, encorvados sobre el catalejo, atentos a las evoluciones de las espléndidas aves, intercambiando a veces breves comentarios del tipo «parecen todos adultos», «están bien de plumas», «el de la derecha tiene el buche hinchado», no reparamos en la aproximación a pie, silenciosa, lenta, de dos individuos altos, fornidos, con uniforme de guardas jurados, pero con detalles todavía más inquietantes como la clase de armamento, determinadas insignias, cráneos afeitados y botas militares. Una voz seca, imperiosa, nos hizo despertar del sueño y los cinco giramos nuestras cabezas y luego nuestros cuerpos hasta quedar cara a cara con un esbirro que con una mano apoyada en el cinto, junto al ¿revólver?, y la otra señalando los aparatos ópticos profería machaconamente, con un raro acento, algo así como «¿qué estamos haciendo», «¿qué estamos haciendo, eh?» mientras su compañero de armas permanecía de pie, a corta distancia, con las piernas abiertas, los brazos en jarras, mirada amenazante, con voluntad de amedrentar, y consiguiéndolo. Baltasar Sistella dio un paso hacia delante, le mostró un papel, un permiso –del que los demás desde luego desconocíamos la existencia– e intentó decir algo pero el militar –podían ser militares de maniobras, fuerzas especiales pensaba yo– le hizo callar con un violento «¡no moverse!» mientras agarraba el documento, sacaba del bolsillo delantero una minúscula radio de campaña, pero cuando empezaba a manejarla un ruido de motores le hizo interrumpir la operación. Por el camino que venía del otro lado de la presa, la continuación hacia el norte del que habíamos utilizado, avanzaba despacio un coche negro, grande, americano, flanqueado por dos motoristas uniformados, una siniestra y polvorienta comitiva que se detuvo frente a nosotros. El sicario, inmediatamente, se acercó a la ventanilla trasera izquierda, ésta se bajó, y, en posición de firmes, pero inclinado para que desde el interior del vehículo vieran su rostro, comenzó a dar el parte. Calló de pronto –le debieron interrumpir– y, como un autómata, entregó el permiso de Sistella, sin introducir, no obstante, ni un solo centímetro, el brazo dentro del auto. Pasaron unos dos minutos y, con el mismo tipo de movimientos, rápidos, casi espasmódicos, se hizo a un lado y abrió la puerta.

Un hombre de entre sesenta y cinco y setenta años. Recio, bajo, de cabeza poderosa y apenas pelo en las sienes y cogote. Salió del coche con cierta dificultad, como si tuviera entumecidas las piernas, miró al cielo brevemente con unos ojos increíblemente pequeños y punzantes y, a continuación, ya seguro en sus movimientos, avanzó, a grandes zancadas hacia nosotros y, echándonos, de modo intencionado, una rápida y superficial mirada dijo, con voz poderosa: «¿Estudiando mi territorio?». Fui yo, por ser el más próximo, y por ser en quien había acabado de fijar la mirada tras el rápido barrido que le debió de llevar a considerar y casi a manifestar qué pintan aquí estos mamarrachos, el que tomó la palabra eligiendo un discurso explicativo, llano, y conciliador:

«Del Museo de Zoología de Barcelona, somos del museo, hemos constituido un grupo para el estudio de las aves y... esta zona... nos habían dicho lo muy interesante que era... sólo llevamos unos minutos y ya hemos podido comprobarlo... en fin, no sabíamos que fuera propiedad particular, como estamos en la presa...». Con aire suficiente, pero con cierta condescendencia, cortó mi discurso –cosa que por otra parte casi agradecí porque se me estaban acabando los argumentos– y dijo: «O sea que aves... ¡pájaros, viendo pájaros!, ¿no es eso?». Quedó en suspenso, como pensando, en un intento de valorar nuestro encuentro, a la busca de un provecho o, al menos, despojándolo de cualquier consecuencia peligrosa pero enseguida volvió con un: «Y quién os ha hablado de este lugar, ¿los cazadores...?». Vi una puerta abierta y rápido apunté: «¡No, qué va, cazadores no!, no tenemos relación con ellos». Interrumpí la contestación un instante para ver su reacción, pero permanecía impertérrito, con la mirada fija, y continué: «Una persona mayor, aficionada también a los pájaros, una persona de Barcelona...». De golpe cambió de actitud, sonrió, no me estaba escuchando pero debió de llegar a una conclusión que desde el momento en que oyó la palabra «ave» trataba de alcanzar. Dio un paso atrás, para tener mejor perspectiva sobre el grupo y con el cuello estirado, sacando pecho –una camisa caqui desabrochada a lo legionario– y con las manos en los bolsillos de un pantalón verdoso casi de camuflaje, se dispuso a presentarse: «Mi nombre es Ugalde, espero que no os hayan asustado los muchachos, pero es que estamos hartos de los cazadores, se meten por todas partes, ahora mismo voy a hablar con el alcalde a ver qué señalización pone a la salida del pueblo para disuadirlos». Respiró, me miró a mí a ver cómo habían sentado sus palabras y, aflojando la musculatura, con las manos ya fuera de los bolsillos, continuó: «Mi mujer, que es alemana, es una entusiasta de los pájaros, le compré el otro día en Madrid unos anteojos carísimos...». Rió para dar a su rostro un tono picante y cómplice: «Ya sabéis, las mujeres, pero hay que atenderlas... y ¡qué cojones! vosotros también apreciaríais el regalo». Calló, nos miró a todos y reemprendió enseguida la perorata: «Es una casualidad, es una casualidad que nos hayamos encontrado...

¡hombre!, ella siempre me dice que ojalá tuviera a alguien para recorrer la finca a observar, a ver qué bichos hay por aquí...». Estaba dejando de interesarle lo que decía, perdía rápidamente el nivel de exigencia con él mismo y ya le aburría la situación; dio la vuelta, dijo algo al chófer, que tenía bajado el cristal y éste le debió de entregar una cartera, un billetero. Pensé por un instante que nos iba a dar dinero, pero no, extrajo con dificultad –tenía los dedos más cortos y gruesos que nunca había visto– una tarjeta de visita y se dispuso a entregármela: «Toma, por si otro día queréis venir... llamad antes... mejor, hablo con mi mujer y te vienes a casa a contarle lo que hacéis... dame tu nombre y tu teléfono». Recuperó la tarjeta, casi me la arrancó, pero yo sí le di una mía, una de las que Sistella nos había preparado, con los datos personales y con los del Grupo de Ornitología del Museo etcétera. Me dio la mano, hizo una especie de reverencia a los demás, se montó en el coche, y éste desapareció con los dos motoristas, como en una coproducción de bajo presupuesto sobre la segunda guerra, dentro del túnel por el que se accedía a la presa, ahora sí rápido, como para recuperar el tiempo perdido en el imprevisto encuentro. Los sicarios se esfumaron, se los debió de tragar la tierra y nos quedamos allí, solos de nuevo, totalmente perplejos, intentando calibrar los pros y los contras de aquella aparición, escenificada en partes; de todas formas a mí, particularmente, me quedó además una extraña sensación: ese tipo, un jefecillo de república bananera, terrateniente singular, me había elegido como interlocutor del grupo, y no parecía que la invitación para conocer a la esposa alemana incluyera a los otros.

Llevaba apareciendo desde hacía unos días en *La Vanguardia* –que empecé a comprar al irme a vivir solo; mi padre compraba *El Diario de Barcelona*– el anuncio de unos cursos de programador que organizaba la multinacional Bull. Preocupado por los acontecimientos que se estaban produciendo tras mi reincorporación a la vida civil –pérdida de confianza en los viejos amigos, dependencia exclusiva del oscuro intermediario– decidí conocer qué perspectivas de trabajo –de obtención de dinero– podía haber detrás de una actividad que todos apuntaban como la de mayor futuro incluso a corto plazo. Mi nueva faceta ambiental, que la verdad es que cada vez me apasionaba más, resultaba antagónica –no sólo por su filosofía sino por una simple cuestión de horarios– con el dependiente mundo del juego; además, las salidas al campo y en general todas las tareas que rodeaban la práctica ornitológica suponían un gasto no despreciable en gasolina, hoteles, comidas, etc. Llamé y me citaron para una entrevista y una prueba escrita. Debí superar el examen porque comencé el cursillo, junto a otros veinte alumnos, a la semana siguiente. No era difícil; simplemente aplicar la lógica. Terminado el de Bull me apunté a otro de IBM. En pocas semanas había pasado a una nueva situación laboral: a la espera de que me llamaran de alguna empresa. Pero seguía con Angelito y seguía con Balta. Y un pariente lejano de José Andoaín le habló de buitres en los Puertos de Beceite, por los confines de las provincias de Teruel, Castellón y Tarragona. Y allí fuimos, esta vez en dos coches, el grupo al completo más la hermana menor de Verrugoso que tenía síndrome de Down.

Los Puertos debieran tener, por la proximidad del Mediterráneo, un carácter menos adusto que los contrafuertes pirenaicos de Camarasa, pero, quizá por tratarse ya de tierras fundamentalmente aragonesas, turolenses, poseen una particular dureza que se manifiesta en el paisaje, en el clima, pero también –o sobre todo– en la idiosincrasia de sus habitantes. Es una extensa comarca montuosa, quebrada, bien cubierta por un manto vegetal arbóreo en los lugares donde los incendios provocados por agricultores, pastores y cazadores no son demasiado habituales. La fauna salvaje, en general, debido a la condición de desierto demográfico, se ha mantenido e incluso ha aumentado –caso de la cabra montés–, pero las aves necrófagas, faltas de su sustento tradicional –las bajas procedentes del ganado doméstico, que es muy escaso– se mantienen a duras penas. El grupo penetraba en el bar del pueblo de Fredes a eso de las once de la mañana donde el primo de José nos esperaba vaso de vermú casero en ristre y plato de aceitunas rellenas en plato de vidur. La expectación no fue grande, acostumbrados a la presencia de cazadores y excursionistas. Manel vivía en Tortosa, se había comprado una casa en el pueblo y aprovechaba los fines de semana para subir e írsela acondicionando. Se montó en mi coche y partimos todos, por la pista forestal que iba a Valderrobles, hacia el lugar donde siempre veía buitres.

Los rojizos cortados de los Puertos del Rico constituían el borde sur, el escalón de una amplia meseta caliza que algún fuego reciente había convertido en un pedregal manchado irregularmente por negras estacas; restos calcinados de matorral de coscoja. En la pared, en sus cuevas y repisas, aparecían algunas tulliduras, los goterones blancos producidos por las deyecciones de los buitres y, en el cielo, un nutrido bando de chovas piquirrojas –*Pyrrhocorax pyrrhocorax*– alegraba el horizonte con sus gritos y sus vuelos acrobáticos. Permanecimos una hora, y los buitres no aparecieron. Se dijo lo que siempre se dice en estos casos –conjurando así negras premoniciones–, que a esta hora debían de estar buscando comida lejos, que como no era época de cría no tenían por qué acercarse a la buitrera, pero todos sabíamos que la situación de estas aves en todo el macizo era muy mala y que el mismo color deslucido, blancuzco a lo sumo, de las escasas tulliduras indicaba que hacía tiempo que las aves no se posaban aquí y que, en cualquier caso, pocas serían las que lo hicieran alguna vez. Manel, desmoralizado, disculpándose por la posibilidad de que nos hubiera hecho venir para nada, nos propuso, sin mucha convicción, visitar el sitio donde había pensado que se podría instalar un comedero. Dijimos que sí –en parte para darle la oportunidad de reparar su tropiezo– y nos metimos otra vez en los coches por una pista que empezaba a dar señales de no ser muy utilizada. Entre baches, roderas y piedras alcanzamos un punto alto, vértice geodésico, impresionante oteadero, en el que confluían las mugas de las tres regiones. Allí, a modo de plataforma, se extendía una gran losa grisácea, especie de ara de titanes que como algunos monumentos funerarios megalíticos podría ofrecer cadáveres a la voracidad de las bestias del aire. Manel prometió, al despedirnos en la plaza del pueblo, que haría las gestiones necesarias –en el Ayuntamiento, en la Diputación, en Icona– para que nadie pusiera dificultades a los aportes de carroña y que incluso intentaría obtener cerdos muertos de una granja de Freginals evitando así depender en exclusiva de nuestros problemáticos viajes con los despojos del zoo de Barcelona. El primer muladar del Grupo de Ornitología del Museo de Zoología de Barcelona estaba siendo creado. En un mes, con los permisos –verbales– dados, se empezó a llevar carne: fue a partir del tercer cerdo de la granja de Freginals y de la media cebra y el cuarto de jirafa del zoo, cuando los buitres, desconfiados por naturaleza y más por lo insólito del emplazamiento, empezaron a comer. Desde una curva de la pista forestal, provistos de prismáticos, a suficiente distancia para no asustar a los comensales, se podía disfrutar de un grandioso espectáculo: llegaban de los cuatro puntos cardinales, altísimos y, si el viento era fuerte, se perseguían a gran velocidad, jugaban en el aire antes de descender con las patas colgando, las alas pegadas al cuerpo y la cola levantada, mientras el ruido de la pitanza, los rugidos de las peleas entre los que ya estaban en la carroña, nos llegaban con todo su dramatismo. Pasamos horas inolvidables. El frío, el calor, nunca importaron. Nada se podía comparar con aquello. En recompensa a nuestro esfuerzo estábamos logrando la recuperación de la gran avifauna necrófaga y, por otra parte, obteníamos unas cotas de placer que excedían lo puramente visual, estético, ambiental, para entrar en territorios más complejos donde se paladeaba lo exótico, lo arcaico, lo prohibido, el manejo de la muerte en su vertiente destructora, terminal, frente a su capacidad regeneradora, creadora de vida. Así, con este ímpetu, con magníficas previsiones, se iniciaba esta aventura.

En 1998, el alemán Jens hizo un riguroso reportaje fotográfico sobre muladares pirenaicos en activo. El texto que sigue fue redactado para acompañar dicho testimonio. Son reconocibles situaciones y personas aunque por prudencia periodística se cambiaran los nombres.

El muladar

Que aquel hombre alcalde, surgido de los cenáculos más ortodoxos, otorgara el beneplácito a la instalación de un comedero para buitres en un terreno municipal de la ciudad pirenaica pudo constituir para algunos un hecho sorprendente pero realmente no lo fue. Sentados frente a frente en la semioscuridad de su despacho sólo separados por el humo de su cigarro parecía escuchar, eso sí sin inmutarse, palabras tan poco comunes a mediados de los sesenta como biotopo, ecología o conservacionismo pero que debieron de resultarle estimulantes ya que, permitiendo que acabara mi discurso, se levantó me dio la mano y dijo algo así como de acuerdo diré a Santos que mañana mismo te busque un lugar adecuado. El mejor enclave para el estudio de carroñeros, el mejor enclave donde conocer los procesos naturales de eliminación de restos orgánicos había sido creado por obra y gracia del poder omnímodo de alguien que a lo mejor ni siquiera había entendido nada pero que debía dar muestras constantes de su capacidad para mandar y ser obedecido. Cuentan que tras ser derruido, urbanizado y poblado de bloques de viviendas, aún hasta hace poco pero desde mucho tiempo después de desaparecer, los soldados hacían guardia en un paraje donde hubo un pequeño fuerte avanzadilla del cuartel. Eran tiempos de ordeno y mando pero con el valor añadido de la perennidad, casi de la eternidad; hoy ya fallecido el edil, el comedero ahora felizmente redenominado muladar, sigue ofreciendo alegrías a la ciencia y a los simples observadores de la naturaleza y el paisaje.

Una meseta –una corona en lengua local– desprovista de vegetación para no espantar a las desconfiadas aves, con un aceptable acceso para los vehículos que han de transportar los cadáveres y una situación en el mapa que no desanime a los ganaderos y no cree alarma social entre los ciudadanos era el sueño de todos nosotros. Esquilmados por los venenos que colocaban los cazadores, por los disparos de los propios cazadores, por las nuevas normas sanitarias que obligaban a enterrar, por la falta de comida al irse sustituyendo las caballerías por tractores y camiones, los carroñeros, las grandes aves rapaces carroñeras –buitres, alimoches, quebrantahuesos– se convirtieron en nuestro ideal de salvación. Éramos una tribu urbana con una especial sensibilidad por la naturaleza que se nos hurtaba, con una peculiar nostalgia por un pasado rural repleto de palabras como bestias de tiro, arado romano, semovientes o tracción a sangre. Ese germen de los movimientos ecologistas carecía de presupuestos económicos, cruzaba aún sin mala conciencia fronteras regionales y no se exhibía constantemente en la prensa como las actuales oenegés y otros misioneros; éramos absolutamente voluntaristas y puros –pese a la inigualable pestilencia del material manejado–. Recordar ahora esos años supone inevitablemente la espantosa necesidad de contar algunas anécdotas y homenajear a algunos compañeros caídos. Sin embargo sería injusto pasar por alto al menos dos de esas situaciones.

Toda historia tiene un protagonista, alguien insustituible que a menudo arriesga más incluso de lo que de él se espera y que carece de límites en lo referente a generosidad y sabiduría. Ese personaje se llamaba –se llama– Salvador Filella. Autodidacta, trabajador infatigable, volcado unívocamente a la causa, fue quien me inició a la ornitología –yo era solamente herpetólogo– y quien creó desde su atalaya repartida entre el Museo de Zoología y el zoo de Barcelona una escuela, una serie de generaciones de observadores de aves. Espartano, madrugador por tanto, convocaba a los excursionistas a tremendas horas de la noche: a las cuatro, a las tres incluso de la madrugada del sábado ya podían verse llegar algunos automóviles a determinado punto de la adoquinada calle Wellington. Allí, a la luz incierta de unas delgadas farolas, con un fondo de rugidos de leones y gritos de gaviotas posadas en el cercano mercado de pescado, se abría chirriando una verja tras la que aparecía Filella invitándonos, conminándonos, a pasar a la cámara frigorífica del zoológico, habitáculo sin luz de regulares dimensiones que anunciaba sólo ligeramente al abrir su puerta y al empezar a percibirse un olor acre el total de los horrores que contenía. El anfitrión iba ataviado con un conjunto de combate y camuflaje –botas, polainas, gorra, cartucheras adaptadas para el almacenaje de muestras de campo, catalejo provisto de un artilugio casero para poder ser manejado con celeridad y precisión en cualquier postura y medio adverso, mochila gigantesca y, todo ello, sobre un terno de carácter agrícola/ganadero con reminiscencias del somatén– sobre el que se colocaba en estas ocasiones una bata blanca que a modo de galones portaba diversas piltrafas y amplias y coloristas manchas de sangre y otros licores distribuidas principalmente por el pecho y la parte superior de la espalda. Los candidatos a ornitólogos iban entrando en fila perfectamente ordenados y dispuestos pero algunos al descubrir el panorama de carroñas multiformes amontonadas sobre un suelo viscoso en un ambiente frío y enrarecido veían flaquear sus fuerzas y abandonaban. No obstante, siempre había quien venciendo esas tontas repugnancias cargaba el maletero del coche, que a menudo era el coche del hermano mayor o del padre, y partía a distribuir la mercancía por los Puertos de Beceite o por el Prepirineo. Estamos hablando de una fase preliminar en la que no funcionaban aún comederos estables y se depositaban las cabezas de caballo partidas –alimento de los carnívoros del zoo– y los cadáveres completos o incompletos de las bajas que se producían en las instalaciones –y que sus huesos a no dudarlo constituirán dentro de unos cientos de años un importante quebradero de cabeza para los paleontólogos– en los reductos de los últimos ejemplares salvajes de necrófagos aéreos. Ésa era nuestra misión y la verdad es que todavía siento el orgullo del esfuerzo realizado y el agradecimiento hacia todos los que participaron.

Precisamente ahora quisiera recordar a un singular personaje que durante aquellos años nos honró con su presencia. Nunca se supo cuál era su verdadero nombre porque hasta él mismo se autodenominaba con el apodo con que era conocido: El Buitre. No es frecuente que en este mundo tan compartimentado haya alguien con intereses en dos campos contrapuestos sin embargo en El Buitre eso sí sucedía. Filólogo, poeta, hombre de letras, compaginaba con éxito privado y público esa faceta con la práctica entusiasta e incansable de la ornitología de campo centrada desde luego en el estudio y en la protección de las grandes aves de presa. Él fue quien se envolvió con un cadáver eventrado de asno en la vertiente norte de la montaña de Montserrat a la espera de que acudieran necrófagos y así poder estudiar de cerca sus reacciones. También mezcló carroña con el grano que se vende para las palomas de la plaza del Pilar de Zaragoza quizá con la esperanza de que éstas mutaran en córvidos. Este héroe fue rescatado por el escritor Félix de Azúa en su libro *Diario de un hombre humillado* donde se presta atención, fundamentalmente, a su faceta literaria y donde se modifica, quizá por el sentimiento pancatalanista del autor, el lugar de su trágica muerte. El Buitre no murió en Calaceite sino en San Hipólito de Voltregá, víctima de la conjunción de sus dos mayores pasiones: la ornitología y la toponimia. Pretendió atraer de nuevo a quienes habían conformado el nombre de la población (Voltregá-Vulturaria-Buitrera) y trazó un anillo en torno a ella compuesto por decenas de cadáveres de porcino convenientemente putrefactos para que resultaran más visibles y atractivos para las aves. Probablemente el gesto no fue valorado del todo.

El muladar ya no es el comedero. Superada la etapa de recuperación de las poblaciones de buitres ya no es necesario aportar carroña suplementaria. Los ganaderos de la zona transportan a él las reses que fallecen no teniendo así que enterrarlas dejada ya de lado esa actitud vergonzante que les llevaba a echarlas a simas, pozos o barrancos angostos donde el cadáver desaparecía de la vista pero que al no ser accesible a las aves necrófagas tardaba meses en descomponerse contaminando corrientes superficiales y subterráneas. Se ha pasado pues a una fase en la que se le da salida a una necesidad que antes se cumplía en el muladar de cada pueblo y que ahora se cumple en un muladar subcomarcal suficientemente separado de las viviendas para evitar molestias y suficientemente próximo a las instalaciones ganaderas por el uso de medios rápidos de transporte. Gracias a los comederos se recuperaron las poblaciones de buitre que una vez estabilizadas permiten el correcto funcionamiento de los muladares. Pero el muladar también es otra cosa, es sobre todo otra cosa. El muladar es un foco de atracción de la fauna necrófaga que es como decir de la fauna carnívora ya que son muy pocas las especies exclusivamente depredadoras. Un animal emblemático como el águila real frecuenta el muladar ya que no son sólo los jóvenes de la especie los que consumen carroña (el 70 por ciento del total de su dieta). Datos sobre la conducta trófica de especies tan diferentes como el ciervo, el búho real o el águila de Bonelli obtenidos mediante la observación nocturna y diurna en muladares han desmontado teorías seculares y monolíticas. En el muladar que nos ocupa y como cita espectacular y que por sí sola justifica todos los esfuerzos se vieron en la mañana del 17 de febrero del año 1997 junto a una nube de buitres leonados cuatro quebrantahuesos de apariencia adulta, un águila imperial joven y un ejemplar de buitre negro sobrevolando altísimo la zona. Fue la primera vez que se observaba la especie en esta zona del Pirineo de forma fidedigna y por varias personas a la vez.

El muladar es un lugar de culto. Pero restringido. Sin embargo pese a todas las cautelas y recomendaciones siempre hay alguien entre los iniciados que lo visitan que no guarda el debido silencio cuando regresa a su lugar de origen. Hay épocas críticas; el verano, semana santa, cuando incluso grupos, acuden con sus cámaras a registrar lo que allí sucede. Recuerdo a un fotógrafo belga, en pleno mes de agosto, inmóvil debajo de un arbolito que ni le protegía del inclemente sol ni mucho menos impedía que fuera detectado por la poderosa visión de las aves. Allí permaneció hasta que deshidratado y triste se dio por vencido. Es difícil conseguir un equilibrio entre lo que debiera ser un espacio funcional de ayuda ganadera, un espacio para el mantenimiento de las poblaciones de fauna salvaje, un espacio dedicado al estudio de la misma y un espacio de gran poder visual donde el inmenso paisaje natural integra un microcosmos de huesos, insectos necrófagos, lagartijas a la caza de insectos, hormigueros surgidos gracias al insólito aporte de grano del aparato digestivo de los cadáveres de herbívoros y un complejo mosaico vegetal mezcla de esos mismos contenidos estomacales y de la potenciación de las plantas herbáceas locales debido al inusual abonado.

También hubo un tiempo en que el muladar se convirtió en un campo de trabajo. El artista Tito venido del mundo del cabello deseaba entrar en el mundo del esqueleto. Su escultura deseaba ser más sólida, perdurable, sonora. El componente hueso, materia elemental, soporte primigenio, deseaba ser utilizado ya en su estadio final antes de desaparecer enterrado, mineralizado y convertido en polvo. Un grupo numeroso de ayudantes, cámaras, directores, guionistas se balanceaba al viento cierzo mientras flanqueaba al escultor que recogía poseído de una fuerza espectral huesos y huesos para introducirlos en sacos en una camioneta. Tito fue grabado para la televisión equipado con una bata blanca, guantes de goma y gorro negro ajustado al rasurado cráneo. De aquella cosecha y de muchas otras no amparadas por el bullicio de los periodistas surgió una monumental obra de un dramatismo primitivo y de una belleza lunar. Luego, agotadas las formas, extrajo sonidos que sin duda proceden del dolor de la carne acribillada y devorada por los gusanos: un arpa artesana sobre un lecho óseo. Además en esa época y bajo la advocación de Tito aparecieron otros peregrinos. Recuerdo a Giraldo Adober, trovador provenzal, que pretendió jugar con la muerte durmiendo bajo las estrellas, junto a las fieras que merodean y olfatean en torno al muladar, y al que aún no se le ha borrado el espanto del rostro. Y también al paracaidista cántabro Nicolás de Sinsabor que fue derribado de una pedrada, por suerte a pocos metros del suelo, cuando se lanzaba desde un risco próximo para poder sentir lo mismo que el buitre leonado en su descenso sobre la carroña.

De las historias que ha generado el muladar en estos años comentaré tres.

La primera la irrupción e instalación en el mismo de cuatro descomunales y amenazantes perros cimarrones que no sólo impedían que la fauna silvestre se acercara sino que atacaron a dos de los ganaderos que con sus tractores iban a verter reses muertas. Uno de ellos, un muchacho de quince años, perdió tres dedos de una mano. Avisada la Guardia Civil se organizó una batida pero resultó infructuosa. Una semana después contacté con un cazador profesional y nos fuimos de madrugada a por ellos. En el centro exacto del muladar estaban los cuatro perros. Sanguino plantó una rodilla en tierra y comenzó a disparar: cayeron tres seguidos, los tres de color negro, pero el cuarto escapó. Nos acercamos y uno de ellos llevaba un collar con una chapa metálica que decía «Urbi et orbi», aún la conservo. El cuarto ejemplar no volvió a verse y los tres fallecidos fueron devorados por los buitres en pocas horas.

Otra historia de menor intensidad épica coincidió con la apertura de cierto restaurante de comida rápida en una localidad turística próxima. A menudo, en esa época, me daba una vuelta por el muladar porque alguien tenía la costumbre de echar con las ovejas muertas otros restos menos nobles de la granja como plásticos o latas. Me fui andando pese a los dos kilómetros desde la carretera con el ánimo de observar así los nidos de avispa terrestre que abundaban esos días y, cuando debían faltar unos cuatrocientos metros, tras un recodo del camino, comencé a oír un ruido de motor que parecía venir del muladar. Efectivamente, allí parada, había una furgoneta Mercedes pero el ruido no lo producía ella sino una especie de sierra con la que dos individuos cortaban rodajas de una oronda vaca suiza recién echada. Los paisanos ni se inmutaron y a mi pregunta de si sabían que esa carne era para los buitres contestaron que mira si hemos venido veces y que nunca habían coincidido con ninguno que ellos creían que hacía años que los habían matado a todos con la esterlina (nombre de la estricnina en la lengua local). El restaurante cerró ya hace tiempo aunque no creo que eso tuviera nada que ver con la procedencia de la materia prima: secreto que nunca desvelé mientras funcionó para evitar que sanidad interviniera y clausurara el comedero.

Finalmente un aspecto maravilloso del lugar: la existencia de bestias fantásticas. Las extrañas huellas que aparecen en el barro del camino y que no son de perro ni de zorro pero sí de cánido y el tajo hecho en el cuello de una caballería recién muerta y que forma en el mismo una especie de recipiente repleto de sangre. La prolongada narración de historias fabulosas a lo largo de estos años y por distintas personas tradicionalmente mentirosas se centran en un mamífero de cuatro patas de un sorprendente color blanco al que nunca alcanzan los perros cuando lo persiguen por los bosques. También un animal como un gato grande de inmensa cabeza y mirada fulminante al que cierto leñador que no era de la zona llamó clavo. Ellos, o él, cortan con las garras o los dientes las zonas calientes del recién muerto como si se tratara de manteca y lo hacen de tal modo que la sangre no se derrama, se almacena como en una taza. Nunca concurren. Se evitan. Se excluyen. El gran lobo vive en la parte clareada del bosque incluso en bosquetes de repoblación y el lince boreal baja de las alturas, del monte de erizones, aliagas y bojes donde los árboles son escasos y la nieve perdura. Hay determinadas partes de los relatos que parecen aproximarse a determinada realidad pero enseguida se entrecruzan tanto que es imposible distinguir los contornos de las formas y de los comportamientos de unas especies que nadie sabe si realmente existieron.

IV

7 de febrero de 1967

Un porche grande, pintado de blanco, al que se llegaba tras recorrer un camino empedrado que perpendicular a la carretera Lérida-Huesca partía de una sencilla cancela escondida en el espesor de un alto seto de tuya y que tras salvar un ligero desnivel mediante dos escalones progresaba a través de un jardín no frondoso: pocos árboles ahora sin hojas, césped no especialmente cuidado, piscina rectangular. La palabra «timbre» escrita con rotulador y acompañada de una flecha permitía descubrir dónde se debía llamar para que abrieran la puerta de la casa, de madera, con cuarterones, situada en el centro del porche y que se adornaba con dos bombas de mano, dos pequeñas metralletas y un letrero de chapa en el que sobre los colores de la enseña nacional se leía «Aquí vive un español». Toqué el timbre y fue Ugalde quien abrió. Menudo, vestido de andar por casa –bata de franela, zapatillas–, sonriente, con un vaso de whisky en la mano izquierda, alargó enseguida la derecha al mismo tiempo que decía: «¡Hombre, Amaller!, ahora precisamente le decía a mi mujer que estabas tardando, ¡pasa, pasa!». Pasamos. Cruzamos un minúsculo vestíbulo que debía de servir de defensa ante el frío, abrió otra puerta, entramos en otro vestíbulo, mayor, del que arrancaba una escalera y, de las tres puertas cerradas que quedaban enfrente, abrió la del medio y nos metimos, de golpe, en el corazón de la casa; un salón espacioso, cálido, con una mesa central llena de vasos y botellas, sillas dispersas, y, a ambos lados de la chimenea encendida, dos sofás de piel oscura de grandes dimensiones, cada uno con un televisor situado enfrente y allí echado, casi sepultado entre cojines, un ser extraño, de indefinida edad y sexo que fumaba y bebía. «Mira, Amaller», se le resistía o rechazaba la incómoda letra *te*, «ésta es mi mujer, Uta... ¡y no se admiten bromas!», se detuvo –siempre, desde que había entrado en la casa fue delante de mí–, se apartó y me permitió acercarme así al sofá donde el cuerpo andrógino me observaba. Dejó la postura horizontal y quedó sentada con las piernas cruzadas con el cigarrillo y el vaso en cada mano; me presenté: «Soy Pablo Amatller Moragas», consciente, pero sin poder evitarlo, de que mi posición de firmes, mi voz impostada y el empleo del nombre y de los dos apellidos me trasladaban al ejército aunque ella, mirando con total descaro a mis genitales, abriendo la boca despacio y preguntando, al mismo tiempo que soltaba el humo, que si debía utilizar, hiciéramos lo que hiciéramos, un nombre tan largo, invitara a pensar en aquel prostíbulo –el único que había visitado en mi vida– al que nos llevó Miralpeix y en el que le trajinaron el reloj de oro a Octavio Torres. Se rió a carcajadas, pensé que de modo exagerado y de pronto le vino un tremendo acceso de tos, se levantó como si el asiento quemara y, plantada en mitad de la sala, sin soltar el vaso y el cigarrillo, dijo, parodiando mi presentación: «Soy Uta Lange», me miró a los ojos, sonrió, y añadió: «Veintinueve años, natural de Hamburgo... pero educada en Paraguay». Esperó para ver si reaccionaba y como yo seguía en mi estúpida actitud de pasmo, vino hacia mí y mientras decía «... y secuestrada por el cabrón de Ugalde» me echó los brazos al cuello y me besó, una vez, en la cara, en la mejilla derecha, pero cerca de la boca. Se apartó rápida, dejó el vaso en la mesa, tiró la colilla al fuego, echó una breve ojeada a su marido, que se había sentado en el otro sofá y parecía seguir, divertido, casi complacido, los acontecimientos, y preguntó, a nadie en particular, qué íbamos a beber mientras la rústica criada, gorda y lenta, entraba el primer plato e interrogando con la mirada a Ugalde –Uta le daba miedo– lo ponía sobre la mesa mientras comenzaba a retirar las botellas, vasos y ceniceros sucios.

No probó la comida. Un plato de escalivada y luego costillitas de lechal quedaron allí, a su lado, ella dedicada a fumar, beber, y darme conversación, hasta que se levantó, apagó los televisores y subiéndose a una silla, bajó, de una estantería, un grueso libro encuadernado en rojo. Se quedó de pie a mi lado con el pesado objeto abrazado al magro pecho y me propuso que nos sentáramos en el sofá a ver sus grabados de flora y fauna. Miré a Ugalde pero estaba ocupado en pelar una manzana golden y el color de la cara y la pesadez de los párpados presagiaban la inminente siesta. Uta dio media vuelta y se dirigió al sofá; andaba casi de puntillas sobre unos mocasines rosa y balanceando todo el cuerpo al no poder mover las inexistentes nalgas que ni aquellos extraordinarios pantalones tejanos, seguro adquiridos en América, lograban resaltar. Llegó al sofá. Dio la vuelta. Y mirándome con expresión de infantil impaciencia dijo: «¿Vienes Pablo?». No quise añadir lo de que me llaman Paolo tomada la decisión en este instante a medida que me acercaba a ella y comprobaba la perfección de su rostro de niña que para Uta Lange, sólo para ella, yo sería Pablo. La despedida en el jardín, arreglando una cita en Barcelona, abrazada largo rato, con la niebla pegada a la ropa y los cabellos, Ugalde en el porche, culminó un día de sorpresas y futuro. Durante el regreso, en el largo y peligroso trayecto, con mínima visibilidad, intenté encontrar y ya llevaba dándole vueltas desde que la vi de pie por primera vez, aquella definición de pubertad que en los febriles años de infancia hallé en un libro de la biblioteca de mi padre, pero que pertenecería al abuelo Ivo, y que, y ahora empiezo a recordar, diría que «en la mujer se hace notar esta época por caracteres no menos manifiestos y fáciles de apreciar al exterior; tales son el ensanchamiento del tórax y del bacinete» constituyendo la búsqueda en el diccionario de esta última y chocante palabra un ejercicio repleto de emocionada tensión. (El párrafo se encuentra en la página 184 del tomo I de la 2.ª edición de las *Lecciones de Historia Natural* del doctor D. Agustín Yáñez y Girona; Barcelona, 1844.)

Marzo de 1967

Alguien me había hablado del tamaño del sexo de las mujeres delgadas pero nunca supuse que pudiera existir algo así. Me deseaba y así lo dijo sólo entrar en mi apartamento de la calle del Camp y sorprendida y alborozada por el color blanco de mi ropa interior nos lanzamos sobre la cama donde realizó un trabajo previo impecable –«son famosas mis *felatio*», rubricó– e iniciamos –inicié– un penoso camino hacia el desconcierto y la insatisfacción. Allí uno se perdía. Mi pobre pene, nunca demasiado poderoso, navegaba sin rumbo por un océano inabarcable. Intentamos otras posturas, reductoras, pero Lange deseaba ser poseída al modo tradicional. Y no hubo manera. No la penetraba. Simplemente me asomaba a una inmensa sima. Un cuerpo de muchacho, recto, liso, con una hendidura por la que podía entrar, sin forzarlo, mi puño entero. Hablamos. Ante Ugalde fornicaba con los sicarios. Tres de ellos –de los ¡quince! que componían su guardia en la finca– estaban particularmente bien dotados. Y era con ellos con quien gozaba. Dijo sentir que un tonto problema anatómico pudiera separarnos y me propuso algo sorprendente. Dio la luz, y me mostró un agujero, en la cara interna del muslo izquierdo, en el que yo no había reparado en el fragor del inútil combate: la huella de un melanoma extirpado, un hueco que albergó el tumor y que ahora me ofrecía para albergar mi polla. «Aquí tienes el nido para tu paloma», me susurró recuperando lo más sugerente del habla de Asunción. Y así lo hicimos. Aquella vez y un par más. Era un acto acrobático y ortopédico, poco placentero y, sobre todo, dejó de tener atractivo para ella al no poder seguir escandalizándome. Pero nuestra relación salió fortalecida. De grotescos amantes nos convertimos en fieles camaradas. Con la chaqueta negra de cuero, que nadie nunca supo llevar como ella, con los tejanos, con las botas cuando salíamos al campo, se convirtió en mi sombra. Inseparables recorrimos mis mundos barceloneses; los cines –Fantasio por su olor, Astoria por su silencio–, las librerías de viejo de la calle Aribau, las galerías de arte de Consejo de Ciento, algunas terrazas –pocas, Doria, Zúrich–, restaurantes atípicos como el Delicatessen de Muntaner, zonas periféricas como el faro de la desembocadura del Llobregat o la carretera de Horta a Sardañola. Todos mis lugares favoritos se engrandecían con su presencia. Y Ugalde seguía allá. En Lérida, de parranda con el gobernador. En Camarasa, con sus pretorianos, persiguiendo enemigos. Y siempre bendiciendo nuestras correrías, agradeciendo los besos y los detalles gastronómicos que Uta le entregaba los fines de semana. Que poco a poco, a medida que los días se alargaban y que la niebla dejaba de ser omnipresente, fueron más campestres, más ornitológicos, hasta que con el esplendor de la primavera, Uta sólo quiso ir a la finca y allí, entre paseos por el monte y descansos en la casa, comenzamos a planear la creación de un nuevo comedero.

9 de mayo de 1967

Abría la puerta de mi casa –volvía solo de Camarasa; Uta había decidido quedarse en la finca para colmar sus lógicas e inatendidas necesidades sexuales– cuando sonó el teléfono. Llamaban del Instituto de Prospectiva, una empresa que había acudido a los organizadores de los cursos de programador porque necesitaba cubrir un puesto en Barcelona. Me citaban pasado mañana para una entrevista. De hecho, pese al tiempo transcurrido, no había olvidado las pruebas realizadas y la posibilidad de que éstas permitieran regularizar, aunque fuera a través de un medio convencional y aburrido, mis fuentes de ingresos. La temporada que llevaba con Uta –y pese a que ella corría con casi todos los gastos– había debilitado aún más mis reservas; casi abandonada la fórmula Angelito por lo sórdida y poco compatible con mi nueva vida de pareja.

Una casa de tres pisos de finales de los cuarenta de aire altoburgués emplazada en la recoleta calle Porvenir con una entrada compartida para los números 24 y 26. No hay placa ni indicación alguna –tampoco está el portero–, pero subo la escalera y pulso el botón del timbre de la puerta 2.ª del piso principal. Una mujer joven, alta y rubia, correcta en sus modos y atuendo, me introduce en una salita ocupada en exceso, casi invadida, por una mesa de trabajo rectangular con sus seis sillas todo en un rutinario estilo chippendale y, en las dos paredes libres –al fondo hay otra puerta cerrada–, sendas reproducciones de grabados de tema cinegético: estoy curioseando títulos –*Le Retour de la Chasse* y *Le Chien Bien-Aimé*– y autor y fecha de los originales –Thomas Goff Lupton 1845– cuando se abre la puerta del fondo y un caballero bien trajeado, de aspecto pulcro y de unos cincuenta años pronuncia con elegancia y sin prisas mi nombre: «Señor Amatller». Nos damos la mano, espera a que yo llegue al centro del amplio y lujoso despacho para cerrar la puerta y colocados uno frente a otro, a la distancia justa, en el rincón más acogedor, embutidos pero no hundidos en confortables sillones orejeros, nos disponemos a pasar treinta minutos de amable prédica –por su parte– y progresiva perplejidad –por la mía.

Una brevísima y cortés disquisición sobre grabadores y grabados y mi rechazo –actual– al ejercicio de la caza aunque se revista como en el caso que nos ocupa de una atmósfera lírica casi mística gracias al tratamiento que el artista hace del cazador y su perro dejando los trofeos no como destripadas víctimas sino como elementos de un bodegón dejó paso sin aparente dificultad al relato de la historia del Instituto de Prospectiva a su implantación en Occidente y a la enumeración de sus actividades. (Tenía a su lado sobre una mesita auxiliar una carpeta en la que guardaba los resultados de las dos pruebas a las que Bull e IBM me habían sometido y que propiciaron la realización de los cursos.) Pero ellos no estaban en este momento tan interesados por mis progresos en el campo de la programación como en las posibilidades de mi persona en el entramado de un proyecto que uno de sus principales clientes institucionales les había encargado y que ambas partes no dudaban en calificar como de extrema importancia. Yo poseía, a ojos de sus expertos, las condiciones idóneas para el desempeño de un cargo que se podría denominar analista de situaciones y que constituía el núcleo de cualquier trabajo de prospección de campo. Y España estaba terminando un ciclo histórico y muchos se preguntaban cómo iban a responder determinados colectivos a las inevitables transformaciones que en el orden de lo social y político se avecinaban y no me estaba hablando como es lógico de nada que pudiera ocurrir de inmediato pero sí de algo que convenía ya conocer para que no se produjeran excesivos desajustes en esos años de cambio. Información y previsión. Estrategia y mínima asunción de riesgos. Aprovechamiento –e incremento en su caso– de caldos de cultivo. Dirección de la historia. Sin preguntarme qué me parecía nada de lo que me estaba contando puso dos ejemplos. El primero, el extemporáneo lanzamiento por parte de una multinacional de determinada bebida no alcohólica: «No recurrieron a nosotros y de hacerlo se hubieran ahorrado muchos millones, les habríamos informado de que este mercado no estaba aún maduro para consumir un producto de aspecto, nombre y sabor tan complejos». Y el segundo, el próximo nombramiento de Carrero Blanco como vicepresidente: «Caso en el que determinadas instancias sí han recurrido a nosotros para que les digamos lo que piensa la sociedad española y cuáles pueden ser las consecuencias de una excesiva continuidad del régimen». Dejó de hablar de golpe intensificando de tal modo la fuerza de su mirada que me sentí atravesado por unos ojos que hasta ese momento me habían parecido inofensivos. Estaba claro que esperaba algún comentario y, removiéndome algo en el sillón, decidí iniciar una breve perorata que no me comprometiera demasiado cuando se oyó cómo se abría la puerta y, sin dejar de mirarme fijamente, pero levantándose con una energía inesperada del asiento, dijo: «Le dejo con una persona que ya conoce, espero que él resulte más persuasivo y que usted y yo pronto nos podamos volver a ver». Me levanté, le estreché la mano, me volví y un renovado capitán Susana apareció en escena superponiéndose, borrando la imagen del anterior caballero y borrando también la imagen del chusco personaje de la taberna de Lérida. Más esbelto, más pulido, con un blazer azul oscuro, camisa de un blanco impecable, corbata roja de seda, pantalones beige, zapatos negros de un lustre infinito, bigote perfectamente perfilado, sonrisa seductora y, en resumen, un aspecto saludable que rezumaba seguridad y poder de convicción.

Cogí un taxi. No es que no tuviera ganas de andar. Tenía ganas de llegar a casa y analizar, en la penumbra del cuarto de estudio, apoyados los codos en la mesa, con unas cuartillas y bolígrafos a mano, la singular oferta de trabajo. Repasé lo que tenía. Sólo las palabras de dos empleados más o menos significados. Una tarjeta de visita con el nombre completo del ex capitán y los comentarios tras el mío para quitar hierro al asunto en el momento de la despedida: «Enrique Susanna Vázquez, ¿con doble ene?», comenté observando con exagerado interés la cartulina, «sí, sí, es mallorquín, chueta...» y se rió no deseando continuar por ese camino, «lo importante ahora, Moragas... ¡Amatller!..., es que te tomes un tiempo, pero no demasiado, claro, y decidas si te interesa nuestra proposición, llámame en cuanto lo hayas pensado... tanto si la respuesta es positiva como negativa... y también si te surge cualquier duda, y...» y me miró de un modo especial, cómplice, «... para cualquier otra cosa... para cualquier problema... de cualquier índole...», frunció el ceño, endureció la expresión, «tenemos capacidad para resolver casi todos los problemas». Y la duda era si ante todo esto la decisión la iba a tomar yo solo o iba a pedir ayuda. ¿A quién? Uta, en este instante, sentado frente a la cama escenario de mis desventuras, me dio miedo, o más exactamente, me di cuenta de que no me inspiraba confianza, era todo demasiado extravagante y la misma guardia pretoriana y Paraguay... Por un instante pensé en mi madre y en sus contactos con militares, gente metida de consejeros en la Seat, en un general que la rondaba, pero no, hubiera sido enredar aún más las cosas... y a Sistella no, a Sistella le apreciaba y no quería meterle en líos.

2 de junio de 1967

«Tap, tap», «tap, tap». Con una cadencia extraña rebotan en la carrocería gruesas gotas de lluvia tras resbalar por la fachada y los balcones. En mi coche. Aparcado en el estrecho callejón que da a la Gran Vía. Protegido. El universo que prefiero. Dejé la timba rápido y corrí a ocultarme. Viendo cómo a estas altas horas de la noche salen del garito los últimos pichones y se protegen del diluvio bajo las cornisas, atolondrados, aún sin encajar del todo las abultadas pérdidas. Una sesión inesperada por lo fructífera. El infame Angelito no acertó del todo en sus predicciones; iba a ser una partida pobre en un lugar pobre: tres aprendices de jugador más el dueño del piso. Pero hubo más clientes: dos rufianes de tres al cuarto aunque llenos de billetes y con ganas de enseñarlos. Aguardo a contar las ganancias, quiero asegurarme de que nadie pueda verme.

Una manta y dos cajas de cartón sobre el asiento trasero, una grande con botellas de agua, tabletas de chocolate, galletas, turrón y bolsas de frutos secos, otra menor con libros y mapas, y también un pequeño maletín con algo de ropa, jabón, cepillo y pasta de los dientes, pastillas antiácidas, aspirinas y juanolas. En el asiento del copiloto el chaquetón, la canadiense, doblada de tal modo que permita colocar, sin riesgo de que caigan incluso en las curvas, un bloc de notas, bolígrafos, prismáticos, una pequeña grabadora y una cámara fotográfica. Compruebo que estén cerradas las cuatro puertas, extiendo sobre las rodillas uno de los dos trapos –una vieja toalla– que siempre llevo, saco el billetero, vacío todos los bolsillos y me dispongo a conocer el importe del botín ya despejada la calle. ¡Qué momento!, mejor que cuando niño –y no tan niño– me metía en la cama y antes de dormirme imaginaba que iba en un camión y en ese camión había de todo incluidos muebles y habitaciones. Aquí, ahora, lloviendo, con dinero fresco, en un espacio menor pero resguardado, con la mente despejada, sin tener que rendir cuentas a nadie de mis movimientos, decido dejar la ciudad, coger la carretera. «Tap, tap», «tap, tap»: los últimos goterones; el ruido cambia, los neumáticos nuevos sobre el asfalto mojado, el limpiaparabrisas, la lluvia fina. Todo perfecto. Pego un grito tremebundo. Como en otros tiempos. Antes de que aquel imbécil de Berkeley se quedara con todo; sobre todo con mis gritos, comprara mis gritos –que entusiasmaran a toda una generación de poetas– aprovechando una de mis muchas situaciones de penuria extrema.

Tengo tres días. Me impongo, por disciplina, un calendario. El domingo en Camarasa para asistir a la inauguración del comedero –allí estará todo el grupo y, cómo no, Ugalde y la un poco olvidada Uta–, hoy, viajar hasta que me entre sueño, dormir en el coche y mañana y pasado visitar San Bertrán, buscar un hotelito donde ducharme y descansar bien. Por la Nacional II, saliendo de Barcelona, camino de Lérida, recuerdo muchas mañanas del invierno de 1957-1958, cuando con Máiquel Bundó y Pedrito Rigalt, en su Dauphine, recorríamos este tramo de carretera, entre Barcelona y Martorell, sólo para adelantar camiones. Poco antes de Cervera decido parar. En la recta previa a los repechos de llegada a la población, en una pequeña explanada, al abrigo de una monumental encina, sitúo el coche. Son las siete de la mañana, el viento norte mueve los restos de nubes y la lluvia cesa. Bajo, estiro las piernas, abro la puerta trasera izquierda e inspecciono la caja de los víveres. Hace fresco pero no quiero abrigarme. Esa sensación ambivalente la sumo adrede a otra: la que obtengo al ver, al rebuscar, al elegir, al coger, al reordenar objetos situados en un espacio acotado, en las cajas, en las maletas; esa dicha sensual, casi sexual que recorre la médula llegando hasta los testículos. Bebo agua, tomo unos cacahuetes, algo de turrón de jijona, otro trago de agua, me enjuago la boca, y me vuelvo a sentar dentro del coche. ¡Qué dicha! De espaldas al sol que ya despunta, con los seguros puestos, a la distancia adecuada de la carretera –suficientemente lejos por si alguno se despista, suficientemente cerca para que se me vea por si alguien pretende darme un susto–, coloco la manta ciñéndome la cintura para que no se me enfríen los riñones y entro en un estado de somnolencia cercano sin duda al de los anfibios en fase pre o post invernal. De pronto, antes de dormirme y convirtiéndose en el tema del primer sueño, aparece el recuerdo de aquel día, en el anfiteatro de un quirófano del Hospital Clínico, cuando mi amigo y compañero de curso J.M.C.R. se apoyó en un radiador, éste se desconectó y un chorro de agua caliente, describiendo un arco perfecto, cayó sobre la mesa de operaciones en la que estaban amputándole una pierna a un negro. A J.M.C.R., a la velocidad de un relámpago, le pasó por la mente, como dicen que sucede cuando uno sabe que va a morir, una dramática secuencia –expulsión de la facultad, desconsuelo familiar, indigencia total– y, al mismo tiempo, en forma de imprevisible e incómodo eco, tuvo una monumental eyaculación, la mayor de su vida, contribuyendo estas dos últimas circunstancias a dejarle aún más consternado y de las que no encontramos casuística en la literatura médica. («¡Un derrame!; ¿con derrame?», me preguntaba siempre con gran preocupación el gigantesco sacerdote vasco del colegio Nelly en las interminables, lúbricas y turbadoras confesiones matutinas.)

Mi abuelo. Es sorprendente cómo acuden los recuerdos en este día. Son las tres de la tarde y tras el descanso vuelvo a estar en marcha. Tárrega. Pasan los pueblos y casi podría afirmar que *estoy rodando a 160 por la pista lisa que me lleva al sur* tan alta es la euforia y tan pocos los vehículos. Navidades. De cuándo. Tendría cinco o seis años. En aquella vivienda soleada, en aquella estancia amplia que llamaban la galería, en un sillón, en una silla grande de rejilla, sentado, casi tumbado, el abuelito Pablo, permanecía inmóvil con el brazo derecho colgante, remangado, con la mano metida en un cubo de hojalata lleno de agua y lejía. Qué imagen. Y la mezcla de olores, dominando la Colonia Añeja. Me cuesta recuperar todo aquello. Los tifus. Cuando fuera niño. Una terrible epidemia que le dejó el miedo al contagio, el miedo a cualquier contacto. Siempre llevaba un pedacito de papel higiénico, y con él daba y apagaba la luz ¡en su propia casa! Es ya cerca de Alpicat, pasada la casa de Ugalde, antes de llegar al pequeño puerto donde dicen que en silos subterráneos hay misiles apuntando a Rusia, cuando conseguí completar la historia. ¡Y qué historia! Ocupado el servicio en la preparación de comida y mesa, el mismo día 25 de diciembre, suena el timbre de la puerta, nadie puede ir, vuelven a llamar, y es la abuelita Carmen quien, desde el peinador, el saloncito contiguo al cuarto de baño, en una desventurada decisión, pide a su esposo, que está en el despacho leyendo *La Vanguardia,* que por favor abra; seguramente nunca lo había hecho, pero era Navidad y con soltura, casi con desparpajo, sale al recibidor y abre la puerta de la calle sin el papel higiénico. Debió de ser todo muy rápido: un hombretón que se identifica como el basurero le felicita las fiestas le entrega con la mano izquierda la hojita recordatorio y con la derecha agarra la de mi petrificado abuelo para estrechársela. Fueron unas malas fiestas. Poco a poco voy sonriendo y ya me río a carcajadas entrando en la provincia de Huesca.

El ascenso al puerto de Monrepós, viniendo del sur, se produce de modo repentino. La carretera zigzaguea paralela al río Isuela y se mantiene en una cota relativamente baja con los amenazadores paredones de las Sierras Exteriores del Prepirineo siempre enfrente. Avanzando, siempre en llano, el coche enfila lo que se adivina como un paso, un desfiladero, un tajo que las aguas excavaron en la sierra de Gratal y que, a la izquierda, preside el Pico del Águila. Se atraviesan muchos túneles –el viajero, desconocedor de la ruta, no ha tenido la previsión de contarlos–, se llega a la presa del veterano embalse de Arguis, se vuelve a ascender por una arriesgada y pendiente pista y al fin se alcanza el puerto. Mil doscientos ochenta y cuatro metros de altitud que parecen haber sido ascendidos de golpe desde el nivel del mar, desde el nivel cero. Pero el panorama es impresionante. Pocas perspectivas habrá en Europa de tal magnitud y espectacularidad que puedan ser abordadas desde un camino asfaltado. Gran parte del Pirineo oscense, la totalidad del zaragozano y el sector oriental del navarro, gracias al ángulo logrado por la distancia y altura, pueden ser observados a la perfección, diferenciándose, de sur a norte, la depresión entre las Sierras Exteriores –Monrepós se sitúa en su cresta– y las Sierras Interiores, la cara solana de las Sierras Interiores que por muchos son tomadas por el propio Pirineo, y el Pirineo Axial, el Pirineo *sensu stricto*, a menudo de menor altitud que el Prepirineo y detrás, cuando lo permite el ángulo, se vislumbran picos y macizos franceses. En resumen, y para cerrar esta página de geografía física: una cordillera que se extiende de este a oeste formada por un eje –el Pirineo– y sus réplicas –el Prepirineo–, dos contrafuertes en paralelo, uno meridional y otro septentrional. (El pretendido origen del topónimo bascula entre lo poético y lo numinoso por lo que dejaremos de comentarlo por el momento.)

¿Razones del viaje? Razones menores: dinero fácil, vehículo revisado, huida de la ciudad, contacto con la naturaleza. Pero hay algo más, un trasfondo premonitorio oculto en un pretexto también menor aunque de consistencia menos común: visitar la catedral de Saint Bertrand de Comminges, concretamente el cocodrilo del campanario; y la Hoya de Huesca, la escalada al puerto, esta visión portentosa aparecida de golpe al coronarlo, jalones inevitables para llegar a la ciudad francesa, me causan una sensación extraña, que excede de lo que deberían ser meras impresiones visuales ante la fuerza del paisaje, para entrar en la categoría de lo ya visto en sueños pero con el añadido de que estoy viviendo algo que forma parte de mi destino, el decorado inicial de otras aventuras, que habrán de llegar pronto, y de esto estoy seguro.

Voy a pasar aquí la noche. Me sitúo en diagonal, cara al nordeste, sobre una faja de tierra apisonada que hace de mirador. A mi izquierda el abismo, con las montañas –aún con nieves en las cumbres– de telón de fondo. Enfrente, la carretera, descendiendo bruscamente hacia la depresión media. A mi derecha el puerto de Monrepós con sus indicadores, una torre de comunicaciones telefónicas y un pequeño promontorio. Introduzco la marcha atrás y tenso al máximo el freno de mano. Salgo. Es un atardecer fresco, con una ligera brisa que parece ascender desde el fondo del valle. Me pongo la canadiense, cierro las puertas con llave y me dispongo a dar un pequeño paseo de reconocimiento antes de que anochezca. Cruzo sin dificultad, tranquilamente, apenas circulan vehículos. Al otro lado, los restos de una calzada romana –así consta en un deteriorado letrero de madera– invitan a descender hacia un recodo frondoso donde descubro una gran balsa en la que abreva un reducido rebaño de ovejas. El pastor, deseoso de hablar, me cuenta que ya debería estar de regreso al pueblo, San Vicente, que ésas se están entreteniendo mucho, y que si quiero probar la mejor agua del Pirineo no tengo más que acercarme a las ruinas de esa borda –la señala con el bastón–, donde, detrás de aquel quejigo, se halla la fuente de La Salud. Le hago caso. Bebo. Vuelvo al coche. Regreso a la fuente con dos cantimploras vacías. Las lleno. Ni señal del pastor y las ovejas. E inicio otra vez el ascenso al puerto desde la fuente. Ya en el coche, al abrir la puerta e introducir la carga de agua en su caja, tengo una primera sensación de frío y, al mismo tiempo, me llega, junto a un remolino de aire y polvo, un olor singular, dulzón, a mantillo, a hojarasca, a cuero, un ramalazo que percibo mejor si me encaro a la otra vertiente. Cierro otra vez las puertas. Cruzo. Y me dirijo a un punto que domina el puerto. Una pequeña elevación cubierta de ese matorral rechoncho y lleno de pinchos que en Castilla llaman almohadilla de pastor.

A treinta o treinta y cinco metros de diferencia altitudinal respecto a la fuente de La Salud y a unos cincuenta en línea recta descubro, coronando la pequeña colina, un círculo de piedras, pedazos de sillares de algún edificio defensivo o de vigilancia, sobre los que se vierten los cadáveres de ovejas y cabras. Un muladar sorprendente, especie de altar tibetano que permite un cómodo acceso a los buitres y demás necrófagos alados. La reciente lluvia y el calor han puesto en maceración los restos y al moverse el aire se han delatado. Comienzo a bajar –está oscureciendo– mientras medito sobre la calidad del agua de la fuente, sobre el tiempo que llevará funcionando la instalación –algunos huesos son ya indiferenciables de las piedras–, sobre el esfuerzo que le supone al pastor –¿a los pastores?– verter las reses muertas en ese enclave pudiéndolo hacer en cualquier otro sitio, sobre quién partió los sillares y quién los distribuiría en círculo, cuando reparo, junto a una mata de boj, en una caja de cartón, grande, mayor que una de zapatos, atada con una cuerda y que con la falta de luz y la predisposición del momento me parece más notable por su olor que por otros aspectos. La abro sin pensar, un acto mecánico que en otras circunstancias jamás hubiera llevado adelante: rompo la cuerda con una fuerza que normalmente no poseo. Estoy seguro de lo que voy a encontrar. Y no tengo la más mínima reacción de rechazo cuando extraigo la bolsa de plástico transparente que contiene no un feto sino un recién nacido de grandes proporciones empapado en líquidos orgánicos. La vuelvo a meter. Tapo la caja. Y a saltos desciendo por la pendiente, olvidando lo tortuoso del terreno, la casi oscuridad y el riesgo de que se viertan los humores. Frente al aparcamiento un promontorio se recorta en el cielo estrellado. Lo escalo. A gran velocidad. Con una agilidad desconocida. Y en la cima, vuelvo a abrir la caja, saco la bolsa, la coloco con la abertura hacia abajo, y el crío muerto queda allí, sobre un suelo de piedra y hierba, con la cara borrosa hacia arriba y ahora mojado también por mi orina que ahuyentará a los mamíferos para que así no den cuenta de él durante la noche. (Las aves se guían por la vista para localizar la carroña mientras que zorros y perros lo hacen, principalmente, por el olfato.)

El alba. He dormido bien y mientras como y bebo algo compruebo que el cierzo que sopla con fuerza permitirá una buena observación de aves. Son cuervos, los primeros. Dos ejemplares que brillan a la luz de la mañana realizan vuelos acrobáticos indicando así su alegría al descubrir la carne. Pico al viento, tanto sus graznidos como el modo de posarse –breve, sin cerrar las alas, casi de puntillas– reflejan la sorpresa. Antiguos devoradores de soldados en batallas medievales, hoy deben conformarse con míseros despojos. Ni ellos, ni ninguno de sus cercanos antepasados, pasaron por el trance de consumir restos humanos. Siento ahora un escalofrío. Son horas de inmovilidad en un espacio pequeño y la soledad es inmensa: no se ve a nadie en este lugar perdido. Me entran ganas de salir, de andar, pero aguanto, pienso que mi presencia asustaría a los pájaros. De pronto, oigo un ruido en la parte posterior del coche, como si rozaran ropas; me vuelvo hacia la derecha pero es en la parte izquierda donde alguien golpea; miro por mi ventanilla y la cara del pastor, grotesca, con una risa dibujada a base de polvo, sol y frío, aparece pegada al cristal. Un susto de muerte. Se separa y señala con el bastón hacia el promontorio. Miro. Y dos aves muy grandes. Blancas. Posadas. Parecen devorar con saña al niño. Cojo los prismáticos y veo un acto espeluznante. Un macho y una hembra de alimoche –*Neophron percnopterus*–, con movimientos muy rápidos, picotean y arrancan grandes trozos, tragan –ya tienen el buche hinchado–, y siguen desgarrando con violencia hasta que con el pico repleto de vísceras levantan el vuelo, se remontan, y desaparecen tras la cresta de la montaña; los dos cuervos se posan ahora y atacan la pitanza. El pastor ya no está. Bajo el cristal de la ventanilla. Saco la cabeza. Pero no se le ve. Ya circulan coches. Varios buitres leonados, como suspendidos en el aire, se hallan en la vertical del festín. Es la hora de partir. Pongo en marcha el motor. Entro en la carretera. Acelero cuesta abajo. Desaparezco de la escena.

Montaña abajo. Me dirijo al norte y los montes áridos, los barrancos secos, no presagian lo que espero encontrar. Llego al río Guarga. Lo cruzo. Y a partir de aquí inicio el ascenso, largo, sin sobresaltos hacia el puerto de Somport, el Summus Portus, para entrar en Francia. Crucifijos. Grandes crucifijos flanquean la carretera. Poblachos míseros de esta parte extrema del Bearne y, en uno de ellos, ¿Sarrance?, he de detenerme: un rebaño importante –muchas ovejas, algunas cabras, tres pollinos, varios perros– ocupa la calzada, la calle principal. Gritan los pastores. Un lenguaje burdo, desagradable, nada de aquel francés parisino de mi infancia. Pronuncian las consonantes finales de las breves y guturales palabras, y silban, unos silbidos que rompen el tímpano pero que resultan efectivos: hasta un enorme mastín, de pesada estructura, cabalga de un lado a otro. Pasan. Y queda el olor a orines y el volar complejo de las moscas. Arranco, y veo, taponando el final de la calle, la salida del pueblo, como si de otro rebaño se tratara, una muchedumbre oscura, apiñada, sin moverse apenas pero que viene hacia aquí. Avanzo lentamente y en un solar, en el lugar donde hubo hasta hace poco una casa –están amontonadas las piedras, los ladrillos y las losas del techo– aparco el coche y, sin bajarme, sin moverme, casi con miedo, asisto al paso de una singular comitiva: seis plañideras, seis hombres cargando con un minúsculo féretro, un cura obeso, dos monaguillos tañendo las campanillas, y el grueso del cortejo con los desaforados padres a la cabeza. Me escurro en el asiento. Me encojo. Intento que no se me vea. Pero no me atrevo a subir la ventanilla para no llamar la atención. Al zumbido de las moscas que revolotean dentro del coche se suman los llantos, las plegarias, las voces entrecortadas, el chasquido de las suelas, todo en una atmósfera negra y acre donde el sudor y la ropa teñida, vieja y sucia hacen añorar el tufo de las bestias.

Después de Oloron, camino de Pau, el cambio es notable. Verdor, agua limpia, ausencia de peñascos, una civilizada postal de bocaje, granjas, vacas y ausencia de crucifijos. Con los cuatro cristales bajados –renovando aire–, circulando a un promedio alto, sin dolerme nada –me ha ido bien un breve paseo para desentumecerme–, sufro, ¿inexplicablemente?, un repentino bajón, una crisis de identidad, ¿quién soy?, ¿qué hago en Francia?, ¿no me estaré volviendo loco? Detengo el vehículo. Y mientras espanto la última y renuente mosca trato de recordar y así justificar el viaje: ¿en qué librería de viejo compré el *Libro de los fantasmas*?, ¿el nombre completo del autor?, ¿cuál es la editorial y el año de publicación?, ¿cuál es el título exacto del cuento que nos incumbe?, ¿es el primero de la antología?, ¿qué es lo que me interesó particularmente?, ¿el hecho de que el protagonista sea un profesor de Cambridge?, ¿la atmósfera posgótica?, ¿la dosificación de los elementos terroríficos?, ¿el empleo del humor?, ¿la historia de la corporización del monstruo pintado en una lámina? Estaba sanando. Venían los datos a la mente sin excesivo esfuerzo: Librería Gómez, Montague Rhodes James, publicado en Barcelona por la Editorial Hesperos a finales de los cuarenta –no constaba año–, *El álbum del canónigo Alberico*... podía recuperarlo todo y además, como aquella vez que advertí a Carlos Haya de que no visitara esa tarde a sus suegros y los sorprendió en plena labor de estrangulamiento, ahora acudían, en chorro, nombres e imágenes –Lugdunum, Labroquère, Convenae; la estatua de la Bella Cautiva, la Rosa Fétida, el Cofre de Cobre Dorado– que debían de pertenecer a algo que estaba fuera del cuento, a algo que estaba en el lugar de su desarrollo, a elementos de Saint-Bertrand-de-Comminges que no aparecían en el texto. Una visión fugaz, premonitoria, que en estados fluctuantes de depresión/excitación –y el episodio de Sarrance con su pestilencia extrema podía haber sido el detonante– no resultaba del todo extraña y que tuvo, años después, en mi traducción de la *Deutsche Mythologie* de Jakob Grimm su ejemplo más especial, productivo y último. (Me propone Barral traducir la obra –a partir de la versión francesa, claro– pero con toda naturalidad elijo el original y, en menos de un mes, hago el trabajo e igual que vino se va mi conocimiento de la lengua alemana.)

Ramón Pérez es el gerente del Hôtel du Comminges –número 3 de la rue Valcabrère–, un gallego de Petín, fanático del Real Madrid, que afirma no haber hospedado nunca a un español y que está convencido de que, en tiempos recientes, nunca llegó ninguno a la villa. No se sorprende ante los artilugios ópticos –no está ahí para sorprenderse– y al identificarme como ornitólogo me hace con la mano derecha un signo de que espere, entra en una especie de recámara y sale enseguida con un pequeño libro encuadernado en negro que me ofrece con sonrisa complaciente y en el que, esa noche, tras cenar caracoles y torcaces, sentado en un raído sillón del saloncito de la primera planta, descubro una nota de fin de capítulo en la que el autor –Monsieur C.D. Degland, doctor en Medicina–, comunica que le acaban de anunciar –es el 20 de diciembre de 1839– que por los alrededores de Agen, población relativamente próxima a Saint-Bertrand-de-Comminges, el pasado mes de octubre pasó un bando de más de cien *vautours arrians*, *Vultur cinereus*, que tres de ellos fueron abatidos y que dos años antes fue visto un bando aún más numeroso, también del norte y dirigiéndose a los Pirineos, por lo que deduce que estos buitres se reunirían en grandes grupos para emigrar, tempranamente, hacia España. (Se trataba del *Catalogue des Oiseaux observés en Europe, principalement en France, et surtout dans le nord de ce Royaume* publicado en tres entregas en unas *Mémoires de la Société...*, que no se sitúan geográficamente –pero sí se datan entre 1839 y 1841– y de las que podemos, por imperativos de la paginación, conocer parte de otros artículos no ornitológicos que se adentran en el apreciado mundo de las deformidades físicas describiendo por ejemplo un *«monstre monomphalien sternopage du sexe féminin né le 6 janvier 1841 chez Mme. Bauduin, sage-femme»*, con gran lujo de detalles.)

Para visitar la catedral, al día siguiente, pude contar, como en el relato de M.R. James, pero en este caso gracias a la gestión de Pérez, con la compañía del sacristán. Un tipo interesante, desconfiado, que nunca me miró a los ojos y que cuando no quería responder aparentaba no entender lo que le decía. Intentó llevarme a recorrer la ruta arqueológico-turística pero conseguí, dándole el dinero por adelantado y asegurándole que sería una visita rápida ya que sólo me interesaba lo concerniente al gran reptil, que nos dirigiéramos directamente al lugar donde se hallaba, que encendiera los focos que iluminaban esa parte de la iglesia, y que no titubeara en exceso ante mis preguntas. Soltó un discurso sin interés. Con voz afectada, que quería ser profesional, recitó lo que se podría encontrar en cualquier folleto. Bajo el gigantesco saurio, que cabeza abajo, sujeto al muro por dos grilletes de hierro, brillaba, casi refulgía ante la luz eléctrica pese a los siglos de humo, habló de las cruzadas, del caballero de Comminges que siguiendo a san Luis y al rey de Navarra se lo había traído de Egipto, del río Nilo, pero allí faltaba algo, no explicaba el porqué de su instalación y al preguntárselo, después de una ligera vacilación, y esbozando una difícil sonrisa, apuntó a la necesidad de las iglesias para atraer a los fieles; que por ejemplo en San Pedro de Toulouse se expuso en tiempos una ballena, que incluso cuando se transportó al Museo de Historia Natural, se le arrancaron algunas partes para que sirvieran de exvotos y, aún hoy, una costilla puede verse en el muro exterior del porche de la iglesia de Prats de Molló. Había terminado. Salimos. Nos despedimos. Y me fui al hotel a ver qué exótico menú podía degustarse al mediodía.

Ramón Pérez resultó mejor de lo esperado. Antes de la cena, instalado yo en mi sillón repasando cuadernos y libros, apareció por el pasillo y, de modo afable pero con cierto aire cómplice, me preguntó cómo había ido por la catedral. Hablamos del talante escurridizo del sacristán, del cocodrilo, de mis sospechas acerca de que la historia me parecía al menos incompleta y él iba animándose hasta que, poniendo cara de que se le acababa de ocurrir algo, cogió, suavemente, con mucha delicadeza, mi brazo derecho –que es con el que gesticulo normalmente–, dándome a entender que era mejor que me callara ahora, pero por si no quedaba claro, mirándome cara a cara –había que marcar diferencias con el sacristán–, dijo, en un tono amistoso, aunque deletreando para que se le entendiera bien: «Discúlpeme, he de ir a recepción... pero después de la cena le daré algo que le va a interesar». Se retiró reculando, para no darme la espalda, y por una pequeña puerta desapareció.

Un folleto sin pie de imprenta, manchado, con las puntas rotas, con una figura borrosa en la primera página que podría corresponder al cocodrilo de la catedral y debajo, unos trazos rayados, que serían el título: *Un monstre dompté*. ¿Domado? ¿Por quién? Saliendo de Saint-Bertrand hacia Saint-Martin, a eso de dos kilómetros, una flecha pintada en la pared de un granero en ruinas, señala hacia el oeste, indica un camino carretero que se adentra en un tupido y sombrío bosque: la entrada al valle de Labat-d'Enbès. Ramón conduce despacio. El jeep de los americanos, conseguido en la subasta de Pau, sortea sin problemas los primeros obstáculos –ramas caídas, pedruscos desprendidos del talud– pese a la precaria luz que proyectan sus faros. En un recodo, tras una fuerte pendiente, la pista se bifurca: a la izquierda parece dirigirse hacia el río, hacia una espesa hondonada; a la derecha –y es por donde nos metemos– sigue subiendo, trepando por la ladera que cierra el valle por el norte. Un largo y peligroso recorrido, sorteando barrancos, grietas que la erosión abre y nadie cierra, hasta alcanzar un punto en que, bruscamente, se flanquea la montaña, se gira a la derecha, y se entra en una meseta arbolada donde el camino se difumina, se pierde entre posibles ramales y sendas. Bajamos. Y sin necesidad de encender las linternas –tan intensa es la claridad del lugar, iluminado por la luna llena y por su reflejo en los troncos de los robles aún sin hojas– caminamos unos veinte minutos hasta alcanzar un lugar despejado, batido por el viento, que domina no sólo este valle colateral sino la totalidad de la zona. Inmóviles, recordando lo leído en el folleto, aguardamos una hora, dos, tres horas, a que la luz del día comience a iluminar. De pronto, puntual, inmisericorde, aterrorizándonos, un vagido, un brutal lamento de recién nacido, algo no soportable, con una fuerza desgarradora y sobrehumana, asciende del fondo del valle, de un punto impreciso, perdido en la maraña inextricable que envuelve el río y su entorno palustre.

Entro en España por Viella. Hasta Camarasa es un paseo. Cansado, deseando volver a ver a los amigos. La Finca Ugalde

–aún se reconoce el anterior nombre «La Creu» pese a haberse pintado encima diversos signos– se extiende por lo que debió de ser un encinar y hoy es un páramo de romero y otros matorrales. La casa principal –antiguas oficinas de la empresa minera–, de paredes blancas y tejado rojo, da la sensación de ser un barracón del CIR, más grande, más alargado, pero eso sí con ese detalle tan caro al mundo militar de las piedrecitas de colores clavadas en el suelo, dispuestas en círculos –alrededor de enclenques árboles plantados, de astas de banderas y también, como en este caso, de una rudimentaria estación meteorológica–. El grupo está allí. En la explanada. Como si supieran con exactitud el instante en que mi sucio automóvil iba a enfilar la ligera cuesta. Distingo sin dificultad a Dora Butcher, muy alta, ligeramente encorvada, con su característico atuendo formado por chaqueta tirolesa y pantalones crudos de fina pana. Está también Verrugoso, su hermana mongólica –algo apartada del corro parece estar tirando piedras–, Andoaín y, ahora que ya estoy más cerca, descubro a los de menor estatura: Ugalde –¡con un vaso en la mano!–, Baltasar Sistella –el centro indiscutible de cualquier reunión– y a Charo Azpeitia, que parece llevar algo en brazos. Bajo del coche, todos se vuelven hacia mí, y percibo esa agradable sensación de estar otra vez en casa, de ser reconocido por la tribu. Saludo primero a Ugalde –bronceado, dicharachero, satisfecho– que me da un abrazo –¡por primera vez!– y seguro de sí mismo, dominando la situación, me dice sonriente: «¿Qué pasa, Amaller, de dónde sales?» y, malicioso, «¡Uta se está duchando!». Con los demás hubo besos y abrazos y, sobre todo, diversidad de tratamientos: Sistella y Dora, Pablo; Verrugoso y Andoaín, Paolo; Charo –que lo que llevaba en brazos era un buitre herido al haber chocado con un cable–, Amatller; y la pobre Mariona –que dejó momentáneamente de apedrear una lata–, señor Moragas. Surgió Lange de entre las olas: rubia, cabellos auténticamente dorados, polo verde azulado, consabidos tejanos y pequeñas botas color carne. Me besó una vez, en la mejilla derecha, lejos de la boca, lejos de la oreja, en tierra de nadie, para demostrar que no había nada ya entre nosotros. «¡Mira!», dijo, me enseñó una pulsera estrecha y dorada, «Ayer cumplí treinta años», se apartó de mí, con desdén, casi con violencia y sin mirar, sin ver a nadie, se colgó del cuello de Ugalde diciéndole mimosamente: «Fue mi Uga, mi Ugalde regaló a Uta el brazalete».

La comida copiosa –pensada, comprada, preparada, ingerida casi exclusivamente por Balta– sirvió de excusa para plantear a Ugalde ciertas exigencias relativas a la mejora del camino de acceso al comedero, al acondicionamiento de una caseta de observación aledaña al mismo y a la concreción de su antiguo ofrecimiento de conseguir cadáveres de cerdos de las granjas de la comarca y así no depender exclusivamente de los aportes –siempre dificultosos– desde el zoo de Barcelona. Hubo después sesión de chistes, y a eso de las cinco se montaron en sus coches y yo me quedé con Uta y Ugalde solos –por cierto, ni rastro por ahora de los guardias; ¡una fiesta civil!–. Ugalde entró en la casa a descansar un poco y Uta me cogió del brazo diciéndome: «Te enseño».

No hacía calor. Se estaba bien. Algunas nubes en un cielo muy azul y una ligera brisa que, a veces, formaba pequeños remolinos de polvo en el camino. Me enseñó el lugar. A unos quinientos metros de la casa, un terraplén que debió de servir de muelle de carga para camiones, tenía una ligera surgencia: brotaba agua, un agua cristalina que había formado un pequeño estanque y luego, al desbordarlo, caía, formando cascadas, hacia el fondo de una cárcava rosada. Se quitó el polo. Luego los tejanos –que siempre llevaba sobre la piel–. Dobló las dos prendas. Las puso encima de una piedra. Y ese cuerpo de niña con botas me obligó a beber del manantial –«Es la fuente Uta», dijo– y a refrescarme la cara en el charco. Dejamos el enclave secreto y, por una senda, nos dirigimos, monte abajo, hasta un cobertizo abandonado, otra de las dependencias de la mina. –«Cuéntame», susurró, mientras me empujaba imperiosa hacia un rincón en que se apiñaban embalajes de plástico y que permitía a través de una ventana disfrutar de una hermosa panorámica. «Cuéntame, y luego te contaré yo... he pensado en dos cosas... ahora cuéntame, pero sólo lo mejor... de tu viaje.»

Los *dracs*, los dragones de la Galia. Seres terroríficos que habitaban en las impenetrables florestas, merodeando en torno a los ríos, por sus tupidas riberas. San Bertrán, obispo de Comminges, armado sólo de su bastón pastoral, partió a la búsqueda de uno de ellos, el que asolaba el valle de Labat-d'Enbès, y que, como es proverbial en ellos, al alba, atraía con sus bramidos a los incautos que acudían a salvar al niño recién nacido perdido en el bosque y que la voz del monstruo remedaba. Bertrán se topó con la bestia y ésta avanzó hacia él con las fauces abiertas. Tocó con el bastón su hocico y puso sobre su cabeza uno de los dos extremos de la estola. Convertido en un ser dulce como un cordero siguió al santo en su camino de regreso expirando al llegar ante el atrio catedralicio. Pero no sabían que estos saurios –no cocodrilos, obviamente–, sólo hembras, no necesitaban el auxilio del macho: igual que algunos gecónidos actuales, ponen huevos ya fecundados –autofecundados– y lo hacen en situaciones de necesidad, de estrés, de pánico, y aquella situación en la que el imponente obispo –luego santo– le tocó el morro con el cayado debió de serlo. Con Ramón Pérez, pudimos comprobar, aunque sólo fuera a través de sus manifestaciones vocales, la persistencia de la estirpe. (Para dar más fuerza al relato incluí una mentira piadosa: los bandos de buitres de Agen los situé sobrevolando, en la madrugada, mecidos por el horrible viento, el cubil de la bestia, a la espera de conseguir algún despojo.)

No fue muy apreciada la historia. Bien porque por su doble patria –teutona y paraguaya– conocía episodios de gran calado heroico, bien porque estaba impaciente por sorprenderme con sus propuestas, me miró –y yo la miré y así desnuda, acurrucada junto a mí, daban ganas de protegerla– y tras un desalentador «¿has terminado?» volvió a postular «he pensado en dos cosas». Se puso de pie –qué perfil más sorprendente al recortarse en la ventana– y dijo: «Primero, en el dolor cósmico; segundo, en la vía anal». Esperaba –aunque quizá ya me conocía lo suficiente– que diera muestras de sorpresa o, al menos, que soltara una sonora carcajada, pero nada de eso. Contesté muy serio: «Me parece interesante; dime». Se acercó y empezó a desabrocharme los pantalones, me los bajó –empezaba a imaginar por dónde iría la cosa y comencé a excitarme– y la ayudé a sacármelos del todo. «Sigue, sigue sentado, ahora me penetrarás por detrás, por el agujerito... así, así... así, muy bien... mientras te hablo... tú sigue... ¿verdad que no tenemos problemas de tamaño...?» «Existe un dolor cósmico, y no está registrado. Nadie aquilata el sufrimiento, no sólo de los insectos que aplastas al andar sino, por ejemplo, de los que son devorados vivos sepultados en un embudo de arena por la tenebrosa larva de la hormiga león, o empaquetados, congestionados, asfixiados en su red por la tenaz araña...» Tuvo un acceso de tos, muy fuerte, noté cómo se contraía su ano, su recto, y en plena eyaculación, enorme, agónica, apreté de tal modo su torso tísico que oí crujir las vértebras, aflojé asustado el abrazo y ante la carencia de unos pechos que apretar cogí su cabeza y le mordí con fuerza en la nuca mientras los aromas de su cabello me hacían enloquecer aún más todavía. Creí morir. (Y ella también, aunque por distinto motivo.)

V

6 de junio de 1967

Carezco de recursos. Entrando en Barcelona, la carretera vacía, en una madrugada cálida, la grabadora dispuesta, pero falta la frase de inicio; debería ser algo así como «Hay una escena al final de...» y citar un filme que me hubiera impresionado fuertemente, y que ahora recordara. Está claro que debo escribir un relato –al menos un relato– situando todas estas experiencias en una atmósfera de naturalidad y que sean ellas, por sí mismas, por su fuerza, las que den carácter al texto. Abusé quizá del cine de género y no es en el western, ni en el musical, ni en la comedia donde puedo extraer lo que urgentemente necesito; busco un movimiento de cámara que reconcilie al espectador con la vida, una grúa con gran carga moral, ese travelling de *Dos semanas en otra ciudad* memorablemente descrito por Pedro Gimferrer, ese Minnelli que entonces no vi y que ahora ya no quiero ver no sea que desaparezca el sueño.

Guardo el coche. Y subo. Ni con las ventanas abiertas entra ruido. La ciudad no duerme, está muerta. Las tres de la mañana, quedan seis horas para que reciba la noticia. Y yo no lo sé y sobre la mesa coloco cuadernos, bolígrafos, libros de consulta. Serán relatos cortos, cada uno sobre un personaje: Ugalde, Susanna, Uta... He puesto las provisiones en la despensa –no se ven hormigas ahora–, el agua de la fuente de La Salud en la nevera, los trapos y otra ropa metidos en la lavadora; vacié el auto: no deseo emprender viaje en una temporada, me ilusiona quedarme en casa, escribir... pero tendré que llamar a Angelito, dar la cara, decirle que ya sé que le debo lo del último día. Tomo algo; poca cosa: pistachos sirios, galletas belgas, leche fría. Bajo las persianas. Me lavo los dientes. Me tumbo en el sofá. Son las tres y cuarenta y cinco. Doy un grito. Fuerte, casi salvaje. Y me duermo.

Sistella pierde el control. Nunca le había sucedido y me cuesta entender lo que está pasando. Me cuesta despertarme. Ha sonado el teléfono, he mirado el reloj y no sé si estas nueve corresponden a la noche o a la mañana. Todos muertos. Envenenados. Los buitres han sido envenenados. Han colocado veneno en el comedero de buitres de los Puertos de Beceite. ¡Han envenenado los cadáveres! Alguien –y dice que ya se sospecha quién puede haber sido– ha rellenado con estricnina los cerdos muertos de la granja de Freginals. Al menos los tres últimos cerdos depositados en el muladar están envenenados. ¡Diecinueve buitres! Pero seguro que hay más. Y diez o doce de ellos han sido empalados. Han clavado sus despojos en unas estacas y enmarcan el camino. Hemos retrocedido hasta los años cincuenta, hasta los cuarenta. Las Juntas Provinciales de Extinción de Animales Dañinos. Las campañas, los bandos en los ayuntamientos, las garras de las rapaces cortadas y clavadas en las puertas de madera de los graneros, los mozos de reemplazo pagando las bebidas del festejo por su incorporación a filas con las tres pesetas que les da el alguacil por llevar un cuervo, un cernícalo y una lechuza. La barbarie, la miseria, la realidad de la vida del pueblo, la realidad de esa actividad chocarrera, cruel y mezquina que algunos místicos como Miguel Delibes envuelven con el halo de la misoginia y de la religión para elevarla al altar de los ascetas. (Léase por ejemplo *El libro de la caza menor* –manejo la 1.ª edición de mayo de 1964, Destino, Barcelona–, especialmente el apartado dedicado al águila donde se sugiere «la obligatoriedad de tener un Gran Duque en cada pueblo, como huésped municipal, a fin de acelerar el exterminio de las rapaces» –pág. 172–, se pontifica que «la decadencia de nuestra riqueza cinegética ha de atribuírsele a ella en no despreciable proporción», por lo que «el buen aficionado siente hacia esta rapaz una inquina inextinguible» –pág. 172– y se cierra la loa destructora diciendo que esta modalidad de «caza tiene un colofón del que las demás carecen: el que una vez terminada la faena, uno no siente el remordimiento –ese recóndito, muy lejano y mitigado remordimiento– de haber privado de vida a unos animalitos indefensos, sino, muy al contrario, le inunda la satisfacción de haber puesto fuera de combate a un puñado de aves nocivas y, en consecuencia, de haber prestado un serio servicio a sus amigas (?) las perdices» –pág. 175–; tampoco tienen desperdicio las fotos, ¡y sus comentarios!, pág. 177: «Cuando la esposa nos acompaña ya no hay *cuestión*» y pág. 192: «La misa ha concluido; he aquí el más esperanzador momento de toda cacería».)

(Otro documento memorable, el cartel editado por el Ministerio de Información y Turismo de Manuel Fraga Iribarne invitando a los europeos a venir a España a cazar aves rapaces: era un cartel grande en el que revoloteaban sobre la cabeza de un cazador elegantemente pertrechado varias especies de rapaces diurnas.) (Gran Duque es uno de los nombres vernáculos del búho real –*Bubo bubo*–, la mayor de las aves rapaces nocturnas ibéricas, utilizada ilegalmente, viva o muerta –disecada–, para la caza de las aves rapaces diurnas, que cegadas por la animadversión que despierta en ellas, la acometen con tal saña que olvidan todo tipo de cautelas convirtiéndose en fácil blanco de los emboscados escopeteros.)

Vidal Sicart Oliva y su hijo Vidal Sicart Pelai –o al revés–, dos piltrafas llenas de risa, mugre y odio, se atrincheran tras una mesa de variado uso en el fondo de un cuartucho pestilente en la casa en ruinas de Alfara de Carles que los recoge desde que vinieron de la aldea castellonense de nombre irrepetible para guardar este coto de caza de la competencia de otros sean humanos o animales. No hablan, no miran, sólo ríen, las manos por los bolsillos, cercanas a la navaja, pegados el uno al otro, fuera del tiempo, cepos, lazos de alambre colgando por las paredes y al fondo, una olla sobre una cocina económica en la que hierven patatas con sebo.

Nadie quiere intervenir. ICONA, Gobierno Civil, Ayuntamientos, todos dicen comprender que ha sido una pena con lo bien que marchaba el comedero pero a este par de infelices qué les van a hacer: nada. Los dejarán, que sigan vigilando el coto y se les prohibirá intervenir fuera de él. ¿Estricnina? No es seguro que fuera eso. ¿De dónde la iban a sacar? Julio Márquez, el ingeniero jefe, moviendo la cabeza y sacudiendo el cigarrillo para que caiga de una puta vez la ceniza, no nos puede asegurar, evidentemente, que este par de retrasados no vuelvan a repetir la hazaña: «En su pueblo les enseñaron, se les dijo que las alimañas les quitaban la caza... ¿y ahora qué esperamos, que les den de comer como hacéis vosotros...?». Uta se pegó a mí (me invadió una fragancia inaudita en esta hora y lugar) y en voz baja, aunque no tan baja, desafiante, buscando el que alguien pudiera oírla, dijo, tapándose con gesto deliberadamente infantil la boca con una de sus preciosas manos: «Lo arreglaremos, Ugalde lo arreglará».

Estábamos todos. Y Moreu. Salido de las entrañas de los más excitantes movimientos estudiantiles –cuentan que en febrero del pasado año, en plena algarada callejera, derribó a un gris de su caballo–, sentado a la diestra del gran Baltasar Sistella, que con su voz aflautada atemperaba una reunión patriótica, ecologista, de tintes lógicamente exasperados. En los extremos de la mesa rectangular Dora Butcher y José Andoaín Castells casi incorporados, apenas apoyadas las nalgas en los asientos, con las manos clavadas sobre el tablero, la mirada encendida, parecían dos gallos de pelea segundos antes de ser soltados para el combate. En el lado de Sistella y Moreu una Charo Azpeitia derrumbada y un incrédulo Verrugoso. Enfrente un servidor, el jefe Ugalde y Uta convertida en niña frágil, más delgada que nunca, envuelta en una espiral de humo y que no abrió la boca –tampoco su marido– en todo el acto. Nadie entendía bien lo que había pasado. Moreu, desde la trinchera revolucionaria, apuntaba a una argucia de la administración: utilizaba tontos útiles para desmontar un programa que ponía en evidencia la ineficacia del sistema; un grupo de aficionados enmendaba la plana al ICONA, mostraban al mundo cómo, con poco dinero pero con mucha imaginación, podía recuperarse la fauna, la autóctona, frente a las costosas y antiecológicas reintroducciones a las que eran tan aficionados. Estaba claro, los Sicart eran armas del gobierno.

Comimos. La guardia de Ugalde –seis, siete soldados en esta ocasión– no dejó de patrullar, algo apartada, por la entrada de la finca, como para refrendar el estado de guerra en que estábamos metidos. Asaron –asó Sistella– costillas, pasó de mano en mano un porrón con un inclasificable vino, y los ánimos, perdiendo sectarismo, avanzaron hacia el campo de la reflexión pausada: pensé, en voz alta –y Balta enseguida me apoyó–, que los Sicart habían actuado motu proprio (si es que alguien puede actuar así, libre de influencias pretéritas) pero que, obviamente, los políticos se habían sentido, al menos, aliviados. Concluimos que deberíamos trabajar, en adelante, aún con más ahínco, haciendo hincapié en la propaganda –y Moreu rápido se ofreció– para intentar reconducir tanto a todos los Sicart que surgieran en el horizonte como a los sectores relacionados con el mundo de la naturaleza, es decir ganaderos, agricultores, medio rural en general, e incluso cazadores. Se habló de crear una guerrilla, ¡ecológica, claro!, pero pese al clima prebélico todavía subyacente se optó finalmente por dar forma jurídica al grupo y tener así más fuerza a la hora de luchar contra ese tipo de desmanes. Me fui a Barcelona con ellos. Uta se quedó en la finca, con Ugalde y compañía. Al despedirme Ugalde me guiñó un ojo y en voz muy baja –y ése no era su estilo– me dijo, casi al oído, algo así como: «Tomaré cartas en el asunto... lo resolveré (lo resolveremos) a mi modo, dame unos días».

Seis días después, José Andoaín nos convocaba a todos en el museo para decir que su primo Manel le acababa de llamar desde Tarragona: los Sicart habían desaparecido, se los había tragado la tierra, hacía cuatro días que no se les veía por el coto, ni tampoco por el bar de Fredes. Según parece, por los Puertos, por donde la noticia del envenenamiento masivo había corrido como la pólvora, los comentarios eran de todo tipo. Entre nosotros hubo una explosión de alegría, de satisfacción, casi de triunfo, como si gracias a la presencia amenazante del grupo en el arrabal de Alfara de Carles, en el cubil de los guardas, se hubiera conseguido la deserción, la eliminación de los causantes de la matanza, pero fue Dora –y luego Balta– quien hizo ver lo ingenuo de la actitud. Primero había que ver si de verdad se habían marchado definitivamente, segundo habría que conocer las verdaderas causas, tercero habría que hacer un seguimiento tanto de adónde habían ido –para controlar allí sus movimientos– como de los sustitutos que, de confirmarse la marcha, poco iban a tardar en ser contratados. Era indispensable darse prisa, formalizar el grupo. Y en ello se estaba trabajando esa misma tarde, cuando sonó el teléfono, y nos anunciaron que el bosque de La Mata, el único lugar de cría del águila calzada –*Hieraaetus pennatus*– en Cataluña, a unos cincuenta kilómetros, en línea recta, de Camarasa, estaba ardiendo por los cuatro costados. ¡El desastre!

Se repetía la historia. Unos payeses, padre e hijo, quemaron unos yermos para ganar al monte doce hectáreas en las que plantar cebada. El fuego se corrió al bosque. Y el ridículo beneficio económico que podía suponer esa ampliación del área de cultivo –en una masía de cuatrocientas hectáreas de cereal– iba a suponer el final del último bosque de llanura de la provincia de Lérida. Otra vez las autoridades: prepotentes, sin la mínima sensibilidad ambiental. Y los autores: otros dos oligofrénicos. Ante nuestra insistencia, se esgrimió el carácter fortuito del suceso y COASA, la cooperativa agraria de turno, nos amenazó con demandarnos por injurias.

Uta se había encariñado con la pareja de águilas. Yo no sabía que con Andoaín –y alguna vez con Charo– visitaban con asiduidad el enclave; anotaban en un gran cuaderno rojo, francés, de tapas duras, las fechas de llegada, los datos de reproducción –vuelos de celo, gritos, cópulas, primeras evoluciones de los jóvenes–, las fechas de regreso a África. José Andoaín, buen dibujante, personaje extraño, escuálido, de color cobrizo, con sangre malgache en las venas, tenía un gran sentido del humor y, pese a su juventud, un gran sentido de la camaradería. A él le dolió más que a nadie el incendio del bosque de La Mata. Debía sentir algo por Uta y el cuaderno de las «Águilas de fronda», engalanado con espléndidos apuntes y con una encantadora dedicatoria fue el regalo que le hizo por su cumpleaños. Coincidí con Ugalde al salir de los juzgados de Balaguer; se detuvo al verme, me acerqué, me dio la mano mientras uno de los esbirros mantenía abierta la puerta del gran coche, y con un tono inhabitual en él, entristecido más que colérico, dijo: «Esto no se le hace a Uta... ella era feliz viendo sus águilas» y, fríamente, manteniendo las formas pero sin cuidar el volumen de voz, sentenció: «Te digo, Amaller, que los buitres de Camarasa no pasarán hambre esta temporada». (El águila calzada o águila chica es la menor de las verdaderas águilas europeas. Especie ligada al bosque sitúa sus nidos en árboles de su periferia donde prefiere los terrenos abiertos para cazar. Su distribución peninsular es peculiar: es muy rara en el tercio oriental.)

Se colmó el vaso. Acompañé a Dora Butcher pocos días después en un triste viaje de Barcelona a Camarasa; los dos solos con una cría de gamo recién fallecida en el zoo. No entramos en la Finca Ugalde. Llevaba lloviendo varias horas y con el Ford Cortina no se atrevió a enfrentarse al barro y a los traidores charcos de la pista. Dejamos el coche antes de la presa y a pie llegamos a una explanada, una especie de gran escalón sobre la garganta del río, que antes de inaugurar el comedero de la finca, ya habíamos utilizado para dejar carroña y comprobar si los buitres respondían. Era un buen lugar, quizá demasiado accesible a paseantes, pero que deparó excelentes observaciones y la constatación de que aún quedaban necrófagos. Y allí estaban. ¡Pero muertos! Una oveja despanzurrada, rellena de un cóctel de insecticidas y raticidas –como luego dictaminaría el laboratorio–, rodeada por los cadáveres de cuatro alimoches adultos –las dos parejas que nidificaban en la zona– y diecinueve buitres leonados: prácticamente todos nuestros activos orníticos. ¿La prensa, con los prolijos detalles del envenenamiento de Los Puertos, había sido la inductora? ¿Era ésa una práctica habitual en el momento en que el paisanaje detectaba la presencia de grandes rapaces? Lo que estaba claro es que nunca debimos echar carroña en este sitio. Demasiado próximo al pueblo. Y que todos nuestros movimientos –y los de las aves– fueron observados desde el primer momento. Y no para disfrutar con el vuelo de las rapaces, ni con la sensación de estar ayudándolas. El pretexto del vecino fue que traerían las pestes y que se trataba de alimañas. Moreu, entonces, cargado de la buena fe de los que piensan que es posible cambiar el mundo, pasó varias tardes con el «oncle Lluís» recriminándole su actitud, explicándole las razones que nos llevaban a intentar recuperar y proteger la naturaleza. Pero *en realidad uno muere mucho antes de expirar, la muerte te sucede cuando ya no comprendes nada de lo que pasa alrededor* y a esa imposibilidad de comprensión de conductas tan peregrinas como las nuestras, a esa muerte intelectual –referida al total de modas y costumbres de los últimos diez o quince años– se le acortó por fin el periodo de espera de la muerte física: Borgan y Karl, dos de los más eficaces componentes de la guardia de Ugalde, en el fragor de la noche de San Juan, con un fondo de petardos, cohetes y tracas, arrebataron el cuerpo del moribundo de entre la mugre de las sábanas, le torcieron el cuello, lo metieron en la parte trasera del Land Rover y se fueron a la finca donde, en el primer edificio, le quitaron la ropa –que quemaría otro secuaz– y, sin perder tiempo, continuaron hacia el muladar, en el que, sin gran esfuerzo, tan seco estaba, lo tiraron al centro del mismo, junto a otros huesos. Los buitres (todavía quedaba alguno) dieron cuenta de él a primeras horas.

El Grupo

a) Baltasar Sistella Busquetó. Barcelona, 1943. Su mundo es la protección y estudio de la naturaleza catalana. Perseverante como pocos, acostumbra a lograr sus objetivos. Se mueve a la perfección entre adolescentes –a los que forma, con cierto aire paternal, en el recto camino del naturalismo– y entre profesores e investigadores –a los que sorprende con su condición de autodidacta y su ímpetu voluntarista–. Trabajador incansable, compagina la faena diaria con el desarrollo de múltiples actividades no remuneradas. Alma del grupo, le insufla las necesarias dosis de orden, raciocinio y responsabilidad. Paladín de la ortodoxia, prefiere ignorar las habladurías acerca de posibles acciones radicales a cargo de Ugalde y su gente.

b) Pablo Amatller Moragas. Barcelona, 1942. Recién llegado a la ornitología procedente de heterodoxos campos, congenia desde el principio con Sistella, creándose un singular tándem en el que dos personajes absolutamente diversos saben aportar al contrario lo que a éste le falta. Elemento clave en la motorización inicial, en la redacción de informes y artículos, en las relaciones personales con mandos, jefes, ingenieros, directores y, en general, con todo tipo de individuos no catalanes y que de un modo u otro ejercen el poder. Acostumbrado a vivir en el filo de la navaja, admitiría la decantación del grupo hacia posturas menos legalistas.

c) Dora Butcher. Dundee, 1922 (?). Fanática del *birdwatching*. Independiente, solitaria, siempre quiere mantener las distancias y siempre quiere demostrar que es crítica con todo lo que se hace en el continente. Colaboradora fija, pero marcando ella los términos y los territorios de la colaboración. Ambigua ante todo aunque algo menos en lo concerniente a los métodos de lucha, tan grande es su desprecio hacia cazadores y campesinos.

d) Charo Azpeitia Lomba. Málaga, 1945. Estudiante de Biología en Barcelona. Admira a Sistella por su tenacidad y entrega, virtudes que ella dice desearía tener en mayor grado. Imbuida de altas cotas de ternurismo, lo vuelca en la protección de los buitres leonados, aunque para dar cauce a esta pasión de modo más directo y próximo se centra en el cuidado y recuperación de los animales enfermos y heridos. Partidaria de escarmiento ejemplar para envenenadores y otros asesinos.

e) Senén González Verrugoso. Alcázar de San Juan, 1945. Compañero de curso de Charo Azpeitia. Batallador, animoso, aunque algo marrullero. Odia a los cazadores y a todos los que de un modo u otro comercian o simplemente utilizan la naturaleza. De familia manchega acomodada ha sufrido la presencia de un padre tiránico sólo interesado por hurones y galgos. Está dispuesto a colaborar sin condiciones; o sea le gustaría acabar con esa gentuza.

f) José Andoaín Castells. México, 1950. Simpático. Inteligente. Una mezcla de razas en un cuerpo de torero. Ve la naturaleza como el marco idóneo para el despliegue de sus operaciones. Ama la aventura, y desprecia la vida tanto como desprecia la muerte. Llegará hasta donde yo le diga.

g) Ticià Moreu i Moreu. Solsona, 1946. Estudiante de nada. Habitual de asambleas. Presagio de la inminente impregnación regionalista. Debería sintonizar con el discurso político de Sistella pero es demasiado exaltado y su defensa del territorio no se hace desde presupuestos básicamente ambientalistas sino exclusivamente catalanistas. No le importa liquidar cazadores siempre y cuando sean foráneos.

VI

Julio de 1967

Perezosa por dormirr, por dormirr, por dormirrrr,
la mi manta en el telarr, el telarr, el telarrrr,
y la tuya sin hilarr, sin hilarr, sin hilarrrr.

No gustaba al señor gobernador civil de Lérida la extraña cantinela con la que la nueva criada –zamorana, Ubres católicas, paso furtivo– mecía y adormecía al escaso Carlitos. La doble, cuádruple vibración, de esas erres finales trascendía su función onomatopéyica (toda la estrofa era una versión del canto de la golondrina común *Hirundo rustica)* para entrar en el campo de la insistencia, de la repetición obsesiva que le traía malos y recientes recuerdos tras el fallecimiento de su esposa –un duro parto seguido de una larga agonía acompañada de severas alucinaciones–. Habría que prohibirle que volviera a cantar eso. Porque él mismo se despertaba a medianoche repitiendo *por dormirr, por dormirrrr* o ahora, en pleno embotellamiento a la entrada de Madrid, sin darse cuenta, iba musitando *el telarr, el telarrrr;* el chófer observándolo por el retrovisor. Comieron en Lucio, varios gobernadores, nada importante, él seguía preocupado por todo lo relacionado con su vida en Lérida: el problema del niño, tan pequeño, su cuidado, su educación, debía hablar esta misma tarde con su hermana, que le presentara a alguien, un arreglo, aceptaría contraer matrimonio de nuevo, luego lo de Ugalde, ese hombre estaba yendo demasiado lejos, tenía que plantarle cara, aunque estuviera de acuerdo en lo básico no podía seguir apoyándole...

de pronto tuvo miedo, miró a sus compañeros que fumaban y bebían ajenos a lo que le estaba pasando, se angustió aún más, pero por suerte entró el chófer indicándole que era la hora de ir a la reunión, los demás miraron los relojes, se levantaron, cada uno dijo que tenía cosas que hacer y salieron del local de un modo innecesariamente rápido casi a trompicones como si tuvieran prisa en llegar a donde les esperaban; y así fue, dos ráfagas de metralleta acabaron con cuatro de ellos, alguien dijo al intentar auxiliarles que uno de los heridos farfullaba una especie de letanía, algo como *sin hilarr, sin hilarr, sin hilarrrr.*

No descubrimos de qué modo iba a repercutir en nuestras vidas el atentado hasta una semana después. José quiso enseñar a unos parientes mejicanos de visita por España la Finca Ugalde: iban en un coche alquilado en Barajas y conducido por su tío y al entrar en el camino privado pero todavía muy lejos de la valla fueron interceptados por dos hombre uniformados y armados. Le apeteció adornarse ante sus familiares, intentó bajar para así charlar con los guardias y demostrar que de alguna manera él formaba parte de todo aquello. Pero le fue impedido. Con violencia extrema le cerraron la puerta y apuntándole a la cara con un arma corta le conminaron a irse. «¡Fuera, fuera! ¡Salir camino!», gritaban los dos. «Soy Andoaín... del Grupo», replicó débilmente pero su tío, seguramente conocedor de este tipo de situaciones, ya estaba maniobrando para dar la vuelta. Sistella no estaba en Barcelona y fui yo quien llamó a Ugalde para saber qué había pasado. Pero nadie cogió el teléfono.

Venían rumores contradictorios y se apilaban noticias a noticias, caían cargos o iban a caer, se había hundido una trama y nadie daba la cara por nadie en mitad de un clima de absoluto pánico. La muerte del gobernador había destapado la existencia de «Metal de Cobre». Un atentado terrorista –aparentemente desvinculado de otros intereses– producía efectos en cadena: se renovaban puestos importantes en el sector del porcino, en el sector de la fruta, dependientes ¡hasta qué punto! de las consignas sindicales y estos movimientos provocaban otros, de menor entidad económica, pero aún más virulentos, en los que se luchaba por conseguir pequeñas prebendas en los subsectores del reparto, del detall, del mantenimiento; y en estas capas casi subterráneas del tinglado surgieron las primeras denuncias que implicaban al rival en la organización paramilitar y mafiosa. El señor gobernador, nunca beneficiado crematísticamente, había amparado por debilidad, por pereza, por comodidad, a un Ugalde que, de hecho, ejercía las funciones de control del tejido económico de la provincia.

Fue un rosario de actuaciones. Por primera vez se investigaba a fondo –el nuevo gobernador quería marcar claras diferencias respecto a la etapa anterior– a todo el sistema productivo, a la comercialización y al aparato financiero. Pero surgieron datos en estas pesquisas –que en ese afán de cambio se trasladaban insólitamente a la prensa– que no gustaron nada en Madrid y que llegaron al conocimiento público al no poder ser censurados a tiempo. «Metal de Cobre» no sólo controlaba el total de las transacciones sino a las personas en su totalidad. Había una doctrina que la organización inyectaba a sus miembros, una contrapartida al ingreso de comisiones, que pretendía enriquecerlos moralmente, fortalecerlos, y que, junto a componentes clásicos de superioridad de raza y clase, los desvinculaba peligrosamente de la idea religiosa y del seguimiento del estado. Hasta el freno al descrédito del asesinado gobernador no se consumó; simplemente se prohibió citar el cargo –por no dañar a la institución– utilizando sólo su nombre, abreviado: Carlos Torcal.

Ugalde atendió todos los requerimientos judiciales y acudió a todas las reuniones sindicales, profesionales y políticas, con la seguridad, con la soberbia, de que aquello se podría reconducir y que los hilos que manejaba –o le manejaban– en las altas esferas serían lo suficientemente fuertes para sacarle del atolladero. Pero no fue así. Ocurrió algo imprevisto: se cambió al jefe provincial de Sanidad –una circunstancia familiar, o de salud– y a Ugalde, sometido a las tensiones del momento no se le ocurrió o no creyó oportuno intentar renovar el acuerdo tácito que tenía establecido con el antecesor para que se le permitiese verter carroña en su finca para alimentar a los buitres. Total que el nuevo jefe de Sanidad, aficionado a la pesca, quedó sorprendido por la cantidad de aves carroñeras que volaban sobre el río

Noguera Pallaresa. El guarda de ICONA le explicó lo del comedero. Y el mismo lunes a primera hora dos agentes del servicio se personaron en la finca. No se les permitió el paso. El dueño no estaba y ellos tenían órdenes de no dejar entrar a nadie. Volvieron a mediodía con la Guardia Civil. La cosa se complicaba: Ugalde ilocalizable en Madrid moviendo hilos, los pretorianos muy nerviosos con el dedo cerca del gatillo sin saberse expresar y sin poder identificarse correctamente. El sargento Gutiérrez era un tipo duro, no se achantaba nunca y menos ante unos extranjeros. Un rifirrafe con alguna bala perdida, los agentes del ICONA acojonados y a las tres de la tarde todos boquiabiertos ante los restos óseos humanos y animales mondos y lirondos al sol del verano.

La desbandada. Ugalde y Uta desaparecidos. También el grueso de la guardia. Pero mucho material. Huesos correspondientes a los dos Sicart, a los dos payeses incendiarios, a «oncle Lluís», y a diecinueve paisanos aún no identificados y que de un modo u otro deberían resultar engorrosos para el buen funcionamiento de «Metal de Cobre». Sistella me llama con voz de ultratumba: «¿Te has enterado?... Hemos de vernos inmediatamente, avisa a...», sonaba el timbre de la puerta, era José. Localizamos a todo los componentes del grupo. La reunión a las cuatro en el museo.

VII

Julio de 1967

Miedo. Una oleada de desconcierto, de cierta perplejidad, de espanto, se extiende como un reguero de pólvora por todo el grupo. No es el caso decir a quién afecta más. Todos nos sentimos amenazados. Se aportan datos referidos a raros ruidos telefónicos, a sospechas de seguimientos callejeros, a cartas abiertas, a casuales encuentros con amigos de la infancia. Hechos que se producen desde el atentado, que se intensifican a medida que pasan los días. Existe la impresión de que de un momento a otro vamos a ser detenidos, interrogados, torturados, juzgados, encarcelados. Y, poco a poco, a medida que la reunión avanza, a medida que cada uno desea sacudirse la responsabilidad y se busca desesperadamente un culpable, mi relación con Uta –por todos conocida aunque nunca conmigo comentada– se va apuntando como el más peligroso y evidente vínculo establecido con la organización. Nunca debí sobrepasar el plano de la camaradería, que es el que ellos mantenían. Sólo José y quizá Sistella son indulgentes; las mujeres, en particular Dora Butcher, se muestran coléricamente inflexibles: si ocurre algo se deberá únicamente a mi acostumbrada actitud inmadura e inconsciente. Ya me puedo poner inmediatamente a buscar una solución. ¿No estoy siempre presumiendo de pertenecer a una buena familia y de conocer a gente importante? Ahora es el momento de demostrarlo. Resuélvelo. Pero hazlo ya. Llamé a Brillante. Sabía que estaba en Barcelona porque me había encontrado un par de días antes con su hermana pequeña. Quedamos en Don Pancho.

Operado. Después de Guinea estuvo de agregado –ya cultural– en Buenos Aires. Un tal doctor Pichardo le puso orejas nuevas; de su propio ser: tejidos de muslo y nalga. Era feliz, había dejado, este enero, la diplomacia, y se dedicaba a escribir poesía (¿un poeta?, no, no era un poeta, quería escribir novelas y éste era el camino apropiado). Le conté la historia. Empezó a balancear la noble y depredadora cabeza: ¿de verdad que todo esto era cierto?, cuenta cuenta, el tema para su novela, allí estaba, y después de todo llevaba quizá demasiado tiempo preparándose, la prosa surgía sola, brillante, como él mismo. Le pedí ayuda. ¿Ayuda? Demasiado embelesado con la película como para pensar en otras cosas. Pero insistí. Y haciendo un esfuerzo notable de abstracción logró amarrar unos sucesos y unas señas que flotaban lejos del mundo editorial donde buceaba en este instante cerca ya de firmar el contrato. Sí, su hermana Paula –la que vi hace poco– tuvo problemas con lo del último aborto, no sé qué líos, una denuncia, apareció la policía, el médico, que también pudiera ser el padre, a ése le lleva las cosas un tal Padró, y el asunto quedó en nada, lo resolvió, unta a diestro y siniestro, sí, creo que es el tipo adecuado, pero te costará dinero. No le dije que estaba arruinado, y no me atreví a insinuarle si podría echarme una mano. Además su oficio actual de escritor en verso no animaba a ello.

Cien mil para empezar a hablar. Era un asunto grave: secuestros, asesinatos, lo de la organización –la llamó, entre despistado y gracioso, Vil Metal; no le interesaba el asunto, no creía que yo pudiera hacer frente a su minuta– no importaba, estaba claro que no me (nos) iban a relacionar con ella. Dije que debía consultar con los demás, no me creyó y se levantó para acompañarme a la puerta. No pregunté si le debía algo. Creo que él debió de preferir que no se le preguntara. En la calle, caminando como un autómata, Ramblas arriba –tenía el despacho en la calle Fernando–, sólo veía una solución: Angelito, que me consiguiera plaza en una partida cara, lograr la pasta y contratar los servicios del abogado –además, así daría una lección a todos, al grupo y a Padró, que estaba claro que no me había tomado en serio–. Cogí el tren de Sarriá y, en casa, sin ni siquiera cambiarme y refrescarme, algo insólito en mí, además con este calor–, marqué el número de la Pensión Goya. Estaba. Nos citamos a las nueve en el lugar de siempre, en la Bodega Andreu. Lo había estado pensando bien. Con calma. Largo rato desde que le llamé. Si yo tenía prisa –y era evidente que sí la tenía– contábamos con dos partidas posibles. Una, el sábado noche de la próxima semana –hoy era martes–, en el Balneario de La Garriga y otra, pasado mañana, aquí, en un piso de la calle Entenza. Las dos eran partidas fuertes pero legales. En La Garriga jugaban con crupier, normalmente seis puntos. En el piso, alquilado para éste y similares fines, había un jefe de mesa, de confianza, que si la mesa estaba completa –cinco puntos– se limitaba a barajar y dar y si eran pocos también jugaba; en las dos partidas naipes nuevos cada media hora. Los restos también eran iguales: de cinco mil iniciales y a reponer con esa cantidad como mínimo. Diferencias, sin embargo, sí había. En La Garriga la formaban gente de postín, veraneantes de toda la vida, industriales de varias generaciones, médicos, arquitectos, abogados, todos con buen nivel económico y social; en principio aceptaban de buen grado compartir la mesa con extraños, incluso gustaba la idea de jugar con profesionales, daba al acto un sello novelesco, cinematográfico aunque, evidentemente se exigía buena presencia, buenos modales y la certeza de que al menos allí no iban a utilizar malas artes. Era el crupier quien traía los invitados y quien respondía por ellos. En los pisos –la historia de los pisos que se alquilaban durante esos años en Barcelona para una sola noche merecería un estudio en profundidad– las cosas eran distintas. Angelito me ofrecía una partida entre desconocidos –al menos así se anunciaba– organizada por dos individuos –uno, el jefe de mesa, otro quien recibía y atendía– que vivían de eso. En principio no era motivo para desconfiar; montaban timbas pagando ellos el alquiler del piso –nunca dos sesiones consecutivas en el mismo sitio para no levantar sospechas–, se encargaban de buscar jugadores procurando evitar, en lo posible, las mismas caras en las mismas mesas y aseguraban garantizar la honradez de todos; permanecían, por otra parte vigilantes, por si se les colaba algún indeseable. Angelito era pues, en este caso, intermediario de intermediarios, aunque me aseguró que de ellos no cobraba ni un duro; a ambas partes lo que les interesaba es que hubiera partidas y que éstas no crearan problemas. Tras la exposición, apurada ya la primera cerveza, comenzamos a valorar las dos posibilidades.

En La Garriga empezaban después de cenar –en el mismo balneario–, tarde, sin saberse nunca exactamente a qué hora; era necesario pues salir de Barcelona a eso de las ocho, tomar algo en la carretera, aparecer allí cuando estuvieran terminando la cena, hablar con el crupier para que decidiera si me presentaba ya en la mesa de juego o antes en la barra del bar donde acostumbraban a tomar una copa. La duración de la partida –elemento básico– tampoco se podía conocer con claridad; intervenían numerosos factores –fundamentalmente dependía de quién ganara o perdiera al cumplirse el tiempo fijado– y todos giraban en torno a la relación de amistad y cordialidad de los puntos: yo sabía de antemano que no iba a pintar nada en cuanto a este tipo de decisiones. Luego quedaba la cuestión Angelito; debía acompañarme para tratar con el crupier, pero su presencia allí, toda la noche, esperándome sentado en un taburete, apartado pero visible desde la sala de juego, tenía unos ribetes entre sombríos y canallas –su aspecto desde luego no ayudaba– que en ese lugar, en ese ambiente, cercano a lo que podía haber sido mi entorno natural, me incomodaban profundamente.

En el piso era todo más controlable. Descartada la posibilidad de una encerrona, iba a encontrarme en una situación de igualdad de oportunidades: los puntos carecían de vinculación, las reglas –hora de inicio, hora de finalización, asunción de errores, ausencia de favoritismos, respeto al resto– se observaban meticulosamente y Angelito podía irse a dar una vuelta o, si prefería quedarse, no iba a resultar sospechoso para nadie. Los puntos, claro, eran socialmente imprevisibles: desde personas de profesión liberal hasta personajes del más genuino lumpen, pasando por tenderos, taxistas, peluqueros y, en general un abanico de marginales que buscaban, en su mayoría, satisfacer el vicio y, en raros casos, conseguir dinero. Se optó por el piso.

Qué es el chiribito. Nada más y nada menos que la versión más dinámica, agresiva e inteligente del juego del póquer. Cada punto recibe dos cartas tapadas y, en el centro de la mesa se van descubriendo hasta cinco. Uno juega con las dos propias, que nadie más conoce, y tres a elegir, mentalmente, sin que nadie sepa tampoco cuáles son, de las descubiertas en el centro y que son utilizables por todos, para formar la jugada, para ligar. Cada carta que se voltea permite una apuesta siendo el valor de las jugadas y la mecánica general la misma de todas las variantes del póquer. ¿Riesgos?, todos los del mundo: cabe el farol, el pase negro, son innegables las buenas y malas rachas, y las circunstancias personales –jugar por tener necesidad de ganar, jugar por tener necesidad de alardear, jugar por tener necesidad de olvidar problemas graves, etcétera– pasan una segura y cruel factura.

Llevaba una cartera repleta, un billetero de piel de avestruz de grandes dimensiones, sujeto por varias gomas elásticas. «Necesitará al menos cien mil», dijo mientras yo hacía esfuerzos para aparcar y miraba de refilón sus manos que agrupaban de diez en diez, con movimientos que querían denotar experiencia, con ritmo casi bancario, unos billetes de aspecto nuevo, sorprendente buen olor y atractivo color verde. Por fin, paré el motor, cogí los diez mazos, los introduje en el bolsillo interior izquierdo de la americana, pero Angelito me corrigió, «mejor la mitad en cada bolsillo, porque, lleva dos bolsillo dentro...?; así, así mejor..., si hiciera mucho calor, pero sólo si hace mucho calor y se tiene que quitar la americana..., entonces saca el dinero de los dos bolsillos, lo junta y lo mete en un bolsillo lateral del pantalón... en el que no lleve el pañuelo; no es por seguridad, es por la imagen que se puede dar... bueno, pero usted ya sabe...». Salimos del coche.

Un ascensor renqueante, pestilente; alguien habría bajado las basuras hacía poco. Abrió la puerta un tipo alto, de fría mirada, camisa a rayas verticales y tirantes que sujetaban unos holgados pantalones grises. Saludó a Angelito y éste me presentó. Entramos. Era un apartamento minúsculo en el que habían colocado una mesa circular plegable en el centro del salón. Seis sillas, que también habían traído ellos, a su alrededor y, sentados en un sofá y dos butacones, todos de plástico, los cuatro puntos; faltaba Braulio, el otro anfitrión, que había bajado a por determinado whisky. Nos fuimos colocando, sin sortear los puestos, sin mirarnos, el ambiente era forzado, estaba claro que nadie conocía a nadie y la única voz, la del jefe de mesa –no quise pedir que repitiera su nombre cuando se presentó en la entrada y no me había quedado claro si era Marcos o Martos–, nos intimidaba: el cuadro era dolorosamente tétrico, cinco pardillos que iban a enfrentarse pero que parecía como si fueran a ser desplumados por Marcosmartos. Llegó Braulio, afable, rompiendo la tensión, con una sonrisa ¿sincera?: me saludó –ya lo había hecho antes con los demás– y quiso demostrar gran amistad con Angelito, con quien desapareció en la cocina para preparar las bebidas. El combate iba a empezar. Se fijó la hora: «A las dos, el que quiera levantarse podrá hacerlo, si hay quórum podrá haber una continuación, pero aunque se mantengan los restos se considerará partida nueva». Las atronadoras –o así me parecieron– palabras del jefe querían decir que si a las dos de la madrugada uno estaba ganando –o perdiendo, claro– podía levantarse sin ningún problema, sin que nadie tuviera derecho a protestar y que los que quisieran continuar –normalmente los perdedores– tendrían que abonar una nueva cantidad por el uso de la instalación. Y comenzamos.

Elegí mal. Elegí mal el lugar de la mesa –pudiendo hacerlo con absoluta libertad y calma me precipité, no quise demostrar que daba importancia a ese hecho– y quedé situado enfrente del seudocrupier que, sin preocuparle lo más mínimo la opinión de los demás jugadores, sólo atendía, por comodidad, por no tener que ir volviendo a derecha e izquierda más de lo necesario la cabeza, al jugador que tenía de cara, y ése era yo. Una circunstancia banal, que no debería jamás haberme influido, acompañada quizá por otras circunstancias también menores, como la mala luz, el exceso de humo, el tintineo de los cubitos de hielo, fueron creando una sensación no ya incómoda sino abiertamente molesta. No me concentraba. No era capaz de aprovechar los fallos –que curiosamente eran muchos– de mis contrincantes y empezaba a adoptar una postura displicente, hacia ellos, hacia la partida en su conjunto, englobando al jefe de mesa, al servil Braulio, al aire cargado de humedad, al inmundo piso, e incluso a Angelito que, avisado a lo mejor por su amigo, asomaba demasiadas veces la cabeza por la puerta de la cocina. Empecé a perder. De un modo estúpido e incontrolado. Entraba a todas las jugadas. Sabiendo que las posibilidades eran nulas. Sacaba resto tras resto. Iba a todas. Sin sentido. Sin echarme siquiera un farol. Agotado el bolsillo izquierdo fui a por el derecho. Braulio se acercó y, ceremoniosamente, pegado a mi oído, pero permitiendo que los demás lo oyeran, dijo: «Ángel desea preguntarle algo, ¿puede venir un instante?», y mirando a todos los presentes: «Perdón por interrumpir».

«¿Qué está pasando?», Angelito estaba fuera de sí, nunca hubiera podido imaginar algo parecido. «¡Tan malas cartas tiene!, ¿qué es lo que está haciendo?» Vi claramente que temía no ya por la comisión sobre los beneficios sino por su dinero, que yo iba a tirar esas cien mil pesetas y que él iba a tener dificultades para recuperarlas. «No sé lo que me pasa... juego a disgusto, no acabo de encontrarme... pero bueno aún me queda casi la mitad, a ver si me centro un poco...» Se me acercó –olía a vino barato–, me cogió los brazos y mirándome a los ojos, casi suplicando, dijo en voz baja: «Son muy inferiores, los puede machacar..., aquí se puede ganar mucho». Me aparté con violencia, me asqueaba Angelito, me asqueaba el camarero acurrucado en una silla, haciendo como si no viera y no oyera nada, me asqueaba el palurdo de los tirantes, me asqueaban los pobres desgraciados jugadores, y decidí terminar cuanto antes. Entré en el salón, saqué todo lo que me quedaba –cincuenta y cuatro mil pesetas–, las eché sobre la mesa, en mi lugar, me senté y le dije al crupier, de modo destemplado: «¡Venga, ya puede darme cartas..., sale todo!».

Hubo tres primeras jugadas intrascendentes en las que los cuatro puntos esperaban a ver qué es lo que yo hacía y en las que apenas hubo movimiento. Pero a la cuarta se produjo un cambio, Marcos destapó un as y el jugador A apostó dos mil pesetas, el B pasó, el C las quiso y también el D, yo no había visto aún las mías e intuyendo que se avecinaba algo grande las pinché con cariño, con lentitud, ¡increíble!, ¡llevaba dos ases!, la máxima jugada por el momento, la jugada soñada, mis dos ases sumado al as del centro tres ases, ¡la *trucha* de ases y empujándome!, puse mis dos mil pesetas –había que quedarse al quiero, esperar que fueran echando–, y a aguardar la segunda carta–. «¡Un nueve!», dijo Martos. El jugador A, tranquilo, demostrando confianza en el triunfo, echó cinco mil pesetas más; C, no tan animoso, vaciló algo, pero siguió; D las puso sin titubear; yo las eché sin querer aparentar por el momento ninguna emoción. Tercera carta, un rey. El primero, el A, dijo «¡envido!» y tiró todo el dinero que le quedaba –en total se jugaba unas veinte mil pesetas– al centro de la mesa (llevaba en mano un as y un rey con lo que su jugada, dobles de ases y reyes, de no haber *trucha* –trío, que es lo que yo llevaba– era la máxima por el momento); C y D lo pensaron algo pero fueron al envite aunque D preguntó cuánto era exactamente el total de la apuesta (ambos tenían más resto –unas sesenta mil– y ambos llevaban las mismas cartas, una sota y un diez, *¡la perla!*, excelente combinación que con el as, el nueve y el rey que ya estaban en mesa les permitía ligar escalera con los ochos y con las reinas, y faltaban dos cartas por salir; entonces me miraron a ver lo que hacía y yo, en vez de jugármelo todo, que era lo apropiado (y sobre todo por los hechos que luego sucedieron), en un acto de afirmación de mi personalidad, de autoconvencimiento de mi dominio, me limité a seguir su apuesta sin pronunciar la sagrada palabra «envido». Y Martos sacó la cuarta carta, y era una reina. C y D envidaron –llevaban escalera máxima–, yo acepté el envite –puse todo lo que tenía, unas sesenta mil– esperando que se repitiera cualquiera de las cuatro cartas descubiertas –con lo que haría full, o póquer si era un as– y sobre un tapete con doscientas mil pesetas en juego, el mostrenco Marcos se dispuso a levantar la última carta, la que cerraba la jugada, la que iba a determinar mi futuro. Alargó la mano, la puso sobre el mazo y la empezó a descubrir. La tenía agarrada suavemente con el extremo de sus dedos no demasiado finos y en el preciso momento en que me disponía a decir –impropiamente, jamás un jugador ha de hacer manifestaciones– que era un rey (la vi antes que nadie dada mi situación frente al crupier) (lo que me convertía en ganador al ligar full de ases reyes) una enorme cucaracha cayó del techo sobre la mesa quedando boca arriba, pataleó furiosa, se enderezó, y se fue directa hacia Marcos, Martos o como cojones se llamara, que padecía, desde que de niño le metieran una lombriz en la boca abierta mientras dormía, una desaforada zoofobia. Lo que sucedió entonces me quedará grabado mientras viva. Pegó tal manotazo el crupier en su pánico irredento que la mesa plegable haciendo honor a su nombre se hundió por su centro tragándose los naipes, los dineros y todas mis esperanzas. La carta que me daba el triunfo, el rey, salió disparada, girando sobre su eje en el aire, hasta fuera de la habitación, hasta el pasillo desde donde Angelito y Braulio espiaban la escena. El grito del mastodonte fue horroroso pero al comprobar que la cucaracha la tenía aplastada, pegada a su manaza derecha, la que utilizó torpemente para apartarla, entró en una especie de crisis, se levantó de la silla, se abalanzó ciego sobre el jugador A, y le restregó los restos del ortóptero por su boca con el afán de metérselos dentro mientras profería terribles juramentos. Se dio por nula la jugada. Y se acabó la fiesta. Martos sudando como un pollo quedó dormido sobre el sofá de plástico mientras Angelito y yo bajábamos, andando, corriendo, las escaleras: «Sí, sí, salía un rey y se hubiera llevado todo el dinero... pero haber envidado antes, a la tercera carta, parece mentira para alguien que se las da de profesional, total si a la cuarta se dobla una carta ni C ni D hubieran seguido si entonces les echaba algo... ese tiempo que perdió, esos segundos... la carta se habría visto por todos y ya con los billetes en su resto nadie le hubiera podido reclamar... ahora me debe las cincuenta y dos mil que ha perdido, más quince mil de gastos... más el treinta y cinco por ciento diario del total con un tope, y lo sabe perfectamente, de tres días... ¿cuándo va a pagar?, ¡espero que no tengamos que llegar a situaciones desagradables para los dos...! pero especialmente para usted».

VIII

22 de julio de 1967

Llamé a Susanna. Alegría. Quedamos en Azpiolea, en la calle Casanova. Un restaurante vasco perteneciente a mi historia, de cuando se celebraban los cumpleaños, de mi hermana, el mío, no recuerdo ahora si también los de mis padres. Apoyado en la barra, hecho un dandi, tomándose un rioja tinto de cosechero, sonriente al entrar yo, divertido al ver el esfuerzo que tuve que hacer para abrir la endiablada puerta. «¡Paolo!, ¡un abrazo!, ¡por malas que sean las cosas que te pasen, benditas sean si sirven para que nos veamos!, ¡venga!, vamos para dentro, he encargado un marmitako y no quiero que se enfríe... ¡esté hijoputa de cocinero lo hace insuperable...! ya verás, ya verás, está para cagarse de gusto.»

No existen razones objetivas para dudar de nada. De la calidad anunciada del marmitako, de la sinceridad en su reacción hacia mí, de la confianza insuperable que manifiesta tener en el sistema que le sustenta, de lo tranquilo que aparenta estar siempre, de lo fácil que va a ser resolver cualquier cosa que se le (nos) ponga por delante. ¿Ya soy uno de ellos? Colocan una mesita auxiliar para la enorme cacerola, retiran los platos decorativos, ponen unas pequeñas fuentes con unas guindillas de un precioso color verde hoja y, sin importarle lo más mínimo la presencia de uno, dos, tres camareros, aunque disminuyendo ligeramente el grado de afabilidad, el gesto risueño casi gracioso, dándole poco a poco importancia al acto, al encuentro, con movimientos pausados, me invita a contar –como él, desinhibido, sereno– el conjunto de mis aventuras, la relación de desgracias –según sus palabras– pero al invadirnos el suculento y cálido vapor de la olla recién destapada se permite –y no es su estilo– una rectificación y volviendo al tono distendido sugiere: «Si prefieres primero probamos el bonito y, luego, cuando tú quieras, empiezas a contarme».

¿Contar qué? Pienso que lo sabía todo. Entonces, para qué me lo pedía. ¿Para ver de qué modo me afectaba la llamada relación de desgracias? ¿Para ver qué era lo que más me desasosegaba? ¿La deuda de juego? ¿Los cadáveres de Camarasa? Estaba claro que él quería que fuera lo primero –el pagar lo que se debe, el honor– porque me apreciaba, deseaba que pudiéramos trabajar juntos, deseaba que yo pudiera resultar valioso –y él había apostado por mí desde el principio– y, de un modo automático, fríamente –nunca había actuado así–, hice una declaración de principios que se sustentaba en lo siguiente: podría tener parte de responsabilidad en los asesinatos de los envenenadores y pirómanos –aunque ni se lo pedí, ni siquiera se lo sugerí a Ugalde–, pero estaba claro que se lo merecían –se trataba de seres tarados–, que de no haberlos eliminado hubieran seguido cometiendo tropelías que la administración no podía o no quería impedir y que la deuda –debía devolver cuanto antes esa cantidad y no sólo porque se incrementaba día a día, no sólo porque peligraba mi integridad física, sino porque era una cuestión de principios– fue una consecuencia de todo ello, de salir en defensa del grupo.

Le gustó. Pero no quiso caer en complacencias y siguió tensando la cuerda. «¿Y cómo crees que se puede resolver todo este lío?» Me miró fijamente, serio, inmóvil, aunque la última guindilla, cuyo rabo aún tenía entre los dedos, le estaba produciendo un intenso picor en la garganta que necesitaba imperiosamente calmar con un trago de vino. «Bueno, en la última ocasión creí interpretar que teníais mucho poder, suficiente para resolver casos como éste, y que había, en tus palabras, un ofrecimiento explícito hacia mi persona.» Bebió. Dejó la copa de vino, conjurado el molesto efecto de la guindilla, pero se iba a tomar un tiempo en contestar; sabía que lo que dijera en este momento iba a ser decisivo. Se limpió los labios con la servilleta, cogió la cajetilla, sacó un cigarro, pero, cuando iba a hacerlo, no lo encendió, decidió que ya había pasado suficiente rato –y a lo mejor tenía las palabras justas y no quiso que se le escaparan– e inició el discurso: «En toda relación humana y una relación comercial lo es, se produce un intercambio, tú das, ellos reciben, ellos dan, tú recibes; quiero decir que estás metido en un buen fregado, que nosotros podemos intentar...» se detuvo un par de segundos, quería ver aquí cuál era mi reacción «... arreglarlo, pero, a cambio, debemos saber si esta vez, que te recuerdo que es la tercera, nuestra oferta de trabajo, nuestra colaboración, va a ser aceptada y lo va a ser en todos sus términos; en pocas palabras, si quieres que resolvamos tus problemas has de adquirir un compromiso firme e inmediato de ingresar en la organización; los detalles del contrato vendrán después, ahora sólo me sirve un sí».

Ante mi respuesta se levantó de la mesa –más rápido de lo que toda su actuación anterior hacía esperar– y se metió en la cabina telefónica. Tardó tres o cuatro minutos. Vino hacia mí y con algo de ceremonia y mucho de satisfacción personal abrió los brazos, me levanté, y mientras me apretaba contra su pecho dijo en voz alta: «¡Ya eres de los nuestros!». Nos sentamos. «Te esperan a las nueve de la mañana, en Porvenir.» Hice, para mis adentros, un inevitable juego de palabras mientras Joan de Sagarra y otros cofrades brindaban en ese momento en la mesa grande del fondo seguro que por una causa mejor.

El caballero que ya conocía se identificó como Julio Paular, yo era Pablo Amatller y el caballero que me inspeccionaría visual e ininterrumpidamente durante toda la sesión, Charles Smith. Mismos asientos que la otra vez para Paular y para mí; Smith, algo apartado, en un tercer e idéntico sillón que se sacaba para estas ocasiones. Se entró en materia sin dilación y sin referencia a cuestiones previas. «El panorama era simple y apasionante»; alguien –un importante cliente de IDEP– quería conocer qué pensaban los distintos estamentos de la sociedad española, y «uno de los estamentos capitales» era el estamento militar. En fecha aún no decidida, pero bastante cercana, se me mandaría a trabajar a un centro de investigación relacionado con disciplinas que yo dominaba. El centro se encuentra en una localidad en la que la presencia militar es notoria; no sólo por la presencia de soldados en las calles sino por la «presencia social», la «íntima y fecunda relación con la sociedad civil que la convierten en una sociedad mixta, ideal para nuestros intereses». «Queremos que se integre en esa sociedad.» «Queremos que lo haga de forma paulatina, nunca precipitada; usted verá cuáles han de ser los métodos, no nos importan, siempre que den buenos resultados.» Sabemos que es un buen escritor; «afine la pluma», le pediremos informes, pero esto será cuando lleve un tiempo, y si antes, desde el primer día, quiere tomar notas, no es necesario decirle que «nadie debe leerlas ni siquiera conocer su existencia». «Pablo Amatller Moragas es un ornitólogo barcelonés becado por un instituto público orientado al estudio de la naturaleza, y nada más: la duración de la beca, la posibilidad de ser contratado por ese centro, la posibilidad incluso de seguir residiendo en esa localidad dedicado a otras labores profesionales es algo que no debe importarle ahora y que nosotros mismos tampoco conocemos.» En cualquier caso, cuando llegue el momento del traslado usted se lo notificará a su madre, le dará sus nuevas señas, ha de quedar muy claro que se trata de un destino temporal que su residencia sigue siendo la calle del Camp. «No quisiera que me considerara una persona grosera pero en este instante, por razones operativas, no vamos a entrar en una conversación acerca de aspectos secundarios; todo llegará, se le avisará con suficiente tiempo y sus necesidades básicas desde ahora, aunque no haya comenzado el trabajo, quedarán cubiertas; me refiero, entre otras cosas, a los gastos que pueda ocasionar su vivienda, su coche, su vida diaria. Una cuestión capital: no volverá a ver a Ángel Mula, no volverá a ver a nadie relacionado con Metal de Bronce, no contará a nadie, y digo a nadie, aunque sean personas de su total confianza, familiares, amigos o miembros de su grupo, el contenido de esta conversación, la razón de su presencia aquí, la verdadera razón de su traslado. Éste es el trato, si lo rompe, si transgrede estas normas o cualquiera de las que establezcamos, nos desentenderemos de usted, y deberá afrontar las responsabilidades judiciales y económicas de las que, a partir de este momento, nos encargamos de exonerarle. Su amigo Susanna, durante los próximos días, le irá suministrando información adicional.»

Poca información adicional hubo. Se me tuvo «en espera», vigilado, controlado cuando menos: llamaba a menudo para saber cómo estaba de ánimos y sólo nos vimos en dos ocasiones. Me invitó a cenar, a primeros de noviembre, en La Puñalada, para irnos luego de putas por la zona de Ríos Rosas y, otra vez, sería febrero, comimos en el Amaya, en Las Ramblas, espléndidamente y luego dimos un largo paseo por el puerto: faltaba ya poco para mi marcha, según le habían comentado extraoficialmente, era cosa de un par de semanas. Pero no fue así. Hasta mediados de mayo no llegó la confirmación: un aviso de correos para recoger un envío certificado, una carta de presentación para el director del instituto científico de la ciudad provinciana; me esperaba el viernes 15 de junio.

IX

El destierro. 1.ª etapa. 1968

Sí, ya sabía que el hecho de recorrer parte del mismo camino que me llevó a Comminges despertaría en mí interesantes sensaciones en la línea de está claro que no hago más que comprobar que siempre se cumplen mis premoniciones pero mi mente seleccionaba una y otra vez a medida que caían los kilómetros una gama de registros pertenecientes al mundo de la angustia y de la nostalgia algo así como «oigo llorar mis endiablados nervios cuando huyo por la pista pulcra. Me da miedo contemplar lo que dejo: la casa que no llegué a amar, mis guantes de piel nuevos, olvidadas, no sé cuántas direcciones, números que contestaban, todo quedó allá, ahogado, sabiendo que no espera, ya para mí, muerto».

El mismo paso por el puerto de Monrepós careció de las debidas reflexiones acerca de la extrema movilidad de aquel pastor, de su capacidad para aparecer y desaparecer, de su rostro pegado al cristal no acompañado de un cuerpo visible, estuvo desprovisto de las debidas reflexiones acerca del proceso al que sometí el envase del niño muerto, del proceso al que sometí mis manos (ambos procesos no reseñados en su momento para no romper el ritmo de la narración y que pueden describirse así: la bolsa de plástico y la cuerda las introduzco en la caja de cartón; en el maletero del coche llevo bolsas de plástico grandes y nuevas; meto la caja de cartón en una de ellas y, ésta, a su vez, en un recipiente metálico hermético que vaciaré en un lugar adecuado; me lavo las manos con jabón de sosa y agua de un bidón con grifo que también llevo en el maletero) y este desinterés por repasar datos y circunstancias capitales para el esclarecimiento de un fenómeno paranormal y para el conocimiento en profundidad de la psicología de una persona sólo se explica por la disposición unidireccional de mi mente, sólo preparada para valorar el efecto geográfico, topográfico, la transposición de la barrera montañosa, la entrada en un territorio áspero, ignoto, la pérdida de enlaces con la cotidianidad, la asunción cruel de la modificación de un estado físico y emocional: la pérdida de las raíces, el abandono de la infancia.

No fijada la hora de mi comparecencia ante el director del centro sé que me expongo a una larga espera tratándose de cargos de tan elevada ocupación y responsabilidad. Un ujier de siniestra factura me invita a pasar, consulta en el interior tras identificarme, regresa presuroso, y me invita a aguardar o a ir a tomar un café en cualquiera de los muchos bares que existen en la ciudad. Opto por lo primero. Es una sala amplia, pulcra, luminosa y de agradables proporciones, presidida por un cristo románico mal restaurado y colgado a excesiva poca altura del suelo a no ser que así se busque facilitar el contacto manual o bucal con alguna de las regiones de su cuerpo. Al sentarme en un incómodo sillón de anea, descubro, alineados en unas sencillas baldas situadas a derecha e izquierda de la puerta por la que acabo de entrar, varios libros de bonito aspecto y prometedor contenido. ¡El destino! Aquí está la enciclopedia favorita de Uta, cojo el mismo volumen que ella cogió para mí, el tomo VI, lo abro por su primera página: *La vida de los animales* por el doctor A.E. Brehm; traducción directa de la segunda edición alemana por don Carlos Fernández de Castroverde, filólogo, catedrático propietario de lengua alemana del Instituto Provincial de Segunda Enseñanza de Barcelona, ex director del mismo establecimiento, socio corresponsal del Instituto Filológico de Múnich, traductor de varias obras alemanas, etcétera; Barcelona; Font y Torrens, Editores; calle Mallorca, n.º 352; 1883; encuadernado (en rojo) en Barcelona por Salvatella. Leo su comienzo: «Las abigarradas mariposas, las asiduas hormigas, las impertinentes moscas, los fotófobos miriápodos...». Entra el ujier, me lanza una mirada de pocos amigos queriendo así recriminar mi osadía por coger el libro sin permiso: «El doctor Grasa aún tardará en recibirle..., casi sería mejor que se fuera a dar una vuelta». Ahora fui yo quien le miré desafiante sin saber no obstante qué actitud tomar; tampoco era caso enemistarme ya el primer día con ese imbécil: «Bueno, si usted cree que va a tardar puedo volver dentro de un rato». Se oyó una voz, le llamaban, ¡atendía por Orosio!, volvió rápido: «No, no se vaya, el doctor está terminando la reunión, enseguida viene». Dejé el libro en el estante y busqué –ahora me di cuenta de que ante el doctor Grasa no sería mala cosa hojear algo sobre ornitología– el tomo de la misma enciclopedia dedicado a las aves. Pero no me senté, lo puse sobre la mesa central –aparté cuidadosamente, no fuera que Orosio estuviera espiando, varias piadosas revistas– y encontré al azar, al abrirlo sin más, la referencia al alimoche (todo iba encajando). Decía así: «El alimoche, el buitre egipcio de los naturalistas ingleses, es ave sagrada en todo el norte de África; policía sanitario, frecuenta campamentos y poblados, comiendo todo tipo de inmundicias –especialmente excrementos humanos–. Viene a España durante la estación cálida y recibe numerosos nombres vulgares entre ellos abanto –recogido generosamente en toponimia– y el más directo buitre boñiguero...». Entró el doctor Grasa, otro manos húmedas, de unos cincuenta años, corpulento, pero destilando inseguridad por sus laxos poros. Le debí caer bien –yo estaba hecho para caer bien a clérigos, militares y oligarcas– y tras una breve charla sobre banalidades climáticas y paisajísticas me dijo que tenía excelentes referencias mías, que varias personas de su confianza le habían hablado muy bien de mí tanto en el aspecto científico como, y aquí tomó aire y esbozó una sonrisa beatífica y paternal, en el aspecto humano. Mañana me incorporaría, había mucho que hacer, ahora debía disculparle, le esperaban en el Ayuntamiento, si quería me podrían acompañar al hotel, sí, mientras no tuviera estructurado, de cara al verano, todo el equipo, prefería tener libre la residencia del centro, «es muy agradable, ya verás, pero es muy pequeña». Preferí irme solo al hotel. Cogí el coche y di una vuelta por la población, que sólo conocía de paso.

El Hotel Brun era una casona oscura de cuatro plantas en la que reinaba el silencio si uno permanecía inmóvil: las pisadas resonaban amenazantes en unas paredes y techos desnudos y los peldaños crujían indefensos, como los pequeños seres vivos de la teoría del dolor cósmico. El olor era también peculiar; no era excesivamente malo pero sí penetrante: una mezcla de cera de parqué, aceite de oliva crudo y sacristía poco ventilada. Sabían de mi llegada y una señora mayor, recepcionista provisional, según precisó de inmediato, me dio la llave, me deseó buena estancia –«durante todo el tiempo que ustedes quieran»– e indicó que si no me importaba prefería no avisar a las chicas –«están abrillantando la plata»– ya que ella creía que yo iba a dar fácilmente con mi habitación, que me veía muy despierto. Estaba en el segundo piso y daba al noroeste, de donde venían las lluvias más intensas y los vientos más proclives a los ahorcamientos. Cené en un comedor con aires de refectorio una sustanciosa sopa de verduras y unos fritos en su punto exacto. Servían dos camareras de uniforme negro lustroso y delantalito blanco con puntillas, andares precipitados y miradas de soslayo. Comensales éramos tres: el canónigo de la catedral, un viajante valenciano y al salir me crucé con una pareja de recién casados mortalmente cohibida por aquel ambiente.

Dijo que por la tarde, a las cinco, a la hora del té, que es cuando «está todo el mundo» me «presentaría oficialmente», ahora «era mejor que aprovecháramos para fijar un poco» cuál iba a ser mi primer trabajo. Entramos en su despacho, «éste es mi laboratorio» pero sin llegar a sentarse dio la vuelta y sin mirarme –de hecho nunca miraba a los ojos– casi empujándome con los extremos de los dedos de las manos que debían de estar otra vez chorreando me obligó a mí también a dar la vuelta en un espacio muy reducido: una minúscula habitación ocupada por la mesa de trabajo, dos sillas, una pila de lavabo con sólo grifo de agua fría, un toallero con una toalla enorme, y montañas de libros y revistas directamente colocados sobre el suelo. Salimos al pasillo, uno tras otro, como dos romeros o penitentes, y nos dirigimos hacia mi laboratorio. «Qué te parece, creo que estarás cómodo.» Le dio al interruptor de la pared y se encendió el flexo. Avanzó hacia la ventana –y volvimos a tropezar el uno contra el otro– subió la persiana, y la verdad es que la luz natural y el aspecto de celda invitaban, si no al estudio, al menos sí a la meditación. Nos sentamos en las sillitas –había algo de miniatura, algo levemente ridículo en todo aquello– y me entregó un libro que descansaba en solitario sobre la mesa. «¡Mira!, es un interesante catálogo francés del siglo diecinueve sobre distribución de aves.» ¡El libro de Ramón Pérez! ¿Qué estaba pasando? No era el mismo ejemplar pero se trataba de la misma obra. Cómo eran posibles tantas coincidencias. Reaccioné –mi oficio de jugador de póquer resultaba siempre útil en estos casos–, cogí el libro, dudé entre si debía o no dar muestras de que ya lo conocía. Miré a Grasa. Estaba expectante. Deseaba que lo abriera, que manifestara mi sorpresa por el valor de la rara obra. «Parece muy interesante», pasé una, dos hojas más, «sí, es un catálogo de gran valor, desde luego nunca había visto nada igual.» «Bien», dijo el doctor, «me gustaría que lo vieras, que lo leyeras con atención, me gustaría que fueras haciendo una especie de recensión... concretamente», y me arrebató el libro, «aquí, al principio», tenía colocado un punto ¡en la página en la que aparece la nota sobre las grandes concentraciones de buitres en el sur de Francia!, «ves esta nota, sería interesante comentar, hacer un pequeño informe sobre estos datos.» Me lo devolvió. No daba crédito a lo que estaba ocurriendo. Le miré otra vez a la cara. Esta vez con el ánimo de desenmascararle; saber qué compló, qué conjura era ésta. ¿Todos espías de los servicios secretos? ¿Ramón Pérez también? ¿El librero que me vendió *El álbum del canónigo Alberico?* Una trama monumental encaminada a qué. Se levantó. «Te dejo, cualquier cosa ya ves que estoy al lado; toda la mañana estaré trabajando en mi laboratorio. Bueno. Recuerda que a las cinco es el té; así cuando te presente ya podré decir que estás redactando un informe.» Sonrió como conspirando. Y cerró la puerta. Antes de levantarme para ver de cerca los detalles de mi laboratorio permanecí sentado, inmóvil, buscando una explicación al cúmulo de casualidades, pensando que este lugar, este Centro de Investigación de los Sistemas Naturales –CISNA–, tenía que ser una tapadera, una sucursal de IDEP, pero qué necesidad había para hacer las cosas tan alambicadas. Cogí el *Catalogue des Oiseaux* de Monsieur Degland, y sin más preámbulos, imbuido de una fuerza poderosa, provisto repentinamente de los oportunos conocimientos, redacté –a máquina, una Olivetti como la de mi padre– el siguiente informe: «A mediados del siglo XIX no se han diferenciado aún con claridad las categorías profesionales en el mundo de los estudiosos de la naturaleza. Son sabios humanistas con curiosidad por las diversas ramas del saber los que abordan la confección de los mapas de distribución de las especies. En Francia, por aquellos años, se publican listas de aves basadas casi siempre en la identificación manual de ejemplares muertos entregados directamente por cazadores o bien adquiridos en las paradas de caza de los mercados o, más raramente, basadas en la identificación de animales vivos que se mantienen en cautividad por los propios científicos, con ese entusiasmo característico de la época por observar su comportamiento y que crea, a la vez, la afición por las *ménageries*, por las casas de fieras, hasta que el desarrollo de la técnica permite la fabricación de aparatos ópticos fiables y ligeros, apareciendo la figura del ornitólogo de campo. Datos pues como los que aquí se reseñan –obtenidos a partir de terceras personas cuyo manejo de la recién estrenada nomenclatura oficial era, cuando menos, precario– deben ser puestos en tela de juicio: se confunde tradicionalmente el buitre negro –el *vautour arrian* del texto–, con el buitre leonado –el *vautour griffon* de los autores franceses de entonces–, aunque de no ser así, de ser correcta la cita, constituiría un ejemplo palmario del descalabro que en lo ornítico, en lo faunístico, se ha producido en siglo y medio en Europa. (De la nidificación del buitre negro –*Aegypius monachus*– en los Pirineos no existe constancia histórica. En tiem-pos, atraídos por las bajas de los inmensos rebaños trashumantes, pudieron llegar a los puertos pirenaicos, desde sus cuarteles del centro y sur peninsulares, tras su etapa reproductiva, algunos ejemplares. Impresiona por lo tanto la posibilidad de que se moviera por los cielos de Francia tal cantidad de ejemplares de ese enorme necrófago, el mayor de los del viejo mundo.)». Me levanté, abrí la puerta –hacía calor, encerrado aquí dentro–, rebusqué entre los escasos libros de una estantería de pared por si había algo de interés –sólo eran separatas de tema botánico encuadernadas por años– y reparé en los dos cuadritos que alegraban el conjunto: una fotografía en blanco y negro de la cruz del Valle de los Caídos y otra en color de un icono ruso. Sobre mi mesa, sin cajones, un vaso de plástico para lápices y bolígrafos, una goma de borrar Milán y unas cuantas cuartillas. Salí al pasillo, era la hora de comer, el doctor ya no estaba, entré en su despacho y dejé el informe sobre su mesa, perfectamente ordenada.

Eran tres los entomólogos. Todos especializados en la familia de los curculiónidos. El doctor Mermeque y el doctor Doktor trabajaban en el estudio de las variaciones cromáticas del segundo artejo de las antenas en dos especies –*Curculio elephas, Curculio nucum*– de la subfamilia de los curculioninos mientras que el doctor Pompenillo investigaba sobre la distancia de saludo entre machos y hembras en la subfamilia de los begoinos. Luego estaba el doctor Dumbo, cardiólogo asturiano, invitado personal del doctor Grasa, que llevaba a cabo un estudio piloto acerca de la respuesta del miocardio en los murciélagos del género *Pipistrellus* tras fases de gran estreñimiento. Finalmente, los hermanos Tapón escribían sus tesis doctorales sobre materia que no me quedó clara del todo. Aparte, las dos chicas, quizá también investigadoras, que se turnaban cada semana en servirnos el té y que no se sentaban entre nosotros: todos preferían que lo hicieran en la minicocina, donde también se movía la masa de subalternos y auxiliares. Abundaban, entre doctores, las pipas de tabaco holandés, las barbas cuidadosamente recortadas y las camisas a cuadros de lana escocesa. Comentaron, en mi honor, que el científico que faltaba –un tal Porteño o Postrero– era hombre muy interesado en la interacción hombre-pájaro y que seguro le iba a gustar acompañarme en mis próximas excursiones al campo; pero que ahora estaba en Melilla terminando una investigación acerca del grado de partición de las laminillas subdigitales en *Hemidactylus turcicus*, «la salamanquesa costera», aclaró Mermeque, el más afable y seguramente el de mayor cultura global. Uno de los Tapón precisó aún más: «Un reptil, un saurio..., un gecónido». ¡Gecónido! Al oír esta palabra tuve de nuevo la sensación de la mañana: se cerraba el círculo, ¡había caído en una trampa!, falsos sabios, atroces instructores en artes de merodeo e intoxicación. ¡CISNA! Brutales siglas. ¿Sabía el mundo lo que se escondía entre estos muros?

La cena, más frugal que la noche anterior, tuvo, sin embargo, un pequeño aliciente: estaba reflexionando sobre la posibilidad de largarme, de coger la maleta y hacer frente a mis responsabilidades barcelonesas olvidándome para siempre de esta chifladura, cuando reparé, a la segunda, fue a la segunda, la primera vez lo atribuí a la casualidad, que mi codo derecho, que sobresalía del borde de la mesa, era abordado ligera pero insistentemente por la zona púbica de la camarera. Estaba sentado en un rincón del comedor, de cara a la puerta, y la misma táctica que en tiempos empleábamos para sustraer libros –siempre colocados enfrente del librero– la estaba empleando una mujer joven de físico no rechazable en las dos primeras aproximaciones –servir y retirar el primer plato–: veía hacia dónde se dirigía la atención de los presentes para poder así actuar segura sin preocuparse, dada mi situación de espaldas a la pared del fondo, de otros espectadores. Ahora avanzaba hacia mí, por el centro del comedor, con el segundo plato, la mirada distraída, y quizá, aunque esto podía formar parte más del deseo que de la realidad, con una tenue y perversa sonrisa y, ya a mi lado, pegada casi a mi espalda y a mi flanco derecho, notando el intenso calor que irradiaba todo su cuerpo, no sabiendo si mantener el codo en la posición de la vez anterior o avanzarlo algo más hacia ella para facilitarle la labor y dar a entender que había comprendido el mensaje, se oyó la estentórea voz de la recepcionista provisional que, desde la puerta, con una mano levantada, gritaba: «¡Señor Amatller, señor Amatller, que le llaman por teléfono... es conferencia, de Barcelona!».

Mi madre le había dado el número. Mi huida de la ciudad, de estampida, sin querer saber nada más de todos ellos le había dolido. No todos eran iguales. Sistella quería saber de mí. Tanto él como José, que me mandaba un fuerte abrazo, no querían que tuviera que afrontar yo solo los gastos del abogado. Expliqué como pude que las cosas se habían resuelto, que ninguno de ellos debía temer nada, que yo estaba bien, y que no sabía cuánto tiempo iba a estar trabajando en este Centro de Investigación de los Sistemas Naturales. Me creería, porque no insistió, iniciando enseguida una prolija relación de datos acerca del monstruo de Comminges mientras las dos camareras ya vestidas de calle pasaban por delante de mí y fue la otra, la menos atractiva y por ahora la no insinuadora, la que se despidió –«buenas noches»– mientras su compañera, aparentando no verme, la precedía, perdiéndose ambas en la oscuridad del pasillo que llevaba hacia las escaleras y a la puerta de salida.

El especialista británico en gecónidos E.N. Burton identifica el saurio disecado de la catedral de Saint-Bertrand-de-Comminges, a través de la información escrita y de la fotocopia del folleto que le mandamos, como perteneciente a la especie, hoy extinta, *Gecko maximus*, la salamanquesa gigante. Su dictamen, que tarda mucho en producirse, no tiene la resonancia científica esperada. Es más, parece como si se creara en torno al caso un pacto de silencio. Baltasar Sistella, por su cuenta y riesgo, sin solicitar siquiera autorización al director del Museo de Zoología de Barcelona, inicia una investigación y comprueba que, por ejemplo, las pieles de salamanquesa gigante conservadas en museos no exceden nunca de los 65 centímetros. Podría pensarse en un ejemplar aislado, sometido a agentes teratógenos, pero el testimonio obtenido la noche de Labat-d'Enbès lleva a pensar en la pervivencia de una especie que por causas desconocidas –¿emanaciones de gas?– ha incorporado a sus genes parámetros gigantescos. Los chillidos y ladridos propios de todos los gecos lógicamente se magnificarían también en este caso. Pensé en Porteño. O Postrero. El herpetólogo. Ésta podría ser la prueba. Una consulta sobre el tema desentrañaría el misterio. ¿El CISNA es o no un fraude, una tapadera? Dormí bien. Hasta tuve un sueño: viajaba con la camarera y salían los niños a saludarnos al cruzar los pueblos.

Grasa me felicitó. Le vi cuando desayunaba en la cafetería Onagro y entré. Era un buen informe. Breve, pero certero. «No quise, durante el té, en tu presentación, comentar nada ante los demás... ya sabes lo que son estas cosas...» Calló y terminó de masticar el pedazo de bollo suizo que le quedaba en la boca. Me iba a encargar dos trabajos. Simultáneos. Por las mañanas controlaría una colonia de gorrión chillón –*Petronia petronia*– que se había instalado en los pilares del puente de San Ginés. (Se trataba de una especie común en la zona pero de la que faltaba información en la literatura científica.) Por las tardes prepararía las mariposas nocturnas que Blas, el vigilante, recoge todas las mañanas del interior de las trampas que se colocan en el jardín. (Había que humedecerlas, para evitar que se quebraran patas y antenas, extenderles las alas y clavarlas con un alfiler en unas cajas alcanforadas en las que se pegaba una etiqueta que indicaba lugar, fecha y datos climáticos; así se conservaban hasta que el especialista de turno las identificase.) Terminó diciendo que contaba conmigo como profesor para el cursillo sobre observación de aves que el centro iba a organizar este verano para estudiantes de biológicas. «¡Vienen muchas estudiantes, ja, ja, ja!», rió forzada y estúpidamente. (Al levantarse del taburete de escay sus posaderas dejaron un conspicuo círculo.) Salimos a la calle camino del centro y coincidimos con Mermeque, Doktor, Pompenillo y los Tapón, los cinco vestían igual, medían igual, caminaban igual –no articulaban el cuerpo; tronco y piernas formaban bloque–, todos de desayunar tras comulgar en San Pedro. Al verlos en el rellano, a la espera de que el ujier abriera, pensé que los cinco eran la misma persona; cuando uno reía –por una memez, por obviedades– los demás le secundaban, todos reían, y reían igual y, al entrar, los cinco se dirigían presurosos a la sala donde les esperaba el diario *Ya*, abierto exactamente por la página religiosa que era la única a leer, y lo hacían disciplinados, se ponían en fila –no sé si guardaban siempre el mismo orden– y tras la lectura desaparecían uno a uno en la intimidad de sus laboratorios. No quise romper la magia del momento y no pregunté cuándo vendría Porteño, o eso.

A las dos en punto estaba sentado en el rincón de la noche anterior; había colocado un libro –de Alfonso Reyes– al alcance de la mano por si era necesario disimular con él, hacer ver que lo leía, cogerlo o dejarlo para justificar el no mirar en un momento determinado en la dirección en que la camarera X debía dirigirse hacia mi mesa. A las dos y diez entraron juntos el canónigo y doña Divina, una de las dueñas del hotel, me saludaron y se sentaron juntos, uno frente a otro, en la mesa que el sacerdote siempre ocupaba. Hablaban y hablaban, yo hacía ver que leía y ella irrumpió con una fuente de entremeses sirviéndoles primero a ellos y, a gran velocidad, plantándose junto a mí, sin pegarse lo más mínimo, comenzó a arrojar –más que poner– en el plato una loncha de jamón de york, una de mortadela alemana, una de queso manchego tierno, tres espárragos finos y una tartaleta de carne picada. No me dio opción a decirle nada, algo como «¡Hola!», «Buenos días» o «No me ponga más», igual que había venido se fue, como una exhalación; pensé para mis adentros que la presencia de la señora Divina era determinante y así sería porque la retirada del primer plato, el servicio del segundo –costillitas de ternasco– y su recogida fueron de lo más anodino pero, antes de que se llegara a los postres hubo un cambio en la distribución: se despidió Divina –que la tenía sentada de cara–, llegaron unos bulliciosos viajantes –que ocuparon el otro extremo de la sala– y al avanzar hacia mí tras haber servido el postre al canónigo, quise notar un cambio en la configuración de su abertura bucal –labios en disposición de algo, aparición de algunos dientes– y al dejar el libro sobre el mantel en la parte más alejada del plato tuve que levantar el brazo derecho reintegrándolo a continuación a su posición de apoyo pero haciendo que el codo sobresaliera bastante más. Sirvió la copa de sorbete del bosque y al dejarla sobre el plato debido a la excesiva velocidad y fuerza del movimiento salpicó ligeramente la cubierta del libro lo que le hizo pronunciar, con hondo convencimiento, un celestial «¡Perdón!», avanzar y doblar el cuerpo hacia delante para limpiarlo con un paño, apoyar sobre mi nuca sus generosos pechos y permitir –aquí tomé yo la iniciativa– que le comprimiera el sexo con mi ultrasensible y desnudo codo, por encima de sus ropas, claro. No hubo más, pero quedé hecho polvo; líquido prostático por medio pantalón y al no querer meterme en el cuarto para evitar males mayores me puse a recorrer calles y plazas, y creí descubrir bajo una tenebrosa zarpa eclesial y militar restos de una ciudad antigua, de pasado no indiferente, en pugna a día de hoy por airear el talante cosmopolita y liberal que le es propio, reliquias que inspiraron la redacción, por la tarde, en mi laboratorio del CISNA, de un pequeño relato. Es éste:

MANSA CHATARRA

Salí de casa molesto y conturbado por la desazón que me trababa estas semanas. Al llegar a la calle observé mientras intentaba abrir el paraguas la muchedumbre basta agolpada en las aceras. Me aparté rápido para dejar salir al gañán de Roberto Fuentes que iracundo me atropellaba balbuciendo en su jerga no sé qué de su prisa y su trabajo. Decididamente empezaba otro mal día. El paraguas seguía sin abrirse. Ya había intentado abrirlo suavemente luego a tirones y ahora forcejeaba de forma brutal para lograr extender la tela envarillada. Otra vez hube de hacerme a un lado para evitar ser arrollado por la baraúnda de críos que marchaban a su escuela. Y otra vez el intento inusitado doliéndome ya los dedos y parte de manos y brazos. Seguía la clarividencia permitiéndome adivinar los forros de podre de la gentuza estacionada. Opté por dejar el zaguán. Corrí jadeante aún por las décimas que restaban hasta el palacio de los Sidonia. Bajo el pórtico lateral logré serenar el pulso y apoyado en el venerable paredón consideré los hechos. Estaba lejos de la meta con un paraguas absurdamente inútil con una fuerte alteración nerviosa secuela de tanto mal y las calles aparecían hoscas parodiando mi entrega. Menudo panorama. Tuve fuerzas para agacharme y dar migas de queso al muchacho fornido que me acuciaba restregarle la chepa a mi madre e intentar una vez más abrir el aparato. Nada. Si me tranquilizo si descanso sin pensar si cierro los ojos y reparo esas fatigas podré lanzar otra carrera y amarrar en Santa Orosia. Lo pruebo. Ahora en tinieblas noto la mejora subir desde el fondo de mi alma escarchada y remendar el cortejo quebrado. Va bien. Sigo oculto. Falta poco para abrir. La luz. Salgo pues. La caminata larga apretada a las fachadas pares. El concierto de Robinson Crusoe en Filadelfia allá por 1960. La mosca de Benito Mussolini. Aquí recalo. Excesiva la etapa. Entro en la buñolería-turronería. Como. Me atiborro de mazapán de Cádiz. Guardo dos brevas en el alero del bombín para Banesto Andrina. Ella me aprecia. Salgo y vomito la bosta en la cara de San Nicolás de Alejandría. Que por allí andaba. Desde ahora todo debiera mejorar pero algo me dice que no será así. Empiezo a oír el susurro. Dudo un poco de él porque el clamor de la muchedumbre confunde a cualquiera. Espero y se cumple el instante en que todo se calla y me permite notar el galope que persiste y se aproxima. Subo a la Giralda y por la escalera pienso en A Bao A Qu y en el silencio que preví. Algo nefasto en las predicciones sí que hay y mascullo una salida a mi estado. Los corceles se aproximan. Desde arriba los podré ver y habrá muerto mucha parte de los hombres que se estacionaban en la avenida ya que sube el llanto a carne chamuscada. Falta poco. Me noto mareado y aunque no es nada grave me incomodan los peldaños que restan. Estoy en la plataforma junto a la cruz roja que señala el lugar exacto donde se posa el helicóptero. Ni rastro de los ordenanzas e incluso las chicas aparatosas han descendido a la calle. Estoy de pie en el lugar más alto. La caballería llegando a la base de la torre y ha formado un surco en la masa humana al pasar. El surco es verde. Como la sangre. Me giro y veo a Gertrude Dreyer. También a Nina Pena Rode y a san Jerónimo azotado por dos ángeles. Ahora ha crecido el espejo de la cornisa y al asomarme al vacío veo mi efigie negra recortada en el cielo de noviembre. Qué bello soy. Pulso el botón y el espejo se repliega en las entrañas del edificio. Otra vez la ciudad bullendo sus habitantes que taparon el surco y la congregación prusiana en mi justa vertical. Me habla Piranesi. Sus palabras rojas permanecen unos segundos sentadas en la silla curul y luego se escabullen en la boca del gamo. Leo rápido pero empiezan a escapárseme algunos párrafos. Ve más despacio. No obedece. He perdido la mayor parte de esta última frase. Me poso en su cabeza. Debo encontrar la entrada. Cabello hay en abundancia y produce al arrancarlo un ruido apocado y un polvillo acre me atufa las narinas. Su corsé de oro me encanta y olvido el discurso que cae al suelo al marcharse el corzo. Bajo por la espalda cálida donde se pone el sol y hallo la caja de música. Me hastía ya. No mantiene el secreto tanto rato y su aspecto es corriente. Lo echo al montón y vuelvo al borde. Qué de gente. El personal aumentó en estos días que me encontraba de viaje. De pronto contemplo horrorizado que los caballeros no están. Agudizo mis oídos. Suben. Los cascos resuenan metálicos en el pasamanos de la escalera principal. Calculo a grosso modo. Dos semanas. Tres. Pero no puedo arriesgarme. Deben de estar llegando. Beso a Lisbeth Movin profundamente. Atuso mis cabellos. Estrecho la mano a la concurrencia. Me retiro unos momentos al excusado. Salgo. Léon

Moussinac me entrega un paraguas nuevo. Por la pasarela llego al mirador. Al norte Gredos. Tengo una extraña desazón al recordar a mi familia. Añoro los veranos en Cestona. Salto. Ya caigo. El paraguas se porta bien en un principio. Luego no es capaz de frenar lo suficiente y al aumentar la velocidad mis piernas se abren grotescamente y el vendaval penetra indiscreto por mi ano de cartón. Empiezo a notar una desagradable tirantez. Me estoy hinchando. No puedo expulsar el aire porque la bruja dejó su lengua leprosa taponando mi boca. Soy enorme. Bola de sebo oigo que me llaman. Todo el mundo me empuja. Gordito gordito. Están aceradas las puntas de los cascos de los soldados del káiser. Me clavo en todas tan grande soy. Estallo. Me hundo entre las faldas plisadas. Tarzán.

Llegué muy nervioso a la cena. Demasiado. Renuncié, sin embargo, al recurso del libro. En mi puesto, perdido en el fondo del solitario y gran comedor, aguardando la visita del técnico. Primero el canónigo, luego otoñales catalanes, después los consabidos viajantes; todos en el lugar conveniente. Entró la segunda camarera, curiosamente más alta, ¡con pronunciados tacones! Dio una vuelta en plan inspección de cubiertos, servilletas, paneras y botellas. Salió. Entraron las dos con las fuentes: ¡sopa!; esto iba a complicar las maniobras. Entró un grupo, numeroso, unos doce. Cuando iban a instalarse por mi zona fue X quien los recondujo hacia el otro extremo; el corazón me dio un salto, ¡quería tener la pista libre! Comenzaron a servir y tras otoñales y canónigo vino hacia mí: ni una palabra, ni una mirada, una cucharada, otra, despacio, mi codo ya rozaba el raso del uniforme pero ¡los tacones!, había crecido y sólo sus muslos quedaban a mi alcance –pensé levantar el brazo pero me sentí ridículo–. Terminó. Rodeó la mesa y, de pronto, se detuvo; como si se hubiera olvidado algo volvió la cabeza, y me sonrió abiertamente: quedé petrificado. Había que actuar. Tomé la sopa con rapidez. Retiré, aparté ligeramente la silla de la mesa y esperé con el brazo derecho apoyado en la pierna. Vino a recoger el plato sopero y vio enseguida el cambio. Sin inmutarse, se lo llevó en una fracción de segundo, sin acercarse, sin rozarme, sin tocar siquiera con el extremo de los dedos el otro plato. Tardó en volver. Entró sola, la otra ya atendidos sus comensales. Ternera en salsa. Primero otoñales, luego canónigo, y ahora vino hacia mí. Se colocó en su sitio. Y comenzó, lentamente, a coger con la cuchara y el tenedor uno de los dos filetes que me correspondían y que resbalaba enormemente. No dudé. Me di cuenta de que ella lo esperaba. Y metí mi mano derecha por debajo de sus faldas atrapando sus pantorrillas. Una carne tersa, de piel fina, sin vello alguno. Empezaba a servir el segundo filete y avanzó un poco más hacia delante, como medio paso, pegada ya a la mesa. Me dirigí, interpretándola, por las corvas, hacia arriba, por la parte posterior de los muslos, hacia su culo. Nalgas de caucho duro, redondas, bajo unas bragas ¿negras?, ¿también de raso? Acabó de servir la salsa. Mantuvo en el aire, un segundo, los cubiertos, y yo recibí la señal: bajé la mano, salí de sus faldas. Y empecé a comerme la ternera, compulsivamente, mientras ella salía del comedor con un taconeo vigoroso. El postre fue eso. Vino a recoger el segundo plato y colocada enfrente de mí, algo inclinada hacia delante, mirándome a los ojos, con naturalidad, recitó lo que había pero, antes de que yo contestara, me advirtió que lo mejor eran las fresas con nata. Asentí. Y volvió con ellas, los otros pasaban directamente a la manzanilla. Colocó el platito con las fresas sobre la mesa, también una pequeña fuente con nata, un azucarero y, pegada a mí, inundándome con su calor y con su olor a sudor de mujer joven y limpia me preguntó si quería que me las preparara. Yo no podía más, prácticamente en erección desde mediodía, no sabía qué hacer: levantarme y salir huyendo, levantarme y arrastrarla hasta una habitación y poseerla o, y esto era lo más civilizado, introducir de nuevo mi mano bajo su uniforme. Eso hice, pero allí ya no estaban las bragas. Separó delicadamente las piernas y al mismo tiempo que con su mano derecha espolvoreaba con azúcar las fresas yo recorría con la mía lo que en ginecología coloquial denominan el puente, varias veces, de su ano a su vulva, mientras que su mano izquierda caía sobre mi abultado pantalón y aliviaba, sin tener que esforzarse mucho, la tensión acumulada durante toda la jornada. Dormí como un ángel.

Vinieron días tristes. Mi labor en el centro era aburrida, no progresaba en el proceso de integración en la sociedad local, y X, después de aquella noche, desapareció. No me atreví a preguntar y fue su compañera, supongo que conocedora de todo o de parte de nuestra relación la que, al hilo de mi pública afición a la lectura, a la vista del libro –el mismo A. Reyes– que descansaba en un ángulo de la mesa, se atrevió a comentar, discretamente, que era una pena pero se estaba muriendo Antón Tornés, el poeta bufo, y ante mi cara de sorpresa amplió la noticia diciendo que también él tenía libros, que era escritor muy famoso y que era abuelo de su compañera, «por esto ausenta» concluyó. No reaccioné a tiempo y ella siguió sirviendo, pero esa noche la esperé para abordarla en la calle cuando salía del hotel. Nos pusimos a hablar animadamente. La acompañé a su casa, me contó intimidades suyas, de sus vecinos, y quedamos que la recogería el domingo por la mañana para ir al pueblo donde vivía Tornés, «que aunque mal aún entiende y ya verá qué láminas más bonitas tiene». No se nombró a la nieta.

María Elena ya estaba en el portal cuando llegué. Habría que buscar en un diccionario de sinónimos todas las palabras que convenían a su presencia física y moral: ¿radiante?, ¿luminosa?, ¿resplandeciente? Bajé del coche, me dio la mano y no pude resistir la tentación: besé con avidez sus dos mejillas, de seda templada; olía a pétalos de rosa. ¿Ésta era la camarera menos favorecida? Cómo sería la otra fuera del trabajo. Nos montamos en el automóvil y cogimos una carretera local, asfaltada a trozos, que nos llevó sin mayores sobresaltos al cubil del supuesto agonizante Antón Tornés. Qué lugar. Fuera de toda idea de pueblo habitable, unas seis o siete casas de las que al menos dos estaban apuntaladas, gallinas coronando las ruinas, alfombra de estiércol interrumpida por regueros de orina; estacioné en la misma puerta, casi me metí dentro, no quería que pudiera mancharse. Y nos esperaban. Una mujer al menos centenaria, apoyada en dos bastones retorcidos, nos invitaba a pasar: «¡Entren, entren, el señor Antón les está aguardando!».

La realidad anula cualquier intento de ficción. Una escenografía cercana al delirio en la que el tenebrismo de la España negra va de la mano de las desarticulaciones espaciales de Hermann Warm. El primer piso de un caserón infame al que se accede por una imposible escalera de madera y piedra que arranca en la oscuridad y en el veneno de la cuadra. Arde un leño grueso en esta mañana de domingo de finales de primavera y entre el humo que el mal tiraje de un hogar decrépito mantiene en la única estancia se adivinan los rasgos de un hombre enjuto de colosales proporciones, un infanzón de las montañas, acromegálico cierre a una generación de déspotas, echado sobre un gran camastro en el que los haces oblicuos de luz iluminan intermitentemente la figura de una flor de loto labrada en el cabecero. «¿Amatller?», una voz cavernosa, que aún quiere mandar, resuena entre los ennegrecidos muros. Su obra es incalculable, en la extensión y en el significado: apoyada en la sugerencia de los nombres propios, en el deterioro ambiental, en el exterminio demográfico, reposa en bibliotecas y seminarios. «Ahora ya sólo soy una mofa de lo que fui, de lo que hice, de lo que creé.» Parece incorporarse sobre los brazos. Un golpe de viento, una tormenta de polvo en las laderas deforestadas y resecas, facilita el trabajo a la resquebrajada chimenea de piedra pómez que aspira correctamente, durante casi un minuto, el enrarecido aire, permitiendo la visión del enfermo. Saca las piernas fuera del lecho y comienza a levantarse, a andar, dando tumbos, hasta sentarse junto a un arcón, sobre un banco roto. «Esto queda, ordenanzas... y la carpeta de Antón Tornés, el arquitecto, muerto de un ataque de risa, en la sobremesa, reventado un aneurisma, en 1736.» Creí que me entregaba el fajo, alargué la mano pero él retiró, como una exhalación, la suya. «Se trata de un tesoro, el último que queda», echó otra mirada al fondo del arcón en el que no había cesado de rebuscar desde que lo abrió, metió la cabeza, la tuvo un rato, con los documentos bien sujetos, una mano con ellos fuera y la cabeza y la otra mano dentro. «Son plantas, alzados, folios y folios, con apuntes, notas, una historia de la familia... ¡los Tornés!» Estaba de pie, inseguro, con la carpeta sujeta contra el pecho, vestía un camisón a jirones, harapiento. Pensé que una chispa del fuego se le podía prender y me acerqué a él para ayudarle. Me rechazó. «Un militar, un militar», dijo, «ha de venir, hoy mismo, para hacerse cargo... le dará salida.» Fue hacia la escalera. Yo temía lo peor. María Elena, que no se había atrevido a hacerse notar, inmóvil detrás de mí todo el rato, cogió a Tornés por un brazo, yo por el otro y, entre juramentos y patadas se sentó, le sentamos en un butacón raído en el que entró en definitivo coma, aunque salió, la verdad que sólo unos segundos antes de morir, para entregarme una pequeña hoja de papel, la mitad de una cuartilla mal cortada, en la que había unas líneas garabateadas y que debía haber sacado del arcón junto con la carpeta. Llegó la ambulancia. Y tras ella, en un Seat 1400 B Especial de 1959, el capitán chusquero Arsenio y su prometida, la nieta de Antón Tornés, la prima hermana de María Elena, la camarera X.

Volvimos para saquear. Era un fanático del cromado. Sometía el vehículo a constantes pulidos y lavados. Detrás con María Elena –a veces, al sortear los baches, nuestras manos apoyadas en el asiento se tocaban– y ellos dos delante. ¡Dos nucas tan diversas!: Arsenio, en puridad, carecía de ella, sólo un rodal de músculo, un pescuezo de bóvido recubierto de los pocos cabellos de una cabeza imposible, modelada a golpes de mazo, sin frente, sólo con dos lóbulos laterales donde se le debían arremolinar las neuronas y, ella, aún sin nombre (no habíamos cruzado palabra todavía durante estos intensos días de traslado, entierro y funerales; y nadie me la había presentado), con el pelo recogido en un pequeño y algo inseguro moño, exhibiendo una grácil e inmaculada prolongación de lo que se intuía una impresionante columna y que se remataba con una dolicocéfala y encantadora cabecita. Arsenio seguía con las especificaciones del Seat: la culata, el cárter, el árbol de levas. Introduje una duda: «¿Te ayuda ella, limpiáis juntos el coche?». Hubo un silencio. No sabía entonces que la relación de la pareja –reciente, pero a punto de fijar fecha de boda, interesada por la extrema precariedad económica de la familia, desnivelada por la edad (cuarenta y ocho y diecinueve)– se movía en términos de castidad absoluta. «Limpiar juntos» era pues una construcción osada. Arsenio sentenció: «El coche es cosa mía, cuando casados todo será diferente». Llegamos.

El arcón pesaba lo suyo. Desistimos de bajarlo y con una linterna iluminamos lo que quedaba dentro. Veintitantas hojas, iguales a la que me dio Tornés, y una carpeta de cartón mal forrada de terciopelo verde que debió contener los folios del arquitecto y que Arsenio diligenciaba para su venta. En el resto de la casa quedaban algunos muebles enteros, un reloj de pared averiado, cerámica de Muel y ropa de cama plegada en un armario como cosas a recoger mañana en el camión del gitano: así lo dijo Arsenio, que estaba hecho, además de técnico automovilístico, un eficaz y activo anticuario. Fuera, me entregó las hojas: «Son poesías, para ti, guárdalas... esto tendrá valor dentro de unos años», y me guiñó un ojo. Se fue, ayudado por María Elena, a intentar cerrar la renqueante puerta y quedé a solas con X. Era hermosísima. Me decidí a hablarle pese a su actitud distante: «Aún no sé tu nombre» y sin mover un músculo de todo su cuerpo, tensa, atenta a los movimientos de Arsenio, confesó, en una voz tan baja que luego dudé si aquello era lo que había dicho, «no tengo nombre, para nadie, pero sobre todo para usted».

Con Arsenio nos hicimos amigos. Estuve en su casa al día siguiente y me enseñó el conjunto de documentos de Antón Tornés. Los estaba clasificando, y limpiando. Tenía conocimientos de restauración, de bibliofilia, de historia, de arquitectura y, sobre todo, de lo que era el mercado del libro antiguo en ese momento. Había decidido, al principio, irlos vendiendo uno a uno o, como mucho, agrupados temáticamente, pero ahora lo había pensado mejor; el estuche de terciopelo, el concepto libro, le trajo la idea de que se podría hacer una venta única y de gran importancia. Sobre la mesa de la cocina –la mayor del pisito– descansaban los cuatro montones: trazas arquitectónicas, apuntes de arquitectura, notas genealógicas y apuntes varios. Un amplio muestrario, una amplia referencia a edificios hoy transformados o derruidos; un buen testimonio del barroco de este rincón del Prepirineo. Nos fuimos a tomar unas copas y se sinceró: sus dudas acerca de que este Antón Tornés fuera realmente arquitecto (no aparecía reseñado en ninguna lista de teóricos), sus dudas acerca de los verdaderos sentimientos de su prometida, su decisión irrevocable de dejar el bacarrá (al menos una vez a la semana iba a jugar –a perder– al casino de Ayerbe), su confianza en recuperar el dinero que allí había perdido gracias a las partidas de póquer sintético –que él había introducido, aquí sólo conocían el póquer tapado– ya que se consideraba muy hábil, sus problemas con la sociedad local que le hacía el vacío al no ser un oficial de carrera; regresé al hotel de madrugada. Sin buscarlo, había dado con la llave para entrar en el estamento militar, lo malo es que podía hacerlo por la puerta falsa.

No tenía sueño, quise echarle una ojeada a los poemas, a la obra que dijo residual. ¿Ordenanzas? ¿Poeta bufo? Qué sería todo esto. Aún ni había leído la primera hoja, la que me entregó el día del óbito. La puse al lado de las otras, sobre la cama. Arrimé una silla. Encendí la lámpara de la mesilla de noche y sumada a la del techo tuve suficiente luz. Eran composiciones en verso en las que se jugaba con 45 apelativos en bloques de 3. Apellidos, motes y nombres de pila. En cada uno de los ¿poemas? los bloques eran diferentes. No podía calcular las combinaciones posibles, se trataba sin duda de un número enorme. ¿Tornés quiso alcanzarlo? Era obligado creer que aunque lo intentara no lo conseguiría. Una obra inconclusa pues. A no ser que el tiempo, la paciencia, la constancia jugaran a su favor y su obra residual alcanzara también dimensiones gigantescas. Se trataría entonces de una obra perdida, diseminada, regalada a intrusos y maleantes. Empecé a leer. Resultaba muy difícil. Mala letra de viejo, tachaduras, manchas, pero un ejemplar, ¿el primero de la serie?, estaba a máquina, era legible y constaban, a mano, firma y año: 1967. Lo transcribo.

ORDENANZAS CIVILES
Pars prima et pudenda

Julio, Pedro y Cartabón;
sáquense pronto el jubón.
Roque, Dimas y Daniel;
áspera tenéis la piel.
Marcos, Lucas y Caniás;
voltereta y nada más.
López, Sixto y Caballar;
aprendan listo a nadar.

Solilo, Casto y Menés;
bauticen al menos tres.
Enteco, Chino y Relós;
algo tomen pa la tos.
Rodrigo, Mil y Ramón:
florecillas y jamón.
Oliva, Blas y Rulí;
planten cocos hasta aquí.
Manojo, Chulo y Sintrén;
fabriquen otro sostén.
Celio, Amoso y Ricobil;
codéense con el edil.
Enrique, Tordo y Val;
alegran el carnaval.
Rufo, Mordo y Satén;
besen a tía en la sien.
Jeno, Burdo y Motilón;
mientan junto al azadón.
Rino, Andrés y Melaza;
nuevos son en esta plaza.
Aputo, Ñolo y Laca;
salgan fuera y hagan caca.

X

El destierro. 2.ª etapa. 1968-1969

El verano llegó de improviso. Insólitas temperaturas diurnas parecieron traer consigo numerosos cambios en lo social y en lo botánico. La población adquirió un aspecto de centro vacacional, un agradable jardín destinado al paseo de ancianos, un turismo familiar, zaragozano y donostiarra de toda la vida. Se plantaron sillas en las aceras y se inició un febril intercambio de información entre residentes y veraneantes acerca de todas las novedades que el largo invierno había ido generando en el interior de las cocinas de unos y de otros. Dejé el hotel. No por decisión propia, aunque la marcha de las primas había rebajado mi interés, sino por decisión de Grasa que quería tener juntos a profesores y alumnos. Además, el equipo investigador había hecho temporalmente las maletas; dejaron sus habitaciones contiguas para regresar a sus casas también contiguas, o, a lo sumo, situadas en calles contiguas pero todas en el mismo municipio, en el manchego ¡Magán! Uno de ellos, el herpetólogo Juan Portero –que no Porteño/Postrero–, llegó y se fue a las cuarenta y ocho horas; un tipo adusto, que camuflaba su extracción humilde abanderando una agresiva militancia religiosa. Nos caímos mal, pero no pretendimos disimularlo. Lo de los monstruos de Comminges era una «patochada», que la mujer de la limpieza arrojara por la ventana las salamanquesas de su terrario en aras de una desinfección –«se ha cucado la caja, han salido gartijas»– ilustraba «la palmaria necesidad de mantener apartadas a las clases inferiores». Los sabios de vacaciones tomé posesión del habitáculo número 12.

Qué era La Residencia: una nave industrial en la que se colocaron veinte módulos, diez a cada lado de un pasillo. ¡Ah!, dos de ellos, los primeros entrando a mano derecha, fueron convertidos en capilla. Mi módulo, como todos los demás, tenía una mesita con su silla, una ducha, un retrete, una pila, una cama, un armario y tres estantes; abierto por arriba, el aire se renovaba, se enfriaba y se calentaba de modo global, no dejando de tener todo el conjunto, tanto por su configuración como por su olor un aspecto militar, o casi misionero. De todas maneras me hizo gracia alojarme allí, volvía al barracón del CIR, aunque eran otros los compañeros.

Guillermo Carazo era biólogo además de capitán jurídico del ejército. Soltero, de Madrid, de una acomodada familia de origen burgalés que aportaba numerosos miembros a la Obra, tenía un trato fácil, cordial, había elegido la Regeneración Espontánea del Bosque Mediterráneo tras los Incendios como tema para su tesis e iba a desarrollar una Aproximación al Conocimiento de la Flora Pirenaica como materia para el cursillo que yo complementaría con una Identificación Visual y Auditiva de las Aves; todo ello bajo la supervisión del doctor Grasa, señor director del CISNA, que abriría y cerraría el evento con sendas conferencias. Número de alumnos dieciséis, fechas del 1 al 20 de julio.

Aunque menos, seguía viendo a Arsenio. Le acompañé en dos ocasiones en que fue a jugar al sintético en lugares algo alejados pero sus partidas habituales en bares y tabernas, entre maestros herradores, maestros armeros, cazadores y guardias civiles, dejé de frecuentarlas; de hecho desde que salí de Barcelona no había tocado una carta y, por otra parte, el interés de esos ambientes era limitado: su exotismo se agotaba pronto y no aportaban nada nuevo a mi particular estudio de la psicología y sociología de este tramo de la escala militar. Le dije que tenía mucho trabajo, que estaba preparando el cursillo y él, con la intuición que da la desconfianza, me anunció que después del verano iba a hacerse socio del Gabinete de Recreo, que allí se jugaba fuerte y que se estaba entre caballeros, que allí me encontraría a gusto. Pese al silencio de Susanna y los suyos, iba preparando el dossier; suboficiales y otros chusqueros, como ya he dicho antes, estaban ya documentados, faltaba empezar lo importante: oficiales y jefes; Gabinete de Recreo ¿y Guillermo Carazo? podrían facilitar la labor.

Las primas desaparecieron. Todos los años, en verano, trabajaban en un cámping donde pagaban mejor que en el hotel pero, ante los trajines de la inminente boda quedaron inmersas en los preparativos. Arsenio así me lo dijo viajando los dos, en su impoluto Seat, camino de Zaragoza, donde quería comprar al peso unos lotes de libros viejos. Me contó que María Elena estaba enamorada de mí y que si me parecía podríamos organizar los cuatro una excursión o lo que yo quisiera. Pensé en Comminges, pero no hubiera sido posible pasar allí una noche dado el tipo de relación de los novios, y además estaba lo de los pasaportes. Le dije que bien, que cuando quisieran, que estaría encantado, que María Elena, y era verdad, me parecía muy guapa y para cambiar de conversación le pregunté por lo de los libros que pretendía adquirir. Sí, en un mercadillo al aire libre, los domingos por las mañanas si no llovía o nevaba, «se exponían a la voracidad del público», libros, discos, sellos, cromos y muchas otras cosas. Lo malo es que los libros se compraban a ciegas, empaquetados o metidos en bolsas. Y así fue: vaciamos tres sacos aquella noche sobre la floreada colcha de su cama de soltero. Mucha bazofia pero, aquí y allá, dispersos, empezó a descubrir obritas eróticas, tratados sobre sexualidad, escatología apócrifa, trabajos de los años veinte y treinta, que tenían, según afirmó, un mercado seguro; especialistas y coleccionistas que pagaban bien, sin regateos. Destacó *Senos* de Ramón Gómez de la Serna en una edición de El Adelantado de Segovia, tres novelas de la Colección Ideal de Editorial B. Bauzá de Barcelona pertenecientes «a la escuela del más extremado realismo» –*Safo* de Alfonso Daudet, *Mamíferos de lujo* y *Cocaína* de Pitigrilli–, varios volúmenes de Caro Raggio Editor de Madrid –*Las confesiones del Conde xxx* de Carlos Duclos, *Las verdaderas memorias de Cecilia de Volanges* (continuación de *Las relaciones peligrosas)* de autor desconocido, *El amor* (Atenas y Corinto) de Pablo Diekirch, *El Ktab* (teología musulmana, el libro de las leyes secretas del amor)– y un reciente opúsculo *–Fotografías de los protagonistas del caso Profumo/Keeler–* de evidente carácter periodístico sensacionalista. Una buena y sorprendente cosecha.

El cursillo fue agradable. Gente con alta estima por la urbanidad, disciplinados, uniformados, nunca nadie levantó la voz, nunca hubo que corregir un comportamiento o un punto de vista. Se desayunaba, pronto, en casa del doctor –gigantesco búnker de resonancias pastoriles cercano a La Residencia–, nos recogía el autocar y partíamos en pos de aventuras por los ríos y bosques prepirenaicos y pirenaicos. Comíamos en el campo sistema picnic –cestas individuales de mimbre– y regresábamos sobre las siete, nos duchábamos, pasando a limpio cada uno a continuación en su celda los datos obtenidos durante el día, para cenar luego todos juntos, cansados pero felices, a las nueve y media, en casa del doctor.

Del conjunto –monocorde, monocromo, monolítico–, sólo destacaban Guillermo Carazo y Belén Pozanco. El primero no sólo por su condición de profesor sino por cierto encanto personal y por su suave tendencia a la indagación, a la pregunta, eso sí respetuosa. De Belén qué decir; un metro setenta, rostro y expresión general favorecida, cuerpo dolorosamente ocultado, sensualidad errática, inteligencia no aprovechada, carecía de lo justo para ser una mujer atractiva y quedaba englobada en el común de los mortales, lo cual en el grupo en el que militaba no dejaba de ser cuestión importante. Con los dos congenié. No nos turnábamos con Guillermo, los dos impartíamos nuestra ciencia de modo complementario, un enfoque espontáneo que quedó institucionalizado desde la primera excursión. Recorríamos el valle de Atarés y empezamos a desgranar las listas de especies asociando flora y fauna: aliaga, boj y tomillo con la curruca rabilarga; quejigos de pequeño porte en taludes de solana con el mosquitero papialbo; bosquetes de pino silvestre con el pinzón vulgar; y así hasta completar el variado mosaico de microhábitats del privilegiado enclave. Belén colaboraba. Apuntada a la causa ornítica, se convirtió en mi sombra. Aprendía bien, ayudaba a sus compañeros, gozaba de una extraordinaria memoria auditiva y así supo distinguir, desde las primeras salidas, multitud de voces y cantos indispensables para la identificación de los pajarillos más complicados de ver, los que se esconden en las marañas del sotobosque o en las altas y espesas copas de los árboles. Fue la primera noche de sábado del cursillo, después de la anodina cena, cuando les propuse a los dos que nos fuéramos a dar una vuelta por el pueblo. Al enfilar la calle Mayor, después de mezclarnos involuntariamente con varios grupos de excursionistas que obstaculizaban el paso, nos dimos cuenta Belén y yo –enzarzados en una divertida discusión sobre las diferencias de voz entre el reyezuelo sencillo y el reyezuelo listado– de que Guillermo había quedado rezagado, nos detuvimos, y al despejarse la calzada a medida que los excursionistas iban montando en dos autobuses, vimos que estaba hablando con unas personas y que él a su vez, al descubrirnos, nos hacía señales para que nos acercáramos. Uno de los dos generales de la plaza –un campechano navarrico–, su mujer y su hija Clara, a la que Guillermo no prestaba mucha atención, se desvivían en elogios y reverencias a Carazo. Presentados, el matrimonio insistió en que Clarita se viniera con nosotros, que estaban muy contentos de volver a ver a Guillermo, que saludara a sus padres de su parte y que nos esperaban a los cuatro a comer –o a cenar, ya concretaríamos– el domingo de la próxima semana. «Vivimos en La Ciudadela» y dirigiéndose a mí «ya verás qué magnífico edificio, no sé si lo conoces»; estuve a punto de hablarle de los dibujos de Antón Tornés entre los que destacaban varios que se recreaban en esta fortificación diseñada por Tiburcio Spannochi en 1592, pero decidí guardarlo para el día de la visita.

El bar La Estrella era el único local, eso sí situado a unos diez kilómetros de distancia, a pie de carretera, donde se permitía el baile; excepción hecha de las fiestas patronales y de los denominados Bailes de Sociedad que se celebraban en el Gabinete de Recreo y en el Casino de La Unión, un reducto popular, en tiempos, republicano. Al entrar quedamos medio aturdidos por el intenso calor, el pestazo a humanidad y la estridente música generada por una máquina de monedas. Alcanzamos, con cierta dificultad, la barra, Clarita se pidió un cubalibre y, ante la sorpresa y consiguiente vacilación de Guillermo y Belén me anticipé, pedí para mí lo mismo, agarré con resolución el brazo de Belén –bastante arriba, teniendo en cuenta que lo llevaba pegado al cuerpo rocé, toqué, palpé parte de su seno o, más exactamente, parte de un descomunal y bien armado sostén– para así facilitar el siguiente paso, o sea el invitarla –¿el conminarla?– a que también ella pidiera lo mismo lo que formalmente se produjo al gritar al camarero –se había alejado un poco para preparar el de Clarita y el mío, siendo el ruido atronador– «¡por favor!», y al mirarla me pareció que estaba excitada y que deseaba seguir adelante en la arriesgada decisión y haciendo señas con la mano y otra vez a gritos pedí «otro más» mientras me volvía con rapidez hacia Guillermo para decirle «¡perdón! ¿quieres tú también uno?». Y a los pocos minutos, con la excusa de que no se podía hablar por el volumen tan alto de la música, Clarita sacó a bailar a Guillermo –que debía ser la primera o a lo sumo la segunda vez en su vida que se veía metido en un lío de esta naturaleza– y yo cogí por la mano a Belén al mismo tiempo que por una de esas casualidades de la vida, sólo empezar a dar unos pasos, tras haber conseguido a base de empujones que nos dejaran meternos en la pista, acabó la rumba gitana y empezó una de Charles Aznavour con lo que hubo un cambio en la postura de los brazos y en el momento en que empezaba a rodear la cintura de la alumna ésta bajó su mano derecha a la búsqueda de mi mano izquierda pero fuera por un empujón o por un error en el acoplamiento aplicó, un instante, menos de un segundo, pero suficientemente para modificar todas sus estructuras morales y religiosas, aplicó, estaba diciendo, la palma de su mano derecha sobre mi pantalón a la altura exacta donde estaba situado mi pene, en estado de flacidez pero que debió –aunque de esto no soy consciente– dar un respingo, reaccionar de modo autónomo respecto al resto de mi persona pese a que normalmente siempre coincidíamos en nuestras apreciaciones: los dos pensábamos que no iba a entrar en acción durante la velada.

Qué intensa, sudorosa y desacoplada noche. Guillermo pasándolas canutas con una bailarina que quería seducirle; tanto tiempo sin tener posibilidad de pegarse a un hombre y tanto tiempo con su padre el general comentando a su madre el buen partido que eran los hermanos Carazo aunque eran conocedores de la barrera que podía ser su pertenencia o al menos proximidad al Opus Dei. Yo, ahora sí, en erección, intermitente, según el borde de la faja resultara más o menos obvio, sin atreverme a invitarla a despojarse de tan aberrante prenda (como a la bendita gallega del principio del cuento) más por la imposibilidad de introducirla luego en el diminuto bolso que por un rechazo frontal y violento que tal como estaban las cosas –jadeaba como un perro cuando le daba besos en el cuello o cuando forcejeaba, en pleno juego, para arrastrar su mano hacia donde estuvo antes en breve pero inolvidable encuentro– nada era imposible. Pero Guillermo, agotado, nervioso, molesto, pidió que diera fin al suplicio. Salimos. Eran las dos de la madrugada. Se hicieron los habituales gestos y comentarios sobre la pureza del aire, el infierno de ahí dentro y caminando, despacito Belén y yo, perdida, desplazada, Clara Martínez, seguimos a Carazo que se daba prisa en abrir las puertas de su coche que tuvo que aparcar en mitad de un campo embarrado. ¡Qué hago aquí a estas horas!, ¡qué desastre!, iría pensando mientras su pareja hablaba y hablaba –la verdad que cada vez menos ante la nula respuesta– y yo, que cogí con fuerza, con pasión la mano de Belén sólo sentarnos en el coche, iba colocándola poco a poco sobre mi muslo pero, ante el elevado resuello y el silencio ya absoluto de Martínez opté por retroceder y unir nuestros dedos en tierra de nadie, sobre el asiento símil cuero.

    Mi vida se fundamentaba en aquella época en la intuición y en el valor colectivo. Me explico. En el transcurso de una partida la más mínima vacilación, el arqueo innecesario de una ceja, la colilla doblemente aplastada en el cenicero, constituían sabrosas pistas para el buen jugador. Se trataba de elementos rastreados que debían aportar información y que dependiendo de la inteligencia del contrario representaban una u otra cosa, o sea buenas o malas cartas, porque el mismo gesto en personas distintas o en momentos diferentes podía apuntar en direcciones opuestas; nunca se debe menospreciar a nadie, el engaño, como el orden, forma parte del patrimonio de los mediocres. Mas estar atento, durante horas y horas, a los movimientos faciales, manuales, corporales, de tres, cuatro o cinco individuos hubiera resultado agotador, no entraba en mis previsiones; me ayudaba la experiencia, pero lo fundamental venía dado por la intuición, un don no terrenal que permite no tener que progresar en investigaciones mezquinas, quedarse sólo con mínimos enunciados, predecir incluso, en casos excelsos, el desarrollo de las jugadas y, por extensión, el desarrollo de cualquier tipo de acontecimientos.

¿Valor colectivo? Mi pasión por las zonas húmedas, mi pasión por las etimologías, convirtieron en libros de cabecera algunas obras no declaradamente literarias. Ya dije que Joan Corominas era santo de mi devoción pese al lastre y que él, junto a Pío Font Quer –en muchos de sus trabajos, pero sobre todo en *El Dioscórides renovado*–, daban valor de Biblia a su producción, pero fue un libro único, breve, póstumo, *Los paisajes del agua: terminología popular de los humedales* de Fernando González Bernáldez el que no sólo me hizo avanzar en la contemplación de ese ecosistema sino que me adentró definitivamente en la especulación acerca de las palabras que lo sustentaban. Descubrí, debido a una extraña, fugaz visita de Dora Butcher, la cual como si no hubiera pasado nada, me pidió que la acompañara a prospectar unas pequeñas *wetlands* de mi zona, digo que descubrí varios carrizales instalados en cubetas entre campos de labor, reliquias de otras extensiones mayores inundadas, y que la subvención del cereal había llevado a su drenaje y desaparición. Los nombres de esos enclaves –Reguero del Tomizar, Pauliella, La Insola– resucitaron mi interés por la toponimia, y como siempre pasa, que unas cosas llevan a otras, rebuscando en los manuales –mi hermana, con la que llevaba ¿años? sin hablar, me los envió desde Barcelona–, hallé una frase que me inquietó sobremanera: «El vocablo *carrizo* en el *Libro de Buen Amor* tiene el valor colectivo *carrizal;* confusión fácil de entender ya que se trata de una planta que echa muchos tallos juntos». (Recordé una velada hace muchos años en casa del novelista Javier Fernández de Castro en la que se discutió hasta altas horas el concepto de individualidad, el caso ejemplar de los bancos de peces donde una masa de individuos indistinguibles unos de otros traslada la unidad, de la sardina al cardumen y, también, recientemente, cuando preguntando a un paisano si veía alguna vez por sus campos algún ejemplar de aguilucho cenizo –veleta, en la comarca– me indicó sin titubeos: «Allá están, en ese trigo».)

O sea que si carrizo vale por carrizal y trigo por trigal es que se produce a los ojos del observador poco exigente una confusión entre el todo y la parte, ¿pero sólo a niveles lingüísticos, o es que la uniformidad en el vestido, en el maquillaje, en el comportamiento conduce o busca alterar las facultades de percepción en ese sentido? Tenía loco al pobre Guillermo. Le preparé en un folio la síntesis de un estudio que elaboré sobre su apellido. «Carazo» era la pronunciación popular, menos fatigosa, del rotundo «Carrazo», de un «Caraz», «madero», convertido en «Carraz» al cruzarse con «Carro», y que, a medida que se vuelve usual el talado, el apilamiento y el transporte, a medida que se va creando cierta estructura comercial e industrial en torno a la explotación de la madera, pasa a significar «haz de troncos, de maderos», la forma habitual en que se ve y se considera ahora a la idea «madera», lo que hace que la palabra adquiera también un valor colectivo. Qué pasaba entonces con el grupito del CISNA, por qué no buscábamos un nombre que sirviera, a partir, de una designación individual otra colectiva. Se amontonaban propuestas. Aunque ni Guillermo ni Belén habían coincidido con ellos, tal era mi furor descriptivo acerca de sus personalidades, y tal era el número de veces que ellos habían contemplado grupos de personajes de similar aspecto –no pensaba entonces en que también ellos formaban parte de un modo u otro de ese mismo colectivo– que llovieron sin dificultad, abundantemente, numerosas ocurrencias. Pero estaba desvirtuando el programa. Me había metido en un terreno apasionante pero debía continuar solo. Lo demás eran chistes. Sólo hubo una aportación positiva a la causa lingüística: Guillermo estaba convencido de que aún en esas aldeas perdidas que atravesábamos en nuestra correrías ecológicas, cuando los indígenas no eran observados, no eran escuchados, prevalecía el uso de dos lenguas; los hombres se comunicaban con una, las mujeres con otra, como en la Guadalupe de los descubridores, donde las mujeres hablaban arauco y los hombres caribe.

La boda de Arsenio Fuentes Fuentes y ¡Blanca Araguás Postigo! constituyó un acontecimiento en el valle navarro de Baztán. Venidos a menos desde que un tío de Blanca casó con una agote y fue incendiada la serrería familiar, los Araguás, supieron, para la ocasión, estar a la altura, se agruparon como una piña en torno a los padres de la contrayente y «echando la casa por la ventana», consiguieron que la pareja pudiera sentarse, durante la ceremonia religiosa, en los bancos reservados a los no malditos e incluso entraron y salieron por la puerta principal. Sólo tío Aniceto se negó a estar presente: atrincherado en la cabaña de troncos de la que no salió –«ni con hurón»– desde el desventurado día de sus sacrílegos esponsales, carcomido por la mala conciencia, lanzó desde la tronera que se abría en el techado, una bolsa con monedas; remedo inverso, cruelmente paródico, del lanzamiento de restos de comida como respuesta al sonido de las castañuelas de hueso que las bandas de leprosos recibían si los habitantes de los pueblos estaban de buenas, todo esto antes de la autorización para su asentamiento, encaminada a obtener mano de obra gratuita para la explotación de los bosques comunales.

Sin más celebraciones en perspectiva, terminado el cursillo, reintegrado a sus puestos el innombrado equipo, despedido Carazo cariñosamente, vuelto al hosco hotel, enfocaba mi futuro inmediato con no excesivas ganas no sabiendo si Belén, con la que establecí un pacto de no llegar hasta el final por ahora, iba a ser becada por Grasa y así permanecer al menos el otoño y el invierno. Dossier adelantado, mi intuición decía que iba a recibir muy pronto una llamada. Y fueron dos. Primero Susanna: «¡Bájate a Lérida el domingo!, nos queda a los dos a mitad de camino, me has de contar cómo va el trabajo... y yo también te contaré, hay buenas noticias». Luego Belén, quería verme, una chiquillada mantenernos en blanco, seguro que le concedían la beca, pero nos podíamos ver antes, por ejemplo en Lérida. Y otra vez la ciudad del Segre. Reservamos, cada uno por separado, dos habitaciones para dos noches. Se evitaban discusiones con recepción y destinábamos todo el ímpetu para la cama. Fue extraordinario. Me porté bien. Teniendo en cuenta que mi especialidad no era el coito y teniendo en cuenta que ella era realmente virgen no se pudo pedir más. Belén era un sol de criatura. El sábado, durante el día, hicimos un recorrido. Quería rememorar y ella, sin ningún problema, colaboró en la reconstrucción de mi cercano pasado. Tenía un cuerpo especial ahora que ya prescindía de corsé y había cambiado de marca de sostenes. O quizá no era el cuerpo lo especial, sino que no sabía qué hacer con él. Al andar, los brazos, acostumbrados a ir pegados al cuerpo, o mejor, a ir pegados a los senos en pudorosa protección, no acababan de responder al ritmo del resto. Los proyectaba hacia delante como si fuera a agarrarse a algo. Tampoco las piernas marchaban demasiado bien. Entrechocaba las rodillas y a veces daba la sensación de que, tanto tiempo intentando disimular la protuberancia de las nalgas, le había quedado adelantado el vientre ya para toda la vida, y al no tener barriga, era el monte de Venus lo que resaltaba en la falda de tubo. Pero yo la quería, era un ser sin maldad, incapaz de traicionar a nadie y que jamás hizo, dijo y seguramente pensó nada que pudiera ir en contra de mí. Y además, y esto lo comprobaba por primera vez, la no perfección, el no tratarse de un ser excesivamente bello, procuraba sorpresas, descubrimientos; cualquier nuevo matiz en su rostro o en su cuerpo, cualquier aproximación, aún momentánea, a los cánones de belleza, suponía una victoria, una alegría que enseguida le notificaba, y que ella agradecía y premiaba con un beso y a veces con un cariñoso puñetazo. El domingo se fue a eso de la una. Le conté que había quedado para comer con un militar pero no quise entrar en más detalles, en parte porque ése era el pacto establecido con los de IDEP pero sobre todo por no contaminarla; en ese instante me hubiera ido con ella, a donde fuera.

A Susanna le agradó mi planteamiento. Le agradó mi relación con Arsenio –de hecho era uno de los suyos–, con Carazo, con el general, y le agradó, por encima de todo, que supiera utilizarlos a todos, porque «no se trataba de intimar con unos pocos sino de conocer el pensamiento de la mayoría». «Te cuento», me dijo, en plan confidencias, de hombre a hombre pero también de amigo a amigo, «tenían unas fichas..., les llaman patrones, que vienen de Puerto Rico, y que creían iban a servir aquí», echó una calada al cigarrillo y me miró con el rabillo del ojo para comprobar lo interesado que yo estaba en lo que iba contando, «son las fichas que se dan a los informadores, ¡a los chivatos!, para que las rellenen... ¿me vas siguiendo?», asentí con la cabeza pero para reforzar añadí «sí, sí, sigue, sigue», «pues bien, resulta que esas fichas de los cojones, como ya te he dicho antes, no sirven, y no sólo porque gramaticalmente no son correctas... ya sabes cómo habla esa gente, sino que se han dado cuenta de que aquí, los militares, nosotros, somos muy diferentes a como son ellos... los americanos». Quedamos en silencio, bebimos, pasó un minuto, y reemprendió la exposición: «Son temáticas... son fichas temáticas, en las que el informador hace constar el nombre del encuestado... que no sabe, como es lógico, a lo que se le está sometiendo, y luego va rellenando todas las casillas aunque esto le lleve tiempo». Encendió otro pitillo. «Un informador se convierte en un fantasma por lo invisible, y en un vampiro porque va alimentándose de su presa», se rió satisfecho por lo elocuente de los ejemplos, «hasta que consigue un dossier, un dossier por persona y tema.» Estaba claro, pretendían que redactara, que configurara, esos patrones, adaptándolos a la idiosincrasia de nuestro ejército y que lo hiciera a partir de cero: no servía la lengua, el español portorriqueño, y el modo de considerar nuestra milicia los asuntos que preocupaban o podían preocupar en el futuro, era diferente al modo de considerarlos por parte de la milicia de cualquier otro país de occidente; eso sí, el tamaño y el tipo de cartulina podían valer. «Tú sigue así, profundizando, al máximo... dentro de unos meses... no serán muchos, conoceremos los temas, pero antes nos volveremos a ver... a lo mejor aparezco por tu pueblo... ¿habrá buenas tordas, eh?»

XI

El destierro. 3.ª etapa. 1969-1972

Languidece la historia. La vida en provincias –provinciana, de provincias, no está claro cuál sea la expresión más acertada– propende a la esterilidad, la archisabida antinomia naturaleza-arte debe aplicarse a todo lo que suceda aun dentro de los recintos amurallados, de las casas, de los sacrosantos hogares; una atmósfera de aburrimiento, de conformismo, que anula la creatividad o la convierte –y esto es todavía peor– en creatividad provinciana, triste copia, epígono de tercera clase, al faltar las fuentes, la tensión de las calles, al perderse el asombro por ser todo demasiado pequeño y poderse conocer enseguida y completamente.

No pude sorprenderme en esos cuatro años. ¿Era eso verdad? Casi sí. Pero no. Mentiría si fuera tan rotundo. Hubo una noche espléndida, una sesión de magia, espiritualidad y fuegos de artificio que rompió la monotonía general e incluso la monotonía sexual que también la había pese a poder jugar de consuno en dos campos tan diversos como las carnes tolendas de mi querida Pozanco y la montaraz frescura de María Elena. Los caminos de la gloria son de suyo enrevesados pero no esperaba, ni en mis ensoñaciones más abstrusas, que pudiera existir persona de tales características físicas, ni persona –que además era la misma– de comportamientos y deseos tan alambicados. Un sábado noche, a eso de las once, tras dejar a Belén en La Residencia –tenía la regla, estaba cansada, esperaba una llamada de sus padres–, caminando solo hacia el hotel por un callejón que llaman del muerto, vi bajar de un coche americano matrícula de Colombia una mujer de cuarenta y cuatro años, que atendía por Leira, mulata, casi negra, cuerpo desbordado, facciones perfectas, cabello recogido, hablar templado, rico vocabulario, que me propuso ayudarla a pasar la noche, sin hacer preguntas, esperar el día y obedecer entonces sus órdenes aunque incluyeran algún desajuste demoledor, un apoyo a su empeño, la consumación de un suicidio largamente preparado.

Nos instalamos en un apartamento en el que la cretona pugnaba con la formica, en el que las estufas de butano pugnaban con las estufas eléctricas, en el que no era posible respirar y la humedad acumulada en los cristales de las ventanas caía al suelo formando charcos de gran importancia. Pasamos a la cocina y me obligó a ver cómo se desnudaba. Espectáculo churrigueresco, cada movimiento liberaba una porción de carne, no seguía un orden, temí que la habitación resultara pequeña, unos pechos descomunales, un vientre similar a la mitad del gigantesco globo terráqueo del aula de primero en los jesuitas, y mientras parte de la ropa seguía colgando de los distintos recovecos que anidaban entre sus turgencias, yo aguardaba con pavor la aparición, el descubrimiento de las nalgas, pero eso tardaba, creo que sabía que era lo que yo en el fondo aún sin saberlo más deseaba y empezó a contorsionarse inundando con su olor excelente, como a tapioca endulzada con regaliz, todo el espacio, y salí, muerto de calor, de la cocina y, en el salón comedor, donde me eché en el sofá chorreante, ya había llegado también el perfume incomprensible de las carnes de esa mujer de 130 kilos. Pasó un minuto y apareció con los sostenes de qué talla enrollados a la cintura, con la blusa desabrochada colgando de un brazo, y haciendo ademanes de abrirse la falda, de intimidarme, de amenazarme con la próxima presencia de su recurso definitivo, se colocó ante mí, a pocos centímetros, giró, con asombrosa facilidad sobre su eje longitudinal y, de espaldas, arrancó unos corchetes rebeldes cayendo la falda al suelo, saltando sobre ella para liberarse totalmente y ofreciéndome la monumental obra de arte para mi exclusivo uso. *Sans culotte*. Era noviembre. Mi corazón debió soportar aquella noche las más tremendas agresiones. Al fin, saciado, deshecho, deshidratado, me desmoroné cuan largo era y ella pasó al lavabo para limpiarse las babas y refrescarse sus partes.

Debí de dormir un par de horas. Estaba en la cama y Leira, sentada en una silla, a mi lado, como quien vela a un enfermo, sonriente, luciendo convencida unos inmaculados dientes, me ofrecía una bebida tónica, un combinado de su tierra que se daba a los novios en la noche de bodas. Llevaba un camisón transparente, cruzó las piernas, y mi corazón volvió a bombear con desespero al vislumbrar fugazmente el tapiz de pelo negro que adornaba su pubis. Se levantó para decirme dos cosas. La primera que me acabara de beber el vaso de miano. La segunda que no me preocupara por los ruidos. Iba a hacer algo para mí. Volvía en un ratito. Sobre todo que no me asustara. Si me ponía caliente podía tocarme y llegar al ¡derrame!, me sobrarían fuerzas. Cogió una jarra, no de la que me había servido a mí, y vertió el líquido en un vaso. Se lo echó dentro de un trago. Rió. Me llamó amor. Se encerró en el baño.

No tuve tiempo para reflexionar. Eran muchas cosas de una vez pero algo llamó enseguida mi atención y me apartó de cualquier análisis. Un ruido. Dijo que no me preocupara. Pero qué ruido era ése. ¿Toses? Pero no cesaba. Ruidos encadenados. Sordos. Progresivos. Realmente empezaba a ser alarmante. Yo tumbado en una cama –¿ella me había traído?–, sudando, desnudo, sólo cubierto con una sábana, mareado, bebiendo una bebida –¿miano?– desconocida, con un calor asfixiante y esos ruidos, que ahora, por cierto, parecía que estaban cesando, pero no, ¡una explosión!, ¡otra!, una cadena de explosiones, que seguían, que seguían y, de repente, tras una brevísima interrupción, un estruendo terrible, la traca final, y Leira, como catapultada desde el baño, desnuda, magnífica, con una silueta de superstar, de pinup, perdidas, expelidas las grasas, irrumpe en el cuarto, estira la sábana, empieza a besarme y comienza la mejor de las noches posibles pero me advierte: «Hemos de aprovechar, la expulsión ha parado, pero sólo por el momento, volverá a empezar y tú entonces no querrás saber nada de mí y volverá a parar y reanudaremos el amor, pero la tercera vez será demasiado y tú huirás cuando veas en qué queda todo aquello pero sé que me mantendrás en tu mente, durante mucho mucho tiempo aunque a veces creas que nada de esto sucedió».

A vueltas con el CISNA. Más de cuatro años trabajando en ese infierno blanco y frío parece que debiera dar para mucho, pero la historia es mínima y sólo si se aplican mis criterios de valor colectivo pueden lograrse algunos juegos de palabras o más exactamente algunos lotes de las mismas. Tenemos a los cinco investigadores –Mermeque, Doktor, Pompenillo, dos hermanos Tapón– configurados igual: misma clase social (alta), mismo nivel cultural (regulado), misma edad (treinta), mismo físico (1,80; atlético moderado), misma vestimenta (discreta), misma actitud (disponibles), misma ideología (no ideología); lo que da pie para crear una categoría y nombrar el todo por la parte, es decir que no se habla de «los investigadores del CISNA» sino de «el investigador del CISNA» acotando así aún más un posible «cuerpo investigador del CISNA» pudiendo meter en el saco llamado «Definiciones o Caracterizaciones de *el investigador del CISNA*» los siguientes conceptos: «limbo», «abducción», «arrobamiento», «bendito», «inocente», «infantil», «cándido», «sencillo», «confiado», «apacible». Juan Portero es otra cosa: clase social baja, cuerpo de miseria (generaciones), rostro feo y vulgar, fachada defensiva, alardes científicos y de cultura miscelánea, destreza en el manejo de los tics –religiosidad, intransigencia, eficacia, cabreo permanente– de la derecha recalcitrante, podría, con poco margen de error, definirse como desconfiado, tenso, dispéptico, envidioso, vengativo, rencoroso e hipócrita; las cualidades de un fámulo.

El capítulo de las coincidencias, vista ya la inanidad de una idea de trama, arranca, con mucha fuerza, el día de la llegada, con el hallazgo de la obra de Brehm, con la apertura del tomo Aves en la página dedicada al alimoche, y con el encargo de un pequeño informe sobre el catálogo de Degland, pero luego se cierra, prontamente, con la retaguardia de Investigador del CISNA en Magán. Son sólo cuatro casualidades que no deben llamar a engaño; el CISNA es reflejo, como lo fue la mili, de lo que se entiende por la vida: un montón de zafiedades y necedades entre las que puede surgir, aquí y allá –y no todos los años–, algún personaje o situación singular, y nada más. Como el pueblo, con sus viejas casas, su buena gente, su clima continental, sus alrededores paradisiacos pero con una letal no aventura, como si todos tuvieran interés en que nada cambiara porque lo diario, lo repetitivo, lo igual, era precisamente lo mejor que podía sucederle a una persona normal y amiga de sus amigos. Con Belén llevé esa vida durante esos cuatro años; porque ella siguió allí, a mi lado, en las salidas con la pandilla –nos integramos en una–, en muchas noches –cada vez menos hormonales y más compañeras–, mientras que de día, en su labor de bióloga, se iba aproximando poco a poco –consiguiéndolo al final– al estereotipo de los investigadores del CISNA, o sea que terminó integrada, eso sí con sus caracteres sexuales propios –con los secundarios nunca con los primarios–, en el magma que bautizamos como El Investigador, y yo ya, entonces, estaba completamente harto.

El IDEP, en este largo periodo, no se estuvo, desde luego, quieto. Susanna, después de la comida en Lérida, pasó unos meses sin dar señales. Luego hubo un par de llamadas telefónicas, espaciadas y, por fin, se me citó el 3 de junio de 1970 –a través de una carta certificada recibida quince días antes–, en el aparcamiento de camiones de la gasolinera de Barbastro a las doce del mediodía; buscaría un camión articulado, Transportes Cinto Marcuse. Allí estuve, a la hora, como un clavo y allí estaba estacionado el camión, algo apartado del edificio de la cafetería, y medio tapado por otros dos, también de gran tonelaje. Dejé mi zarandeado R4 a alguna distancia, me aproximé andando y, estaría a unos diez metros, cuando se abrió una puerta lateral del largo remolque, se desplegó una escalerilla metálica y un tipo de tez muy blanca, ¿maquillado?, hizo ademanes de que subiera y entrara dentro. ¡No daba crédito! Mis más preciados pensamientos del momento de meterse en cama y alargar el tiempo hasta que te entre el sueño –viajar, vivir en un camión bien grande–, estaban materializados aquí en esta explanada cementada de la capital del Somontano Oscense.

Subí y entré. Y el tipo no estaba. Un estrecho pasillo con el suelo de linóleo verde oscuro y las paredes de contrachapado color castaño terminaba en un ensanchamiento, algo que quería ser una habitación, cuadrada, sin muebles, con dos puertas cerradas. Se abrió una y se asomó una cara blanca. «Llame ahí», dijo sin ganas señalando la otra puerta al tiempo que retrocedía y cerraba su puerta sin permitirme verle bien y ver qué había dentro. Llamé y se oyó una voz cansada: «Entre, sí entre». Y allí sí había muebles. Tres muebles, de aluminio: una mesa cuadrada y dos sillas. Y un individuo obeso, sentado en una de ellas moviendo la cabeza hacia atrás y hacia delante, pero sin ritmo, con un apestoso cigarro puro en una comisura de la blanda boca. «Le dejo solo, ahora vienen», se levantó y salió del cuarto sin cerrar la puerta. Me senté. Se oía el motor del aire acondicionado, y a medida que se iba desvaneciendo el humo del tabaco iba ganando fuerza un olor indefinido en el que primaba la pintura, la cola y quizá el polvo de talco. Entraron de golpe. Me levanté. Dos hombres fornidos. Pero de distinta categoría. Uno, el jefe, me dio la mano, cogió una silla y como si fuera de papel la levantó con una mano –con dos dedos– y la colocó frente a la otra poniéndola al otro lado de la mesa. Se sentó y me miró indicándome así que yo hiciera lo mismo. El otro quedó de pie –¿firmes?–, como guardando la puerta que no cerraron. Se fue al grano. Ya sabían que estaba preparado, que mi grado de integración, por lo tanto de conocimiento del mundo militar era alto. Aquí tenía unos patrones, un primer lote de diez, sólo constaban los temas, lo demás era cosa mía: debía diseñar la configuración –ubicar las casillas, darles tamaño–, debía redactar las cuestiones –las preguntas–; se trataba de que los investigadores –los informadores, los chivatos– no tuvieran que pensar, se les debía dar todo hecho, para que se limitaran a poner las respuestas, ellos no tomaban iniciativas ni tenían capacidad alguna de análisis, ellos sólo debían ver, escuchar y rellenar los espacios. Era cubano, más que portorriqueño, pero su acento indicaba su residencia en Estados Unidos. Me avisarían para un próximo encuentro y remarcó lo de próximo. Había prisa. ¿Un mes? Pensaba que era el tiempo adecuado. Se levantó. Me dio la mano. Y el subordinado se puso a andar con la cabeza vuelta para ver si le seguía. Al llegar al final abrió la puerta que daba al exterior, se hizo a un lado y, con dificultad, tan angosto era todo aquello, logré salir, bajar las escalerillas y cuando había andado un par de pasos, sonó como un disparo, me detuve y me volví. Era la puerta, la había cerrado con mucha fuerza como con temor a que no se cerrara si no lo hacía así. Antes habría metido la escalerilla, todo a una velocidad inusitada. Y al quedarme de esta manera, inmóvil, a tan corta distancia de la caja del camión, reparé en que tanto la palabra «Transporte» como las letras «nt» de «Cinto» y «rc» de «Marcuse» parecían recién pintadas pero pintadas sobre unas planchas que habían pegado encima. Me fui hacia el coche, un poco sin saber lo que hacía, con ganas de poner tierra de por medio aunque sin atreverme a ir más deprisa, con el sobre de las fichas –¡los patrones!– en una mano, y cuando con la otra estaba sacando ya las llaves del bolsillo tropecé con una piedra y se me cayeron al suelo. Me agaché, e involuntariamente descubrí, por debajo de los otros dos camiones, escondidos tras las ruedas, unos hombrecillos de piernas cortísimas, ridículas, cuerpos en miniatura y gordas cabezas que parecían jugar al escondite y que quedaron paralizados cuando se dieron cuenta de que los había descubierto.

Nombramiento de Carrero Blanco como presidente del gobierno.
La democracia como forma de gobierno.
Partidos políticos.
El P.C.
Descentralización y potenciación de las regiones.
Uso de las lenguas vernáculas.
Monarquía.
Divorcio.
Aborto.
Libertad religiosa.

Éstos eran los diez primeros temas. Tenía un mes para preparar las fichas. Reflexionaba sentado en la terraza de la cafetería Onagro tomando un Campari con unas patatas fritas, anunciadas como de churrería, y prefiriendo apartar de mi imaginación todos los nuevos elementos de coincidencia surgidos el día del encuentro; ahora debía concentrarme en esta labor, ya veríamos después cómo reaccionaban, qué me encargaban y cuál iba a ser mi futuro. María Elena, vestida de verano, risueña, simpática, jugando a despistada, pasó delante de mí y, como si me descubriera cuando ya estaba a punto de perderme en su ángulo de visión, «¡Paolo!, ¿qué haces?, estás perdido últimamente»; adoptaba modos de gran soltura ante un público de categoría en la mejor terraza de la localidad donde hasta hace bien poco ni hubiera soñado poder estar sentada. Tomó también Campari y patatas de churrería, hablamos, preguntó incluso qué eran estos papeles y si Belén y yo éramos ya novios; deslenguada, coqueta, segura de sí misma, estaba cambiada, enormemente cambiada y todo porque había conocido a un teniente y éste se le había enamorado; nosotros, lo nuestro, que no me preocupara, iba, si yo quería, siempre que yo quisiera, hasta que yo quisiera, iba, por lo que a ella se refería, iba a seguir igual. Apretó con fuerza mi mano por debajo de la mesa, se levantó, y se fue, caminando con qué ligereza, casi volando, por la atestada acera a estas hora del mediodía de la carretera de Francia.

Pasó el mes. Y no dijeron nada. Acabó el verano y Susanna, como quien no quiere la cosa, llama y que cómo estaba, que no me extrañara de que aún no se hubieran puesto en contacto, que había habido problemas de reestructuración y que a lo mejor me daba una sorpresa y aparecía por allí. Pero tampoco. Llamó un tal Chávez. En dos semanas pasarían a recoger los patrones que ¡estarían terminados se suponía! Dije que claro que cuando quisieran y el 6 de octubre en una furgoneta roja de las de reparaciones a domicilio vinieron y se fueron dos operarios –mono con algunas manchas de aceite– llevándose el sobre con las primeras diez fichas-patrones concienzudamente elaboradas.

Después de Reyes, fechas de grandes fríos y copiosas nieves, una curiosa pareja se instaló en el hotel para pasar el fin de semana. Él era Julio Paular y ella una señorita venezolana de nombre Castora Turbio. Había hecho un trabajo magnífico y venía expresamente a felicitarme, a hablar conmigo y de paso a mostrarle a su prometida una de las zonas más lindas y singulares del norte de la península. El sábado cenamos los cuatro. Belén se puso sus mejores galas –incluso recuperó para la ocasión toda la corsetería indicada para moldear su figura– y consiguió estar a la altura de las circunstancias teniendo en cuenta que éstas no eran otras que las que imponía Castora con sus mimos, arrumacos y carantoñas. Nada se habló de fichas y espionajes, sólo de ornitología y representaciones, de las que la empresa de Julio ostentaba para Francia, Portugal y España. Fue el domingo por la mañana, mientras ella se arreglaba para irse ambos a misa de doce, cuando me transmitió formalmente, de parte de IDEP, su satisfacción por mi labor, y lo hizo entregándome tres sobres que prefirió que no abriera hasta que se hubieran marchado, y lo harían antes de comer, pararían por el camino a tomar algo mientras regresaban con calma. Turbio bajó impresionante: un abrigo de visón con gorro y botas a juego, gafas de sol de montura dorada –¿de oro?– y tal número de brazaletes que los guantes negros de piel de cabritillo parecían iluminados. Los acompañé a la catedral y tras despedirnos aguardé a que se perdieran en la oscuridad del atrio para poder gozar del estado de gracia de Julio Paular, un ser tan pletórico que su aura le otorgaba incluso una mayor estatura, casi llegaba al hombro de la criatura arrabalera. Qué cosas. Un tipo duro, adusto, que me había impresionado en su casi regio despacho, ahora del brazo de la peculiar novia entrando a oír misa y quién sabe si también a tomar una sagrada forma. Vulnerable. Debían de serlo todos. Y esto me reconfortó. Volví corriendo al hotel. A abrir los sobres.

Empecé por el más grueso: nuevas fichas; otros temas como ampliación de los anteriores. Segundo sobre: un cheque; nominativo. Tercer sobre: la documentación completa de un R12 a recoger en el concesionario. Dudas: el importe del cheque era inferior al importe del coche; ¿el coche estaba pues pagado y el dinero era aparte? A las nueve de la mañana se aclaró todo: coche nuevo regalado y dinero fresco para gastos. ¡Qué grande era!

No voy a contar más detalles menores de aquel periodo. Hice los patrones y luego, ya a comienzos de 1972, los terceros y últimos. Vino a verme, en una ocasión, Susanna. Anunció grandes cambios. Belén, finalmente, volvió al redil, se reintegró con toda naturalidad a su grey. Las primas, las dos casadas, se fueron olvidando de mí a medida que sus tripas presagiaban el primero de los múltiples alumbramientos. Grasa, un infeliz, debió llorar cuando le comuniqué –o le comunicaron– que me volvía a Barcelona. Porque así fue. Una carta primero, una reunión en tierra de nadie después, supusieron el final de mi estancia pirenaica; había sido útil a la empresa aquí y se esperaba que también lo fuera, a partir de ahora, allá. Becado, iniciaría la carrera de Filología el curso 72-73, mantendría colaboraciones con editoriales y, en poco tiempo, se me podría ofrecer un puesto fijo en una de ellas. El 30 de septiembre de 1972 dejaba el hotel. Habían pasado cuatro años, tres meses y quince días.

XII

Cuarto trimestre de 1972

Como en los cuentos: retornar a casa. Porque es posible que la vida consista en estar (...) en un lugar (...) distinto al que desearías. Cuando una fuerza oscura o las amargas circunstancias obligan a huir, es la esperanza del regreso, el ¡volver a casa, siempre! lo que permite soportar las aventuras no buscadas, las penurias del viaje. Sacar la silla, pedir la lumbre y echar una partida. De ahora en adelante con eso basta. Todo es inseguro, todo es incierto. No tenemos más remedio que aceptar la tierra donde hemos nacido. Así es. Trastocado el olor por el largo tiempo de clausura pero ahí estaba mi casa: el apartamento de la calle del Camp; la mezcla casi violenta de dos fases pertenecientes ahora ya ambas a la prehistoria. Gruesas cortinas rojas, alfombras, la cama baja, agotados testigos de las tropelías paternas, conviviendo con la mesa y la silla de trabajo, los estantes, el sillón de lectura y el tocadiscos estéreo. Y luego los libros, intemporales, en su mayoría aún sin ordenar, amontonados en el suelo. Llegarían a lo largo de la primera semana cajas y cajas, de la farmacia de la esquina, para colocarlos por secciones pero, sobre todo, para poder disfrutar con (de) ellas: ya se dijo que rebuscar, ordenar y reordenar en su interior es uno de los grandes placeres de esta vida; y desde luego gritar, subrayando estados de felicidad extrema, o mejor todo unido, proferir gritos esenciales mientras, bien sentado, con la sólida y limpia caja de cartón delante, al cómodo alcance de las manos, se selecciona y resitúa, sin prisas, el contenido.

Una ciudad con sombras, más oscura que cuando la dejé, queriendo mostrar un semblante torvo, malhumorado, preocupada menos por conseguir una imagen de europeidad que una imagen claramente diferenciada de la odiada Madrid y que sigue avanzando en su incorporación al parnaso de la conversión lingüística. Mas yo la quería y aún la quiero pero no la acepto tal como es y lucho para que no vaya a quedar convertida en capital de no sé qué comarca. Y los nombres y lugares siguen ahí, levemente modificados algunos, pero en general disponibles, yo diría que anhelantes, dispuestos a perdonar, y a ser perdonados. Así busqué a los pobres tahúres –envejecidos, estereotipados–, Máiquel Bundó, Toni Mascaró, Octavio Torres, a los miembros inofensivos del Grupo Ornitológico encabezados por el sin par Balta y todos se alegraron –de verdad– de verme y me abrazaron y yo vi claramente que todavía era posible reconstruir el edificio abandonado hace casi cinco años pero que la maniobra no me interesaba porque el que más había cambiado era yo, que no gozaba de libertad, que alguien estaba corriendo con mis gastos y que aunque durante estos tres primeros meses del regreso estuvieran ausentes yo sabía que no tardarían en aparecer para conformar al menos el presente y el futuro inmediato.

Como la Facultad. Anodina. Los pasillos, los claustros, las caras sin historia de alumnos y profesores que aparentaban aprender y enseñar cuando todo el mundo sabía a lo que realmente estaban. Nombrado delegado de curso por un tribunal inapelable de ardientes burguesas, fui sin embargo desplazado por un sector emergente que debía encumbrar a un líder procedente de la Cataluña interior; tipejo lector de participantes en juegos florales, labia gutural y ademanes de maricón. Surgió, no obstante, como muchas veces ocurre entre los ejércitos de soldados rasos, un cabo de gastadores, en forma de estudiante de segundo curso de románicas, con un hijo Diego procedente de un revolcón con el guapo artista M.V. en el solar sevillano de Los Remedios, donde construirían la Casa de Los Pájaros y cuyo cáncer de cuello de útero curé en un hotel de Barbastro –¡de nuevo ese sitio!– sobre una cama coja –faltaba una pata, pusieron ladrillos–, colocada Manuela –así se llamaba– sobre mí, en cuclillas –«¿te gusta el péndulo?, le gusta a muchos»–, y anunciando a los cuatro vientos, pasado un mes, que cesaron las hemorragias y que era yo, con mi milagroso pito (¿o dijo pincel?), el artífice del arreglo. Luego, en la universidad, las cosas se agitaron, se llegó a bravos acontecimientos, teñidos por la tragedia en el mes de abril, pero que ya forman parte de otro tiempo, bélico y revolucionario.

1973

Ya no existía el despacho de Porvenir. Ni siquiera existía la razón IDEF. En la calle Aribau, 191-193, 2.º 1.ª, Fundación América servía de centro aleccionador a numerosos jóvenes instruidos. Por allí vi pasar a muchos de los que gobernaron las aulas universitarias, a directores de institutos, a directores de academias, a gentes del Instituto Americano, del Pen Club, a periodistas, a jóvenes poetas. Tuve un conciliábulo con Julio Paular, primero saqué el tema de su novia, de lo espectacular y atractiva que era, pasando luego a ese estado de vigilia que siempre me fue propio en el que presto atención exagerada a lo que dice mi interlocutor para introducir, muy de tarde en tarde, atinados comentarios, glosas incomparables. Bajamos a Don Pancho a comer algo y me contó, en voz baja, casi arrepintiéndose de lo que hacía pese a estar yo ya considerado por él y por todos los suyos como uno de ellos, de qué iba toda esa nueva macana –sí, empleó esta palabra–, que convenía que se catalanizara esta sociedad, de arriba abajo, de abajo arriba, daba igual el orden, se debía crear el sentimiento de nación y hacerlo propio a todas las clases sociales, hasta los barrios obreros, y era a través de la lengua como debía llevarse a cabo. Nos sentamos en uno de los dos pequeños comedores y pedimos dos platos combinados: Julio el número cinco y yo el número cuatro, que no llevaba ensalada. «Mira Paolo, hay que crear focos de inestabilidad, se avecinan cambios, ese hombre no puede durar mucho..., un estado nuevo, democrático, es deseable, pero tampoco interesa que sea demasiado fuerte, habrá que manejarlo, y situaciones como las que se buscan para aquí..., las masas inmigrantes hablando igual que los pequeñoburgueses, el fútbol, los intelectuales... y luego los vascos, ahora entrarás conmigo en un aula y verás..., ¡utilizamos comunistas!, ¡y con qué fervor escuchan los cabrones de los alumnos!»

Aquella noche quise terminar de clasificar mis libros cuando, sería el azar, encontré tres volúmenes encuadernados en plena piel de cabra, con diseño en mosaico, de la biblioteca del abuelo Ivo: las primeras *Estances* (1919) de Carles Riba, *Les bonhomies* (1925) de Josep Carner y *Hores viatgeres. Assaigs* (1926) de Gaziel. Los leí de un tirón. A eso de las tres de la mañana, terminado el último, sentado en el sillón de las grandes travesías, masticando lenta y gustosamente almendras marcona y bebiendo zumo frío de naranja, empecé a meditar sobre todo aquello: disponer de una lengua propia, de un sistema de claves secretas, era un anhelo infantil que muchos habíamos ejercitado en la escuela, pero también era un privilegio aristocrático, diferenciador; qué interés podrían tener estos cultivados caballeros en vulgarizar ¿un idioma?, en convertir en lacerantes sonidos –a cargo tanto de murcianos y andaluces conversos como de histéricas menopáusicas agresivas puristas gerundenses– una escritura de impecable factura, que cada lector podía disfrutar a su manera, sin trasladarla obligatoriamente al difícil campo fonético donde eran muy pocos los que podían salir airosos. La respuesta era que ninguno. Si en algún momento pensaron –dijeron– que su obra quería ser un aporte a la consolidación de una lengua, a la consolidación de una nación, nunca pudieron imaginar que esa aceptable entelequia tuviera algo que ver con la charanga, el gallinero, en el que el país se iba a convertir, empujado claro está, por espurios intereses, primero de las altas estructuras y luego de los que tienen por oficio conseguir votos, cartillas y comprometidos fieles.

No entraba en los planes de la Fundación América convertirme en profesor o en alumno del macrociclo apostólico. Reservaban para mí otros destinos más heroicos; debieron de descubrir cierta fibra aventurera, causa o efecto del particular modo de existencia basado en timbas y muladares, y llenaron desde las catacumbas de su organización lo que podría llamarse pomposamente futuro inmediato de Pablo Amatller Moragas con toda suerte de correrías y lanzamiento de petardos. No obstante, asistía aún, con poco entusiasmo es bien cierto, a las clases de la universidad, continuaba con la labor curativa, ya cicatrizante, del famoso carcinoma de la madre de Diego, y conseguía agradables sorpresas con el manejo de los autores catalanes –nunca nadie me había empujado a ellos–, no siendo la menor la lectura de algunos escritos de juventud de Josep Pla; artículos en la prensa local –una carpeta con ejemplares de *Baix Empordà*– y dos libros de viajes *Cartes de lluny* y *Madrid. Un dietari*, pertenecientes todos a la biblioteca de mi abuelo o, más exactamente, a lo que debía de quedar de ella.

A comienzos de junio se estrecharon mis lazos con Paular. Quería verme a todas horas. Quería que en cuanto saliera de clase pasara por la Fundación, que le acompañara, que le viera y oyera departir con la gente de los cursillos, luego, siempre, aunque dándole el aire de que se le acababa de ocurrir, venía lo de ir a tomar algo. Y bajábamos a Don Pancho y, alguna vez, cruzábamos la Diagonal y nos acercábamos al bar Bodega Termes para tomarnos unos boquerones en vinagre o unas gambas al ajillo o incluso unas angulas, que hay que reconocer que estaban de rechupete. Se preparaba algo, algo gordo y me iba sondeando, predisponiendo, lanzando indirectas del tipo «¿tú crees que esto puede seguir así?», «¿no piensas que la gente está ya harta?», «¡y a lo mejor después de tantos años no sabremos qué hacer con la libertad!», a las que yo respondía al principio con evasivas y luego empezaba, por su insistencia, a arroparlas con cierto eco, y acababa por convertirme en una gran caja de resonancia. Hasta que un día –Franco acababa de nombrar a Carrero presidente del gobierno– bajamos las escaleras en extraño silencio –siempre era él quien llevaba la iniciativa–, subimos despacio por la acera de Aribau hasta Travesera y, cuando yo creía que nos íbamos a sentar en la terraza del Pancho, se paró, y con voz impostada, ceño fruncido y sujetándome con fuerza un brazo, dijo, sin mirarme directamente a los ojos, siquiera a la cara, con temor quizá de que descubriera algo en su actuación que no fuera convincente: «Vas a tener que comprometerte de verdad, te necesitamos, sé que no nos defraudarás, la situación es insostenible»; ahora Julio Paular era un patriota, y como tal hablaba.

Susanna reapareció. Su actual disfraz era de motorista, o de piloto de bólidos. A preguntas de qué tal me manejaba con el R12, siguieron otras en la línea de si en general me gustaba conducir, si lo había hecho, con cuántos coches, si prefería carreteras de dos carriles, si conocía bien las calles de Madrid, y así hasta completar lo que parecía un amplio cuestionario sobre la seguridad vial y la ley de tráfico. El 15 de julio salimos de madrugada de Barcelona, camino de Madrid, conduciendo yo mi coche, con Susanna en el asiento trasero bolígrafo en ristre para anotar en un bloc listado mis respuestas al doble test: no cejaba en su interrogación sobre las cuestiones de tráfico que se iban suscitando y, por otro lado, debía obedecer sus cambiantes órdenes sobre si adelantaba o no, si aumentaba o disminuía la velocidad, si me pegaba a determinado vehículo que nos antecedía o si me ocultaba detrás de un camión para sobrepasarlo en no sé cuántos segundos. Mi lógica curiosidad por saber a qué estábamos jugando no pudo ser satisfecha. En estos casos surgía su vena autoritaria –que mitigaba a veces todo hay que decirlo con una ligera pero diabólica sonrisa– y soltaba aquello de no preguntes, no preguntes, es mejor no preguntar, no te preocupes, confía en nosotros (estuvo a punto de decir «en mí»), cuando llegue el momento lo sabrás todo, etcétera. Repetimos el mismo trayecto Barcelona-Madrid-Barcelona en tres ocasiones. Entre julio y agosto. Y siempre con las mínimas paradas: gasolina, un bocadillo, lavabos. Entrábamos en Madrid, callejeábamos un poco, me preguntaba sobre tal o cual cosa –giros a la izquierda, semáforos, dónde se colocaban los guardias urbanos, aparcamientos– y nos dábamos la vuelta para volver a casa. Creo que él quedaba mucho más cansado, le agotaba la responsabilidad de jefe.

En noviembre nos trasladamos a Madrid. También los dos, en mi R12, pero él a mi lado y sin tomar notas; de hecho estuvo durmiendo casi todo el viaje. Dejamos el coche en un garaje de Bravo Murillo, cogimos un taxi y fuimos a hospedarnos al hotel Wellington. Sería un viernes. El sábado comimos en ¡Lucio! y fue entonces cuando me anunció que a las cinco nos esperaban unas personas, y que nos iban a poner al corriente de todo el plan. Al salir no pude evitar sentir un escalofrío; coincidimos en la puerta con un grupo de clientes –algunos sólo de la barra– que también abandonaban el local y al asomarme a la calle me pareció ver entre el barullo de abrigos a medio poner y el humo de los cigarros, ciertos raros movimientos entre unos tipos que deambulaban por la acera. Pero no pasó del susto, de una aprensión, basada, ¡cómo no!, en la coincidencia. No hice, desde luego, ningún comentario a Susanna. Y el lunes, tras dos, no una, reuniones, regresamos a Barcelona.

Dispuse de un tiempo para asimilar la información –que evidentemente no se me debió de facilitar completa– y para ir preparando de nuevo las maletas. Nueve días en los que casi no salí de casa pero que pasaron rápidos, releyendo, escuchando música, escribiéndome cartas y dando forma definitiva a un poema –«Railroad farewell»– cuya trabajosa génesis no se correspondió nunca con el éxito. (Por ejemplo, su encabezamiento, que usa el célebre «Abril es el mes más cruel» de Eliot, definía la situación al continuar «en la gran alcoba» pero el certero Félix de Azúa, al que siempre consultaba, soltó la siguiente y lapidaria frase, «un problema de ferocidad no puede ser nunca un problema amoroso», para añadir a continuación, «lo que se ha ido tendría que ser, por ejemplo, el ferrocarril o algo por el estilo», lo que obligaba a trasladar la acción a una estación de tren, a cambiar *alcoba* por *estancia*, claro que al fin resolví que lo que se iba no era el convoy sino la vida de la instalación completa; estábamos en una estación de ferrocarril abandonada y el título, en inglés, para hacer juego, lo describía de forma meridiana. La primera estrofa quedaba así: «Abril es el mes más cruel en la gran estancia. Se abren / nuevas grietas murales, prosperan / ávidas carcomas, y en la penumbra, como tentadores monstruos, / se debaten los recios cortinajes movidos por el viento». Hoy, sin embargo, preferiría *alcoba*, *estancia* incluida en la lista de palabras quemadas por publicitarios y afines; además *alcoba* no estorba al sentido general de tristeza ferroviaria.)

Partimos. El 10 de diciembre. Susanna y yo otra vez en mi Renault 12, un día gris, escarcha en las umbrías, camino de la capital. El paso por el puerto de Alcolea del Pinar ya fue complicado –nieve, poca, pero helada, nosotros sin cadenas, sólo mi dominio del volante evitó que fuéramos a la cuneta–, pero al entrar en Madrid un camión volcado nos retuvo hasta las tantas. Era de noche cuando encerrábamos el coche, de nuevo, en Bravo Murillo. Y allí, al fondo del garaje vacío, una puerta y luego una escalerilla, nos introdujo en la que iba a ser durante diez fechas nuestra residencia, más exactamente, por partida doble, nuestro cubil. Un altillo polvoriento, con dos camastros, una mesa, tres sillas, una sucia y minúscula cocina económica, una nevera, una puerta que daba a un lavabo, y un frío que se clavaba en los huesos; «mañana compraremos un estufa eléctrica» dijo Susanna mientras tiraba su petate sobre un camastro y corría a mirar a la calle por la persiana metálica, siempre tirada, que permitía ver sin que te vieran, aunque «no se te ocurra dar la luz mientras permanezcamos aquí dentro». Sin cenar, sin cambiarnos de ropa, nos introdujimos bajo las mantas cuartelarias y, desde su rincón llegó una nueva orden: «Mañana a las siete en pie».

Tiritando, aún noche cerrada, llegamos a la Glorieta de Quevedo para meternos en un atiborrado bar, pedir, en mi caso, un bocadillo de jamón, una de churros con chocolate, un zumo de naranja y sentarnos junto a la estufa de leña del centro del local. Era tal el estruendo que optamos por no hablar, esperamos a que hubieran abierto las tiendas y salimos a la calle cuando el incipiente sol apuntaba entre los edificios calentando apenas. Con la estufa y con provisiones me esperó Susanna en una esquina de San Bernardo. Fui a por el vehículo y le recogí («cuanto menos nos vean entrar y salir, mejor, y en ningún caso con paquetes y comida»). Cogimos la Nacional V, a las diez. Comenzaba el primer ensayo.

Hasta Alcorcón, aun con el auxilio del tramo de autovía, se conducía mal; mucho tráfico, muchos camiones, muchos trastos viejos que intentaban pasarse unos a otros, impedían mantener una velocidad medianamente alta. Luego, pasado Navalcarnero, sobre todo dejada atrás la provincia de Madrid, podían conseguirse mejores marcas. Pero era ya después de Talavera de la Reina y sobre todo al entrar en Extremadura, cuando se circulaba a placer. No pasamos de la ciudad de Badajoz, no quiso acercarse a la frontera. El regreso sirvió para que Susanna fuera confirmando los datos que había ido anotando en unos de sus blocs en el trayecto de ida, hasta que lo permitió la luz del corto día. Congestionada entrada en Madrid y sigilosa entrada en el garaje y en la ratonera.

Se repitió el viaje todos los días. Hasta el 19. Desde el 14 utilizamos otro R12, azul marino (el mío era granate), que alguien encerró en nuestra ausencia. Siempre Paolo al volante, siempre Susanna con la libreta. Interesaba dominar la carretera, situar todos los cruces, las travesías, conocer cómo estaba el tráfico desde Madrid hasta la frontera con Portugal por Badajoz saliendo sobre las diez de la mañana pero sólo en ese sentido, los regresos eran irrelevantes, se confirmaban detalles pero el listado parecía ya exhaustivo. En nueve días no tuvimos ningún problema mecánico, tampoco ningún despiste, ni un pequeño susto, el nuevo coche estaba impecable, mejor si cabe que el mío, y yo era un excelente chófer. Ahora se podría decir aquello de que hubiera podido hacer el recorrido con los ojos vendados.

El 20 de diciembre de 1973 se despertó particularmente frío. Un final de otoño poco saludable, con un inamovible anticiclón sobre la vertical de Madrid que impedía la circulación de vientos que pudieran limpiar una atmósfera cargada de gases. Ayer, la visita del secretario de Estado norteamericano Henry Kissinger al Caudillo y al presidente del gobierno Carrero Blanco, había terminado mal. Por una parte salió impresionado por el gran deterioro físico de Francisco Franco y, por otra, el encuentro con Carrero sería definido –en un documento interno de la embajada de Estados Unidos– como borrascoso y agrio. Kissinger no logró convencer al presidente de la conveniencia de introducir cambios en el Régimen. Además, esta madrugada del 20, largas colas de gente se arremolinaban en torno a la plaza de las Salesas, a fin de no perder asiento en la menguada sala en la que había de tener lugar la vista, el inicio del juicio contra diez líderes del sindicato clandestino Comisiones Obreras entre los que se encontraban Marcelino Camacho y Nicolás Sartorius; la policía había acordonado la zona, en previsión de altercados, con un gran despliegue de efectivos. Cuando se produjo la explosión, a las nueve horas y veinticinco minutos de esa mañana, Susanna y yo estábamos metidos en el nuevo R12, neumáticos a presión justa, depósito lleno, motor en marcha, Radio Madrid sintonizada, estacionados sobre el vado de un almacén en ruinas en la esquina de un callejón sin nombre con el final –¿o el principio?– del paseo de Onésimo Redondo.

Fue un viaje de locura. Un viaje hacia la nada. «Deja aquí tus documentos.» «Yo llevaré los tuyos y los míos.» Empezó el día con una sustitución alarmante: en la oscuridad del refugio un ex capitán del ejército español guarda en una cartera de imitación piel un carné de identidad y un permiso de conducir a nombre de Federico Amate Barnola con fotos que corresponden a quien les habla. Sentados en el coche, parados, luces apagadas, motor al ralentí, en el extrarradio de la ciudad prohibida, desenvuelve algo, se le ilumina el rostro al mostrar al recién nacido: un revólver Colt Anaconda, «¡calibre 44 Mágnum!» puntualiza, ¡la de Harry el Sucio! voy a decir, con sorna pese al momento, pero no, la explosión, terrible, me asusta y digo, casi gritando, «¿qué ha sido esto?» y él «¡nada, nada!, ahora a estar atentos, son dos vehículos, primero un Peugeot 504 y luego, ¡irá pegada!, una furgoneta blanca.»

No fue un seguimiento difícil. No iban rápidos. Situados a unos treinta metros («por ahora mantente así, así vale, a esa distancia») de la popa de la Mercedes, adelantando a algunos vehículos, siendo adelantados por más, nos fuimos enterando por la radio que lo que primero se creyó que había sido una explosión de gas –como la del año pasado en Barcelona que causó 18 muertos– era una bomba que había estallado bajo el pavimento de la calle Claudio Coello y que se desconocía aún si había producido víctimas. A las once menos cuarto, las autoridades confirmaron la noticia que, veladamente, los periodistas radiofónicos ya llevaban rato manejando: el presidente del Gobierno español el almirante don Luis Carrero Blanco había fallecido. Todavía nada, oficialmente, de las causas. Dejamos de oír con claridad la emisora, nos estábamos alejando mucho de Madrid. Susanna cerró el aparato: «Bueno, ya lo has oído, ETA ha matado a Carrero..., ahora nosotros a lo nuestro, a seguir las instrucciones, vamos bien de hora, y tú, Paolo..., ¡eres un excelente chófer!».

Cruzábamos los pueblos, kilómetros, kilómetros, avanzábamos hacia Portugal, un especial cortejo fúnebre, y aquí no pasaba nada. Acababan de asesinar al presidente del gobierno, y ni un control de carretera, ni un policía, ni un guardia civil. ¡ETA había matado a Carrero! ¿Cómo sabía que habían sido ellos? Y los del coche y de la furgoneta que estábamos acompañando ¿eran los asesinos? Aquella tarde, en Madrid, después de la comida, en aquel suntuoso despacho de Alcalá, se me pidió, creo que casi me rogaron, que condujera un coche en una misión delicada. ¿Y el Colt de Susanna? ¿Es que iba a liarse a tiros? «Pero ¿ellos saben que los estamos siguiendo?», no pude menos que preguntarle, pero se hacía el distraído, miraba interesado por la ventanilla, pero de golpe, de modo inesperado, soltó una carcajada, dio un grito, excitado, cogió el revólver, lo agitó en el aire, y dijo «no, no lo saben todavía, pero lo sabrán pronto, en cuanto crucemos la frontera». Volvió a guardar el revólver, dejó de reír, me miró y tranquilizándome, en tono confidencial, en voz baja, a ratos ininteligible por el ruido del coche, comentó que claro que lo sabían, que formábamos un equipo, «¡la retaguardia!», aunque nunca se sabía con ese tipo de gente lo que podía pasar, que debíamos estar prevenidos, «ya veremos, en ese pueblo de Portugal, cuando lleguemos..., allí recibiremos órdenes, pero tú no te preocupes».

A tres kilómetros de la frontera los dos vehículos se orillaron y Susanna me mandó adelantarlos. «Ahora despacio, más que antes incluso, ve mirando si nos siguen, en la aduana bajaré del coche con nuestra documentación, si tardo algo no pasa nada..., he de hablar con alguien.» Detuve el coche junto a la barrera. Paré el motor. Susanna abrió la puerta para bajar mientras cogía –por un momento creí que el revólver– la cartera imitación piel y un sobre grande y abultado, que también estaba en la bandeja y en el que no había reparado; por el retrovisor vi cómo se aproximaban lentamente los otros dos vehículos hasta que el 504 quedó pegado al nuestro aunque no lograba ver la cara de los que iban dentro. Volvió Susanna, hablando animada y campechanamente con otro individuo, también de paisano. Se dieron la mano. Se metió dentro –¡no llevaba el sobre!–. «En marcha, todo arreglado.» Arrancamos. Subieron la barrera. Pasamos todos. Pegados. Como un tren de feria. Nos siguieron ¡los nuestros! Cruzamos el puente. Llegamos a la aduana portuguesa y Susanna sacó de la cartera una cartulina, bajando el cristal. «No pares.» «Muy despacio, pero no pares, sólo deja que le entregue esto al guardia.» Al llegar a Elvas dijo que orillara y nos adelantaron. «El conductor es portugués», aclaró, «atento, no los vayamos a perder.»

Cogimos desde Elvas la carretera de São Vicente y Santa Eulalia y, enseguida, a la izquierda, otra más estrecha hasta Vale de Figueira. La oscuridad era casi absoluta, sólo una farola iluminaba de modo vacilante lo que debía de ser la plaza del pueblo. Ni un alma. Se metieron por una calle empinada y pararon ante una casa que parecía pintada de amarillo. «Sobrepásalos, da la vuelta al fondo, y te pones junto a ellos pero de cara a aquí, para poder salir sin tener que hacer maniobras.» Lo hice, rápido, iba a parar el motor pero me advirtió, tajante, que no lo hiciera: «Tú te quedas dentro, así, con el motor en marcha, con los seguros bajados, con los ojos bien abiertos..., pasados diez minutos», miró el reloj, «sí, diez minutos, tocas el claxon, y si no salgo enseguida vuelves a tocar». Me miró, «si entonces tampoco saliera..., pones la primera, y sales cagando hostias». Seguía mirándome, pero abrieron la puerta de la casa, también las de los coches, y se dispuso a salir pero, se volvió y dijo: «¡Deséame suerte, amigo!», y cogió el arma.

Se había abierto la puerta de la casa –una luz débil venía del interior aunque no se asomó nadie– y bajaron cuatro hombres del Peugeot y dos de la Mercedes. Los primeros –el conductor portugués y tres tipos jóvenes y delgados– se metieron corriendo dentro. Susanna se acercó a los otros dos y se dirigieron a la parte posterior de la furgoneta. Dejé de verlos, unos instantes, y cuando volvieron a aparecer ya eran cuatro –el otro debía de haber estado metido detrás–; con gran esfuerzo transportaban dos cajas grandes, aparentemente muy pesadas, que llevaron dentro. Los dos más corpulentos volvieron a salir, cerraron con llave todas las puertas de la Mercedes y al pasar frente a mí, antes de volver a entrar, me miraron –¿y sonrieron?– y yo me quedé helado: eran Borgan y Karl, dos de los sicarios de Ugalde. Diez minutos. No me atrevía a tocar el claxon, tenía la sensación de que algo iba mal, esperé aún unos segundos, y toqué. Nada. Esperé. Un minuto. Dos. Volví a tocar. Y bajé del coche. Empujé la puerta, que estaba sólo entornada. Y avancé por un pasillo en el que, al fondo, debía de haber un cuarto, una sala, de donde venía la luz. Y el apocalipsis: los tres jóvenes delgados, de pie, contra la pared, inmóviles, petrificados; los tres alemanes y el gordo portugués tirados por el suelo cada uno con un charco de sangre orlando la cabeza, cada uno con su pistola correspondiente aún agarrada; y Susanna, sentado en una silla, revólver en mano, sangrando por la boca y con el pecho perforado. Sólo entrar, como si hubiera estado esperándome, se dobló, hacia delante, el peso del tronco y de la cabeza arrastraron el resto del cuerpo y deslizándose, como una serpiente aplanada, como en los dibujos animados, se convirtió en un fardo. Estaba muerto. Miré a ¿los terroristas? Retrocedí. Estuve a punto de coger el revólver. Pero no lo hice. Las cajas habían desaparecido. A un lado, un ventanal abierto de par en par; un balcón, un pequeño mirador con una escalera que daba a los campos. Salí a la calle. En el coche busqué la cartera y allí estaba mi documentación. Huí del pueblo. Pero no podía cruzar la frontera a esa hora. Me metí por un camino vecinal, hasta unos cobertizos. A las ocho arranqué el motor. Y regresé a España, sin más contratiempos.

XIII

1974-1986

Un largo periodo. Con un nuevo jefe. Paular caído en desgracia tras el fiasco portugués emerge un hombrecillo lector de *Reader's Digest* y de *Mecánica Popular*, muy nervioso, siempre cuello cisne bajo americanas fantasía, pantalones beige, mocasines burdeos. «Llámame Juan, sin más», su nombre era John Fernández, «acataremos las directrices... pero me permitiré criticar algunas», ríe como un coyote mientras se pega otro pelotazo de bourbon encaramado a un taburete, en el centro del vacío, a estas horas de la mañana, Stork de Calvo Sotelo. Descubro que le gusta gritar. Pero no son gritos como los míos, independientes del discurso, con vida propia, sino que convierte en grito la última palabra –o a veces sólo la última sílaba– de la frase cuando ésta es particularmente larga. Es una forma ridícula de reforzar las peroratas interminables a las que sería tan aficionado cuando el alcohol ya le estragaba a las doce del mediodía. «¿Pisaste la cola al gato?», repetía, machacona, Herminia Bergua Pueyo, de Latre (Huesca), la primera criada de mi infancia que recuerdo, allá por mediados de los cuarenta, en la casa de la Gran Vía, cuando iniciaba el tortuoso camino –ya conté lo que me ocurrió con el de Berkeley– hacia el dominio y lato ejercicio de una gama inusitada de expresiones vocales abstractas, alejadas siempre de cualquier remedo figurativo: balidos, aullidos, ladridos, graznidos propios de las bestias correspondientes o de vulgares artistas. Juan tampoco imitaba, lo que pasa es que no alcanzó nunca, en este campo ni en el conjunto de su tremenda actuación vital, ningún tipo de registro sublime; se limitaba a intentar escapar de la aureola de ridiculez que le envolvía, como esas mujeres tan feas que siempre están en movimiento para que nadie pueda enfocar correctamente su imagen, así el pobre desgraciado recurría a poses, a piruetas guturales, a cambios de humor bruscos, a giros alambicados en su estrategia directiva, para enmascarar la soledad mediocre, el uso agotador, exclusivo de su pequeño espacio: «Es mi hacienda», le gustaba advertir, «no me gusta asomarme donde ya no hay nada, porque lo que no se conoce es como si no existiera», y me guiñaba un ojo en señal de complicidad filosófica, entre los dos sólo, como si los demás –recuerdo concretamente la primera vez, fue a finales de verano, en la celebración de su aniversario con todo el equipo (éramos ya unos veinte), en una comida en el Finisterre– ni se enteraran, ni siquiera existieran.

Llevaba un tiempo colaborando con varias editoriales. Me pasaban libros editados fuera –en Francia, fundamentalmente– e informaba sobre su viabilidad en el mercado español atendiendo tanto a su calidad como a los gustos e intereses de los lectores. Principalmente trabajaba para Seix Barral, Juventud y Planeta, contactos facilitados por la propia Fundación América, y un buen día –venía de la facultad, de recoger las notas (¡matrícula!) de dos exámenes–, justo al llegar a la institución, el conserje me avisó, azorado, que don Juan Fernández me estaba buscando insistentemente, que habían llamado a mi casa y también a la universidad. Saltó del sillón al abrir la puerta de su despacho. Casi se abalanzó sobre mí para, ¡por fin!, poderme presentar a Monsieur Robert Lasky, importante experto literario, asesor de la organización, ¡a escala mundial!, y que estaba sólo de paso, sólo unas horas, en Barcelona. Fue una reunión dificultosa, Lasky no entendía ni una palabra de español, mi inglés era macarrónico y Fernández no estaba especialmente dotado para conducir, traducir y ponderar. En resumen y antes de ulteriores cónclaves, se trataba de sugerirme que sugiriera, todavía en el ámbito de las pequeñas editoriales –pronto vendría el desembarco en una gorda–, al mismo tiempo que informaba sobre lo que la editorial proponía, que yo sugiriera otros títulos sobre los que informar; la relación de títulos –también de autores, pero sobre todo, sí, de títulos– iba a llegar en breve –carta o télex– aunque ya se me adelantaba que la literatura americana y la europea no proclives al comunismo formaban el grueso del «corpus» (le gustaba sin duda a Lasky esta palabra, o le gustaba pronunciarla aquí, como una aproximación lingüística) y que incluso, las traducciones –«excelentes, excelentes»– ya existían; estrategia y un cuestionario vendrían adjuntos.

Atravesando la hacienda, casi montados a caballo, el viernes siguiente a la reunión tripartita, tras una dura liza alcohólica, parados en el semáforo de peatones de Balmes con Travesera, frente a Can Culapi, lancé una primera objeción sobre la propuesta de Robert Lasky. No veía claro –ya había llegado el listado de títulos– cómo las editoriales para las que informaba podrían hacerse con los derechos, por ejemplo de Hemingway, Faulkner o Wolfe, si éstos ya los tenían otras editoriales y si los títulos traducidos que se proponían ya estaban en el mercado aunque fuera en otras versiones. «¡Paolo!, ¡querido hermano!», se abrazó a mí y aunque el semáforo se puso en verde seguimos allí parados, «te dije en una ocasión, y no me gusta repetirme, que una cosa es lo que ellos dicen, y otra, a veces muy distinta, es la que yo decido que hay que hacer.» Aflojó el abrazo y aprovechando que otra vez estaba en verde, le di un empujoncito, cruzamos, y ya en la anchura de la otra acera, en una especie de explanada frente a una nueva boutique, le permití desarrollar el manifiesto: «Se quiere mejorar la percepción de los Estados Unidos desde Europa..., eso por un lado..., luego se quiere desvincular a los intelectuales europeos de esa atracción ¡absurda! por el comunismo..., no nos importa que sean de izquierdas, pero de una izquierda dócil...». Calló y se puso a andar, como si le hubiera entrado prisa de repente; pero enseguida, sin detenerse, sin mirarme, resumió «veremos qué libros, de los traducidos, podemos colocar, y si no es posible por la vaina de los derechos, hablaremos con algún agente literario... y si no, los regalamos, pedimos unos cuantos ejemplares de cada título, y te los llevas a la facultad, y esos chicos, los alumnos de los cursillos..., lástima que no estén traducidos al catalán, así cerraríamos el círculo..., ¡qué idea!», se rió, parado otra vez, delante del supermercado Caprabo, con las amas de casa mirando de refilón a este par de chalados..., porque yo también me puse a reír; dos, o tres Jack Daniels –era mi marca, la de Eddie Felson–, a estas horas, casi en ayunas, ¡qué vida!

John *Juan* Fernández era un alcohólico pacífico. Ascendido al puesto de presidente de la Fundación América por dos carambolas, el descrédito de Julio Paular y el fallecimiento, desnucado, del negro africano políglota formado en Yale al tropezar y caer rodando por las escalerillas del avión ya en el aeropuerto de El Prat, siguió llevando el mismo tipo de vida que en su anterior cargo en las oficinas en Madrid de la multinacional de los refrescos. Vivía en el Hotel Condado, casi pared con pared con la Fundación, dormía hasta las nueve, se daba una vuelta por el despacho, visitaba uno de los cuatro o cinco bares de su confianza, todos situados en la hacienda, y luego, desde las doce hasta las dos, bien sentado en su sillón de piel –casi nunca utilizaba la mesa– leía la prensa, echaba una ojeada al correo, dictaba alguna carta y se daba un garbeo por las aulas departiendo con profesores y alumnos. Nuestra relación fue correcta desde el primer día, correcta en el sentido etimológico, conforme a las reglas, a las reglas no escritas pero sabidas y que establecían que el subordinado debía mostrarse dispuesto a reír las gracias del jefe, a acompañarle en sus juergas, a acatar sus órdenes y a no cuestionar nada de lo que hiciera o dijera cuando estuvieran presentes otras personas del despacho; y ahora me doy cuenta que utilizo con normalidad este eufemismo y que me incluyo sin ningún tipo de reservas en su atrabiliaria nómina.

En octubre del 74, cursando ya tercero de carrera con muy buenas notas, entro a trabajar en la Editorial xxxxxx –influyente sociedad manejada por el Opus Dei– con horario de mañana. Me encargan la redacción de los capítulos dedicados a Cataluña de una colección en fascículos semanales denominada *Viajar por España*. Cobro veinticinco mil pesetas mensuales, y el contrato es de un año. Pero, cosas que pasan, a los pocos días, una modificación en el organigrama traslada a Pamplona el equipo director de la publicación; a mí se me deja en Barcelona y sin labor que desempeñar. Así pasa un tiempo. Comparto una amplia y desangelada habitación con otro esclavo –Adalberto Gutiérrez Rojano– y, de vez en cuando, como para que estemos entretenidos, nos entregan algún pie de foto de una enciclopedia en revisión para que lo adaptemos a los tiempos que corren. Hasta que, poco antes de Navidad, una mañana más, después de luchar casi media hora para encontrar aparcamiento, introducir la ficha casi rebasado el tiempo, subir en el lóbrego ascensor, abro la puerta, y veo sentado, en una tercera mesa siempre vacía, a un patibulario individuo, gafas de culo de vaso, camisa verde con cuadros marrones, pantalones de pana: Pere Pérez i Pérez, licenciado en arte, miembro destacado del PSUC, con quien tuve una enganchada histórica en el bar del SEU hace muchísimos años por los cambios de un billete en el pago del importe de unas consumiciones: él trabajaba de camarero. A partir de ahora, Adalberto y yo seremos los encargados de revisar las entradas de arte contemporáneo de la famosa enciclopedia y, Pere Pérez, será nuestro tutor, el superior que marcará las pautas, nuestro jefe inmediato, ¡menudo panorama! Comento a Fernández, esta misma tarde, el cambio producido y, lacónico, sin darle importancia, encendiendo un Marlboro con parsimonia, entre el humo, más atento al hilo musical que a mi augusta persona, va y me dice: «Todo irá bien, es de los nuestros». (Pérez i Pérez despedía un olor penetrante, algo así como el gran gato de algalia tras varios días de intenso trabajo de revisor en el metro.)

La vida sexual de John/Juan no parecía, en principio, demasiado interesante. Tipo solitario donde los haya –como ya se ha dicho–, se sinceraba conmigo en ciertas ocasiones, siempre cuando había rebasado el nivel razonable de bourbon pero esta tarde, camino de la tasca donde íbamos alguna vez (había pedido que le llamaran por teléfono al despacho siempre que les llegara botillo), comenzó a desvariar acerca de la altura de las mujeres, de su antiguo complejo –medía uno cincuenta y ocho–, para desembocar en un programa para el fin de semana que me incluía a mí como acompañante de la amiga de una tal Núria Casas, alumna de uno de los cursillos de catalanización que se impartían en Aribau 191. Buscando mesa para poder degustar con tranquilidad el grasiento embutido vi nuestra imagen en un espejo del fondo de la sala; resultábamos grotescos: el Gordo y el Flaco, don Quijote y Sancho Panza, Grendel y uno de los Carimales. Barrunté cosas terribles, mofas, insultos, risas desencajadas a cargo de Núria Casas –que era prima (?) de Pere Pérez según dijo John más adelante– y de la incógnita en cuerpo de amiga. Las habitantes del barrio de Sarriá, de la calle Caponata, se sentaron el sábado tarde, camino de la casa que alquilamos en Fontanillas, en el asiento trasero y debieron de empezar la guasa sólo arrancar: de Juan, el conductor, no debían de ver nada, un coche fantasma, mientras que mi cabeza, de regulares proporciones, sobresaldría generosamente del respaldo del asiento: «¿Que marcha solo, este coche?», diría Casas para empezar, y la socia, Carme Espardeñas, corregiría vitriólica «no *siguis* mala, ¡pudrida!». Ésta fue la tónica. Empleo constante de *«pudrida»* tanto a cargo de una como de otra, palabra fetiche, apelativo de temporada (tanto en Sarriá como en Horta), que navegaba en un océano idiomático que haría palidecer las gracias de rotundos cómicos como Capri, Pitarra, Mary Sampere y su egregio padre. Tras cenar opíparamente en Gerona nos recluimos en la casa, en la rectoría, una austera edificación recién restaurada y allí comenzó el juego de las puertas, las carreras, los pijamas y los camisones; un vodevil de tercera que acabó con Fernández metido en la cama con las *pudridas* –luego me dijo entusiasmado que le habían hecho a medias una paja– y yo, solo, ¡por suerte!, en un pequeño cuarto, desde el que estuve disfrutando toda la noche con los característicos ruidos de cepillo de carpintero emitidos por la pareja de lechuzas del campanario. Fruto de las caricias íntimas fue el permiso para que el primo Pere pudiera extenderse aún más, todo lo que le viniera en gana aunque ya algo iba incluido en el lote de las distorsiones, en el tratamiento de los artistas plásticos contemporáneos catalanes en el trabajo de revisión de la enciclopedia. Adalberto y yo ampliamos así los horizontes, no dividimos, los dos abordamos, de mutuo acuerdo, ambos campos, Cataluña y Estados Unidos, aún prefiriendo el primero al segundo, exótico universo este último del que ahora se hablará, por el que de verdad se tenía allí a Pérez, a Gutiérrez y a Amatller Moragas.

Conquista de las mentes. Así se titulaba el panfleto que Fernández me entregó el viernes para que le echara un vistazo durante el fin de semana; él había quedado con Núria Casas, solos esta vez, para mi fortuna. En un español neocubano se desgranaban consignas dirigidas a *enseñantes, periodistas, escritores en general,* encaminadas a que *estos intelectuales* lograran mediante su *influencia sobre las diversas capas sociales* hacer que mejorara *la opinión del pueblo español acerca de los Estados Unidos de América.* En dos folios elefante se fijaban *las líneas de actuación* ramificadas en *campos de influencia* entre los que aparecía, subrayado por Fernández, el llamado *horizonte artístico. Europa* –aquí se notaba que el panfleto era un refrito de otro dirigido tiempo atrás a la intelectualidad europea– *tenía una imagen mojigata, vulgar y kitsch de las actividades artísticas estadounidenses,* era *misión nuestra cambiar esa imagen* y, como *caballo de batalla* se proponía la *difusión y promoción del expresionismo abstracto* centrándola especialmente en la Action Painting de Jackson Pollock utilizando también a los demás artistas neoyorquinos pertenecientes a esa escuela pero siempre como comparsas de Pollock al que convenía glorificar divulgando su leyenda en la que de las ruinas de un ser perdido –alcohólico, izquierdista–, surge el artista sofisticado, el creador de la obra más potente y limpia de todas las vanguardias. Se resalta que el expresionismo abstracto es un arte apolítico, inofensivo, libre, opuesto, por ejemplo, al muralismo soviético, contaminado por el marxismo. Y en una nota a pie de página se señala la importancia de las editoriales españolas como catapulta de mensajes para América Latina. Éste era, en todo su esplendor, el «dictator» de Pere Pérez i Pérez.

Pasó el curso muy deprisa. También lo que restaba de año. Ya en el 76, a primeros de febrero y tras una prórroga, acabó mi trabajo en la editorial; allí siguieron Pere y Adalberto mientras John Fernández me reclamaba para otros cometidos. En su despacho, nada de bares, la ocasión lo exigía, me sometió a una larga reflexión acerca de cómo veía él –más que cómo veía la organización– el futuro inmediato de todos nosotros, de qué cosas eran las que nos deberían preocupar y de qué modo deberíamos hacer frente a ellas. Primero, «he querido que dejaras lo de la editorial, no porque no fueras útil, aunque Pérez y Gutiérrez con la tarea encarrilada pueden apañárselas ellos dos perfectamente, sino para tenerte más libre ya que hasta el año próximo no terminas la carrera y eso siempre supone tiempo, no disponibilidad completa». Segundo «voy a proponerte como patrono para la nueva fundación, ya sabes, y si no, te lo cuento ahora, que se va a liquidar ésta y, casi simultáneamente, vamos a constituir otra, probablemente en otro sitio y con otros fines». Tercero «se te nombrará gerente de una editorial que vamos a crear de inmediato y aunque la intención es que de momento no sea operativa permitirá disponer de una sociedad mercantil con todo lo que ello supone jurídica y fiscalmente y, además, será de donde percibas el salario –que presionaré para que sea más elevado– manteniendo, claro está, tu régimen de becario –prorrogable luego para la tesina, tesis y demás macanas– y cubriéndose bajo mano, como hasta ahora, todos tus gastos». Cuarto «una revisión lógica de los planteamientos tras la muerte de Franco, nos va a llevar a abandonar la docencia directa para entrar en otro modo de combate ampliando el campo de operaciones cualitativa pero también geográficamente, pero sin olvidar, y esto queda entre tú y yo, que nosotros estamos aquí, que no habrá que dejar de actuar aquí, que aunque sea necesario supervalorar la importancia de Cataluña dentro de España lo haremos sin ningún reparo, porque nuestro futuro profesional depende del mantenimiento de la estructura de Barcelona, o sea que dejamos de dar cursillos porque nos obligan pero buscaremos formas de manipulación indirecta y, lo que es fundamental, formas de justificar ante los de arriba el porqué de realizar dichas manipulaciones: insistiremos en la pervivencia del problema, lo magnificaremos, lo mantendremos y, si fuera necesario, lo crearemos».

«¿Qué fue de toda aquella gente de los pájaros?» «¡Los ecologistas!» «¿Mantienes todavía la relación con ellos?» «¿Y el Grupo?» «¿Cómo se llamaba, Grupo Ornitológico?» «Deberías contactar, de manera espontánea, haciéndote el encontradizo..., te cuento, te cuento.» Estábamos los dos sentados en una de las terrazas de la plaza de Calvo Sotelo, era un sábado de principios de abril y el sol calentaba lo suficiente para que se pudiera gozar del espectáculo de las piernas, brazos y nucas de las más pijas y por lo tanto de las más hermosas muchachas barcelonesas. Fernández tras sus Rayban, yo tras las mías, jugábamos (jugaba) a adivinar las especialidades eróticas de cada una de nuestras vecinas: «Ésa la debe chupar como Dios, a aquélla seguro que le gusta que le den por atrás» iba dando un barrido a toda la parroquia, con el Martini blanco (una de sus gracias más aplaudidas era pedirle al camarero «¡un Martínez!»), la cajetilla de rubio y las llaves del deportivo ocupando casi toda la mesa (yo prefería tener en la mano la bebida para no entrar en un conflicto de espacio), haciendo ostentación, mediante un pausado pero persistente balanceo, de los zapatos hechos a mano en Mallorca que ayer recibió y hoy estrenaba. Tan alto era el estado de satisfacción, tan a gusto se encontraba –«ves Paolo; como aquí, no se está en ningún lado... lo que siempre te digo, hay que inventarse historias, impedir que cierren la oficina» (desde hacía un tiempo, desde que cambiamos de nombre y de sede social la llamaba así)–, que no se acordó más de los Sistella y compañía; y se arrepentiría luego, porque esa misma tarde, de improviso –sabía que iban a venir pero no esperaba que lo hicieran tan pronto, además sin avisar, y ello le dolió, ¡no le daban la importancia que él creía tener dentro de la organización!– irrumpieron en la oficina, en la Fundación para la Colaboración Atlántica, tres individuos altos, de unos cuarenta, traje gris, relucientes maletines, gesto adusto, que se encerraron sin dilación en el despacho de Fernández, y no salieron, los cuatro, hasta la puerta, donde fueron despedidos servil y temerosamente, hasta las once de la noche.

Buscó Fernández un lugar idóneo. A salvo de micrófonos –comenzaba esa paranoia–, sin salir de la hacienda, a una hora insólita, los dos solos, otra vez para confiarme, encomendarme algo, en una temporada en que las cosas no le iban bien, molesto con el nuevo emplazamiento de la Fundación en Infanta Carlota, molesto con el cambio de nombre, molesto con cualquier cambio, con miedo a verse arrastrado en cualquiera de ellos, molesto con que le dieran órdenes y que, como este caso, no tuviera más remedio que obedecerlas a rajatabla. Eligió el Stork, sentados en una mesita del fondo, a las diez de la mañana, cuando se iban las mujeres de la limpieza y aún era imposible tomarse un gin fizz; Charlie entraba a las doce.

JOHN *(bebiendo cubalibre con avidez, acalorado, en una mano el vaso y en la otra un pitillo encendido, en mangas de camisa, la americana colgada en el respaldo de la silla):* Franco quería tener la bomba atómica. Afrentas internacionales como la presencia británica en Gibraltar o las aspiraciones marroquíes por Ceuta y Melilla secundadas por países europeos como Francia, no le dejaban dormir. Necesitaba un golpe de efecto, consolidar la posición de España a nivel mundial, poderse codear con las potencias nucleares, tener un estatus de país desarrollado. *(Descansó, bebió un sorbo, fue a encender otro pitillo, el primero aún humeaba en el cenicero, mientras yo le miraba intranquilo, presagiando otro desastre, pero ahora sin Susanna, yo de desgraciado protagonista.)* En 1951, cincuenta años después del descubrimiento de la radiactividad, se crea la Junta de Energía Nuclear (JEN) y diez años después, a instancias de Franco, se comienzan a investigar las posibilidades de construir una bomba atómica, sin embargo, los ingenieros, todos militares, reconocen, tras algunos escarceos, su incompetencia para esa misión dado el grado de conocimientos y el tipo de tecnología que obran en su poder por el momento. *(Se llevó el vaso a la boca, lentamente ahora, mirándome a los ojos para ver cuál era mi reacción.)*

PAOLO *(coge también su cubalibre y se crea una ridícula situación, ambos con la misma postura, frente a frente, a corta distancia, hasta que es Paolo, al que le toca responder, el primero que lo separa de los labios y lo deja, con calma, en la mesa):* No veo, por el momento, dónde entramos nosotros.

JOHN *(que ha dejado también el vaso, echándose un poco hacia atrás como para tener más perspectiva):* En el 66, en el accidente de Palomares, se perdieron varias bombas, que no estallaron, claro, pero de las que la JEN consiguió obtener valiosa información. No me preguntes cómo, pero al año siguiente, los avances de los ingenieros militares serían tan notables que motivaron, incluso, que por valija diplomática circulara un documento que informaba de la capacidad real que tenía España para construir la bomba. Nuestros servicios interceptaron con facilidad el mensaje, con facilidad excesiva; siempre se creyó que se buscaba divulgar la noticia y algunos analistas consideraron que se trataba de un farol.

PAOLO: ¿Pedimos otro?, veo que esto se va complicando. *(Cogí un Marlboro; no fumaba casi nunca pero en este momento me apetecía y mientras nos servían los dos nuevos cubalibres eché varias bocanadas al aire, que olía, a estas horas, a sudor sucio de las limpiadoras y a lejía concentrada.)*

JOHN: Lo que vino después te lo pasaré esta tarde. Son fechas, datos técnicos, hitos, avances y retrocesos. Lo importante es que el gobierno español realiza una apuesta y quiere salir ganador. Instalan en la sede de la JEN un reactor rápido y al cabo de un año consiguen plutonio que, misteriosamente, escapa al control del Organismo Internacional de la Energía Atómica (OIEA) y, teniendo en cuenta que el país dispone en su subsuelo de las más importantes reservas de uranio, se crea un estado de euforia general asegurándose en un informe del Centro Superior de Estudios de la Defensa Nacional que «la consecución de un arma nuclear nacional era inminente». *(Descanso. Trago paladeado, lento.)* Y ahora escucha: Carrero Blanco consigue en 1968 gracias a su buena sintonía con De Gaulle y a la habilidad del embajador en París José María Areilza un acuerdo para construir en la provincia de Tarragona, en el término municipal de Vandellós, una central nuclear con tecnología francesa, una réplica, un duplicado de la de Saint-Laurent-des-Eaux. Se inaugura en junio de 1972, con una tecnología que permite la utilización de uranio natural como combustible, que genera residuos fácilmente reprocesables en Francia en plutonio militar –seis kilos se necesitaban para una bomba y Francia no permitía a la OIEA inspeccionar sus plantas– y ya decidido que será el Sáhara el lugar donde se realice la primera explosión, «sólo faltan por perfilar unos mínimos detalles». Tras la entrevista que mantuvo con Carrero el día antes del asesinato, Kissinger manifestó que se hacía indispensable establecer un *férreo seguimien-*

to de estas actividades. Muerto Carrero, muerto Franco, se creyó que el proyecto se diluiría, pero no ha sido así; acaban de producirse unas nuevas declaraciones de Areilza en el sentido de que no se quiere abandonar la idea, que el gobierno ha decidido involucrarse en firme en el desarrollo del Proyecto Atolón, para que en un corto plazo España disponga de «un elemento disuasorio de envergadura». Y ésta es la razón de que estemos tú y yo aquí, con los cubalibres (levantó la mano, avisó al camarero de que trajeran otra ronda)..., nos han encargado, ¡agárrate!, que resolvamos nosotros solos, por nuestra cuenta, el problema..., yo ya sabía lo que pasaba, sabía que iban a venir a verme para esto, ya te empecé a contar, el otro día en la terraza, te pregunté por los ecologistas... pero esperaba que nos encomendaran, simplemente, un papel de apoyo, pero esto, así, ¡esto es la rehostia!: nos han dado carta blanca.

Qué pasó realmente después, qué pasó durante los muchos años que siguieron, cómo pude aguantar, a todas horas, días y días, las borracheras de cubalibre, las borracheras de bourbon, los chillidos rematando «un Martínez», «la hacienda», «la oficina», «esta vaina», «esta macana», cómo pude aguantar las gracias, los caprichos, los malos humores de los que le sustituyeron –un militar panameño, un economista mulato, un matemático ciego–, qué me mantenía allí, aferrado a un sueldo, a una capacidad de decisión mínima, a una dosis irregular de libertad y aventura; a veces creía que sólo estaba dotado para obedecer, que mi lugar en este mundo era estar a la sombra de alguien con responsabilidad, que no me interesaba –o que me resultaba incómodo o que no sabía– llegar a liderar nada y, otras veces, pocas, cuando necesitaba liberar urgentemente mi autoestima de las más robustas ataduras, creía que realmente era yo el que movía los hilos, que yo era el personaje gris, el que no recibe nunca los reconocimientos públicos pero que es quien elabora los discursos, da las órdenes, las consignas que, de un modo irreflexivo y poco suspicaz, muchos atribuyen al jefe. Como la trama antibomba, que recupera primero a Baltasar Sistella, luego a Ticià Moreu, crea Acció Naturalista Essencial Catalana jugando con sus siglas ANEC para que se aproximen a *ànec* –ánade– dando un sentido ornítico, naturalista, ambientalista, de lucha por la defensa de la naturaleza catalana, lucha en la que debía ser prioritario el desmantelamiento de la Central Nuclear Vandellós 1 por el riesgo de accidente nuclear, por la contaminación constante del entorno, por el riesgo en el transporte de sus residuos hasta Francia, por los costos desorbitados de su construcción, mantenimiento y desmantelamiento (cuando llegase) y, fundamentalmente, porque suponía otro flagrante caso de colonización –en este caso a cargo de la compañía Hispano-Francesa S.A. (HIFRENSA)–; otra cosa es que se hubiera tratado de una sociedad del país. Y continuando con la relación de logros, de éxitos para la causa, quiero reivindicar mi contribución decisiva en el lanzamiento en España de las revistas culturales xxxx, xx xxxx xxxxx, xxxx y xxxxxxxx; en la dirección literaria de la Colección Narrativas Actuales orientada al mercado mejicano; en el apoyo a asociaciones religiosas tanto de tendencia aperturista como integrista; en la constitución de una nueva fundación dirigida a subvencionar partidos políticos, publicaciones periódicas, cadenas de radio; en las gestiones cerca de las grandes distribuidoras cinematográficas americanas; en la incipiente distribución de materiales de ficción y de carácter documental para Televisión española. Aparte están las joyas de la corona, las acciones de gran calado que conformaron momentos de gran tensión institucional y en las que sobrepasé ampliamente mi punto de compromiso: planifiqué, llevé a cabo, y protagonicé, en algún caso, episodios decisivos como la utilización de grupúsculos armados, la simulación de secuestros y la redacción del Pacto de Yesa. Ésta es mi hoja de servicios, aunque temo que nunca llegue el reconocimiento adecuado.

En enero de 1986 cerró la oficina. Directrices. Alta política. No me preguntaron si quería trasladarme a Canarias; supusieron –supusieron bien– que ya no deseaba continuar. Se fueron prácticamente todos; gente menor –pequeños agentes, burócratas de camisa gastada–, mandos intermedios, y el último presidente de la última fundación: el ciego ya antes citado. Misión: establecer una sede y neutralizar la tupida red soviética del archipiélago.

Era jueves, el último del mes, y entraba en casa, con la prensa y la correspondencia debajo del brazo; sonaba el teléfono y al descolgarlo oí la voz de mi madre: «¡Pablo!» (silencio) «Papá ha muerto.» (No «Paolo», no «tu padre»; la ocasión así lo exigía.)

Llegué a mediodía al piso de Mitre. Lo pisaba por primera vez. Vendida la casa de Sardañola, casada mi hermana, era perfecto para que mi madre pudiera vivir sola. Pequeño, bien distribuido, en la primera planta del edificio, con calefacción y agua caliente centrales, con tiendas de todo tipo en la misma acera, llenaba de satisfacción a su ocupante y suponía una gran tranquilidad para su hija sobre todo ahora que volvía a estar embarazada. Abrió la puerta José María, mi cuñado, un estirado ejecutivo con quien no habría cruzado, hasta la fecha, más allá de media docena de palabras. En la salita, alrededor de la mesa sobre la que reposa la urna, sentados y en animada charla mi madre, mi hermana, unos primos de mi padre y mi sobrino Lucas (insólito nombre que desde el primer día me llevó a pensar en algún antiguo novio, en algún escondido amante o en el verdadero padre de la criatura). «Llamaron ayer, una voz de mujer mayor, del pueblo ese de Lérida en donde estuviste trabajando esos años. Mandaban las cenizas...» Interrumpí el parte. «¿Del pueblo ese de Lérida? ¿Es que papá vivía ahí?» Mi madre, que necesitaba mantener en todo momento la pose de que todo aquello le traía sin cuidado, que era un engorro, que hasta el final no le estaba causando más que complicaciones, me miró con curiosidad, como si descubriera en este instante, que yo estaba allí, delante de ella, que volvíamos a estar los cuatro juntos, que su yerno, su nieto, desde luego esos parientes, no formaban parte de la familia, y entró en una especie de estado cataléptico, con la mirada ausente, un ligero temblor en las manos y un aflojamiento general de músculos y esfínteres. Fue mi hermana (¡mi hermana!, ¡qué raro se me hacía todo aquello!) la que después del susto, mamá recuperada pero metida todavía en la cama, me explicó que pensaban tirar al mar las cenizas y, ante mi insistencia, aclaró, pero con medias palabras, que sí, que papá, desde el primer día, se instaló allí, en ese horrible lugar, entre las montañas. De camino a casa, otra vez esa sensación que dicen que se tiene cuando uno se va a morir, fueron desfilando las imágenes de lo que se llamaba «mi vida». ¡Tenía cuarenta y cuatro años! ¿Qué iba a hacer a partir de ahora? Tuve miedo. La muerte de mi padre, de un padre inexistente, de un ser desconocido, me había dejado vacío. No podía participar en la pantomima del puerto, con las cenizas arriba y abajo. ¿Se montarían en una golondrina? Tuve un impulso irrefrenable. Entré en el piso. Busqué el listín. Y llamé a información de RENFE. A las once horas de mañana viernes desde la Estación del Norte salía un tren directo.

Nota final

Conocí a Pablo Amatller Moragas en la universidad (aunque cursábamos carreras distintas: él Medicina y yo Derecho, ambos sin lo que se suele llamar vocación) en el curso 1962-1963. Pronto nos hicimos amigos; y, hasta 1965 aproximadamente, creo que fue la persona con quien sostuve más abundantes y extensas conversaciones sobre arte y literatura. Quiero decir, que descubrimos juntos muchas cosas. Me parece que éramos los únicos estudiantes que en la universidad teníamos en aquellos años algún interés por el surrealismo y el arte de vanguardia en general. Quizá esta afirmación sea inexacta, pero no he tenido hasta ahora ninguna ocasión de verificar tal inexactitud. Estas memorias recogen yo diría que la totalidad de las aficiones, ocupaciones y obsesiones de Pablo. Algunos pasajes, frases y alusiones podrán resultar oscuros para quien no tuvo la suerte de tratarle. En su ayuda, sin arrogarme por supuesto la capacidad para su interpretación total, creo reconocer algunas pistas entre la abundante cursiva: homenajes a la mediterraneidad de Manuel Vicent, al sentido periodístico de Juan Luis Cebrián, al humanismo *casolà*, casero, de Pla –y a la exégesis de Valentí Puig– y, en menor medida, pastiches en los que se rastrean documentaciones académicas entre las que no debe ser la menos importante la que corresponde a un trabajo inédito del profesor Garrido. Una precisión complementaria podría ir encaminada a corregir un supuesto: nunca vi a Amatller en la piel de Eddie Felson (Paul Newman) sino en la de Bert Gordon (George C. Scott). Para el final dejo una reflexión: nunca soportó la idea de poder resultar farragoso; esto explicaría la inaudita prisa en acabar los párrafos, la expurgación de florituras, el ir siempre al grano, la repugnancia por las metáforas. *¡Paolo! ¡Alta edad!*

XX «Potencia»
Sa Colobra, Mallorca, noviembre de 1998

Nora Peb

La Bête du Gévaudan

1

Por el Bearne, *ancien pays de France,* que perteneció a Navarra y a los condes de Foix, unido a Francia por Luis XII en 1620, y que luego conformaría casi en su mayor parte el departamento de Basses-Pyrénées, hoy Atlánticos, avanzo hacia Olorón desde la frontera española del Somport. La BAMI, la Banque Michel Inchauspé, tiene agencia en el parque. Me ingresan mensualmente una cantidad por servicios prestados, una forma piadosa de reconocimiento, una pensión ridícula a ojos europeos y que cada tres, cuatro meses, me acerco a recoger. De allí a Auch, capital de la Gascuña, hoy departamento de Gers, tengo tiempo de pensar en cómo la vida, a veces, lo fija a uno a determinados parajes sin que nada haga sospechar, poco tiempo atrás, tal señalamiento y cómo movimientos originales se convierten pronto en rutina, y trato de contar el número de veces que, desde mi jubilación en 1986, he hecho este recorrido para terminar acobardado, ante la tienda de vinos, ahora delicatessen, escondido en mi automóvil, en la esquina de la place Jean David con el callejón sin nombre.

Contemplo a mi hijo y me pregunto cómo se pudo crear, cómo una ingesta de semen pudo dejar embarazada a Martine Monet, natural de Tarbes, allá en el verano de 1960, en el pinar de Las Fontetas, en la población de Sardañola (provincia de Barcelona) entonces lugar de veraneo. *Veo sus inclinaciones, que son las mías, empujándolo al atolondramiento y a la vanidad:* descarga cajas de armagnac haciendo alarde de fuerza física, habla con vehemencia con el conductor, castiga con la mirada a la vecina. Siempre me

213

he quedado ahí, en el punto en que ya me he decidido a abordarle, pero surgen –o hago surgir– contratiempos, excusas. Ahora sí, estoy de pie, preparado para cruzar, con el discurso ensayado: preguntar por las diferencias entre un Pacherenc y un Saint Mont, para luego dejar caer que ya sé que su madre murió ahogada en el 77, cuando la Basse Ville, esa mitad de la ciudad que se extiende a lo largo del Gers, el río que da nombre al departamento, se inundó esa vez más que nunca, y a partir de allí, dependiendo de cómo vayan las cosas, de si reconoce mi acento español, de si sabe de la existencia de Pablo Amatller, de si intuye algo, pero suena el móvil y tras un «¿Monsieur Paul?, ¿Monsieur Paul?» se esconde Philibert Bablon, mi sabueso bibliófilo que ya ha localizado por fin un ejemplar de *Fauves de France* de Jean-Émile Benech, *in-8 broché, couverture illustrée,* Librairie Stock, Delamain et Boutellau, 1954, 176 pp., 2 ff. n. ch., *avec 17 illustrations photographiques,* a un precio razonable, aunque es en Lyon –y no puede acercarse en este momento y no admiten reservas telefónicas–, en la Librairie Ancienne Philippe Lucas, 9 Quaie de la Pêcherie. Y se me fueron las ganas, o el atrevimiento; y además ha entrado en el local y está atendiendo a un grupo de turistas.

En Mende, prefectura del departamento de la Lozère, me encuentro con los archivos cerrados –es fiesta local–, tampoco es posible adquirir un dossier mínimamente serio sobre la historia de la bestia; a lo sumo, en un quiosco, único establecimiento abierto en el que se venden libros, hallo un cómic y un par de guías con pobres referencias geográficas y burdas alusiones al trágico conflicto: estoy en el centro del Gévaudan, cómo no *ancien pays de France,* dentro de los primitivos límites del Languedoc y aquellos acontecimientos de la segunda mitad del XVIII han quedado reducidos a propaganda de atracción de feria. Dejo Mende. Llego a Lyon, busco hotel y, de mañana, primer cliente, entro en la librería de Monsieur Lucas. Por 200 francos me hago con el ejemplar y entro en España, autopista de La Junquera, a media tarde; es jueves, 4 de octubre, de 2001. Duermo en casa, en mi querido Ampurdán, en Fontanillas, en mi rectoría.

2

Fue Benech un francés de provincias. Apasionado por la fauna salvaje, escribió prolijamente sobre ella aunque bajo la óptica del cazador, la única utilizable por entonces. En la tercera página del ejemplar de *Fauves de France* gozosamente adquirido, hallo la relación de su obra a fecha de 1954: *Amour de la chasse, Moeurs nuptiales des bêtes (préfacé par Jean Rostand), Le chasseur dans son royaume*, como trabajos cinegéticos y, en el campo de la lírica y el costumbrismo rurales, *La poursuite du vent (poèmes), Fanes (poèmes), Les pieds dans l'herbe (roman), Un gratte-cendre (roman)* y *Notre maire Tripou (roman)*. El primer capítulo de *Fauves...*, «Le loup», se encabeza con una peculiar cita, una parte de una estrofa, puede que un estribillo, de la «Complainte sur la bête du Gévaudan», una endecha que nos sitúa certeramente en el núcleo del problema, y que es ésta: «*Venez, les yeux en pleurs, / écouter, je vous prie, / le récit des horreurs / d'une bête en furie...*» (Venid, con los ojos arrasados, / escuchad, os lo ruego / el relato de los horrores / de una bestia enfurecida...). El texto propiamente dicho empieza así: «*Quand on sort du Cantal, par la route de Ruines à Saugues, on pénètre bientôt dans un pays defortuné. Ce soir, au-dessus des croupes recouvertes de bois sombres, limitant un horizon rétréci, de gros nuages bleuâtres, gonflés, traversent avec lenteur un ciel triste. Hautes bruyères que dépassent de rares genévriers rabougris, champs de seigle ou de sarrasin protégés par des murs en pierres sèches, maigres pâtures où de petits troupeaux d'aumailles trouvent leur vie, voilà tout ce que l'homme, au cours de nombreux siècles, a pu conquérir sur l'ancienne étendue de la forêt. Depuis longtemps, ce coin de France garde un aspect définitif, éternel. Ces défrichements, cernés de taillis d'où pourraient sortir des brigands, des loups, s'il en existait encore, suggèrent au passant l'impression d'une contrée à surprises où la peur rôde à la tombée de la nuit*» («Al salir de Cantal, por la carretera de Ruines a Saugues, pronto se penetra en un país desdichado. Este atardecer, sobre las cimas de las montañas cubiertas de tenebrosas selvas, limitando un estrecho horizonte, unos nubarrones azulados, inflados, atraviesan lentamente un cielo triste. Altos brezos que sobresalen entre escasos y esmirriados enebros, campos de centeno o de mal trigo protegidos por muros en piedra seca, áridos pastos donde mal viven exiguos rebaños de ganado mayor, he aquí todo lo que el hombre, en el transcurso de muchos siglos, ha podido conquistar a la foresta. Desde hace mucho tiempo, este rincón de Francia conserva un aspecto definitivo, eterno. Las roturaciones, rodeadas de pequeños bosques de donde podrían surgir salteadores de caminos, lobos, si aún existieran, dan al caminante la impresión de una región sobrecogedora donde el miedo merodea a la caída de la noche». Éste es el marco de actuación de la Bestia de Gévaudan y Benech lo presenta al arrancar el libro. Sí, va a tratar del lobo, la fiera europea por excelencia, pero desde su ángulo más inquietante, desde la irregular dieta del que pudo ser uno de ellos. Poesía, tradición, son las herramientas para contar la historia del monstruo; luego cederá el lugar a la normalidad de la especie. El lobo será situado en sus justos términos; como el oso, el lince, el gato montés, la nutria y todos los demás componentes de la salvajina.

La bibliografía sobre la Bestia de Gévaudan es realmente amplia (cerca de 70 publicaciones) y difícilmente encontrable en sus ediciones originales. Un clásico sería la *Histoire de la Bête du Gévaudan* par l'Abbé Pourcheur (1889), más cercana a un informe policial que a una novela por la cantidad de datos sobre víctimas y lugares. *La Bête du Gévaudan* par François Fabre (1930) complementa la obra anterior tras bucear en más archivos. *La Bête du Gévaudan* par Abel Chevalley (1936) intenta ser a la vez obra histórica y obra literaria barajando, con más insistencia que sus predecesores, la posibilidad de que no nos hallemos ante la acción predadora de un lobo, ni siquiera de otra especie animal –hienas, panteras– sino ante la obra de un sádico. Con estos tres libros, con *Fauves de France* de Benech, y con otros recientes de poco interés para el bibliófilo, hemos confeccionado una lista de textos y datos que pueden contribuir a la comprensión de los hechos.

La historia
«Es en julio de 1764 cuando comienza el *affaire*. Una chiquilla de Saint-Étienne-de-Lugdares ha desaparecido. Se encuentra su cadáver destrozado. Hígado, intestinos, corazón, todas las partes blandas han sido devoradas. Después, una sucesión de horrores que durará tres años. La Bestia, porque hay que nombrarla así, parece un lobo..., ¿pero lo era?..., ¿en qué habría que pensar pues?..., ¿en un híbrido?..., ¿en un ser humano? En junio de 1767 corre el rumor de que un tal Chastel, en la Sogne d'Auvers, ha acabado con la Bestia. Luego se dirá que en el lugar en que fue abatida ya no crece la hierba.»

Cifras
A La Bestia se le puede atribuir con certeza la muerte de unas cincuenta personas pero el número debió de ser mucho más elevado...

Se responsabiliza oficialmente a la Bestia de la muerte de 104 personas de un total de 157 o 179 (según las fuentes) que fallecieron violentamente durante esos tres años en el país de Gévaudan...

248 gentiles víctimas, de las que 112 fallecieron en extrañas circunstancias...

Si la Bestia era un lobo no sería el primero que se aficionara, como algunos tigres, a la carne humana. En la Edad Media acompañaban a los guerreros para devorar, tras la batalla, a los combatientes muertos o malheridos –con dificultad se reconoció el cuerpo de El Temerario (Carlos el Temerario fue vencido y muerto el 5 de enero de 1477 durante el sitio de Nancy) desfigurado a los pocos instantes de su fallecimiento–. En épocas de epidemias y hambrunas merodeaban en torno a las ciudades a la espera de los cadáveres que se echaban extramuros y que nadie quería enterrar. También, cerradas las fauces en torno a las piernas de los ahorcados, se balanceaban juntos hasta que por su peso, por la putrefacción, y por el efecto cortante de la soga en torno al cuello, éste se partía, desplomándose reo y lobo sobre el patíbulo. Porque en París, en aquel tiempo (1421), hordas hambrientas de lobos cruzaban el Sena a nado, recorrían impunes las calles a la busca de presas y profanaban los cementerios desenterrando los cuerpos más frescos. En 1439, la última semana de septiembre, los lobos, más sedientos que nunca de sangre humana, degollaron y devoraron a 24 seres indefensos –ancianos, niños, tullidos– en el sector comprendido entre Montmartre y la Puerta de San Antonio...

Documentos (de los archivos parroquiales de la región)
Acta de defunción de Delphine Courtiol, mujer de Étienne Gervais, de Saint-Juéry, fallecida el 6 de enero de 1756, enterrada el día siguiente. Sus padres han asistido a la sepultura. D'Apcher, curé.

Aviso: La susodicha Delphine Courtiol ha sido devorada en su jardín, en el lugar de Saint-Juéry, por una bestia feroz desconocida que se pretende sea una hiena, y que desde el mes de agosto en que vaga por esta diócesis, ha causado horribles estragos. Monseñor el obispo de Mendes ordena plegarias públicas para su destrucción. Dios quiera procurárnosla y así librarnos de tan terrible azote. Escribo esto para los siglos venideros. D'Apcher, curé.

Acta de sepultura: Martial Charrade, de Besset, fue devorado antes de ayer, por la Bestia feroz desconocida que come a la gente, en la tenencia de la Vachélerie donde trabajaba como vaquero. Tenía unos dieciséis años y, hoy 22 de abril de 1765, los restos de su cuerpo han sido inhumados en el cementerio parroquial, en la tumba de sus antepasados, en presencia de Jean Charrade, su padre, y de Antoine Charrade, su hermano, ambos jornaleros del citado lugar de Besset, analfabetos... Fournier, curé.

Nombres –y títulos– de algunos de los caballeros que intervinieron en la «historia» de la Bestia de Gévaudan
–Monseigneur Gabriel Florent de Choiseul Beaupré, Évêque de Mende.
–Monsieur Du Hamel, Capitaine Major de Clermont.

–Monsieur le Comte de Moncan, Gouverneur Militaire du Languedoc.
–Messieurs Denneval Père et Fils, Louvetiers du Roi.
–Monsieur Antoine de Beauterne, dir Monsieur Antoine, Porte arquebuse du Roi, Grand Louvetier du Royaume, Chevalier de l'Ordre de Saint-Louis.
–Monsieur Georges Louis Leclerc, Comte de Buffon, Conservateur du Jardin des Plantes de Paris, Membre de l'Institut.
–Messire Jean Joseph de Chateauneuf-Randon, Marquis d'Apcher, Baron de la Garde, de Thoras, de Cénaret et de la Clause, Seigneur de la Besque, de Verdun, de la Clavière, Colonel de la Gendarmerie Royale, Maréchal de Camp du Roy et Chevalier de l'Ordre de Saint-Louis.
–Verny de La Védrines, Gentilhomme verrier au Château de Chamblard.
–Jean François Charles de Molette, Comte de Morangiès.
–Le Père Jean Chastel dit «Le Masque» et les Fils Pierre et Antoine Chastel.
–Jacques Portefaix, testigo excepcional de los acontecimientos, destinatario de una pensión real de 300 libras en recompensa por su coraje, autor de unas explosivas memorias sobre los hechos, ascendido a teniente de artillería, muerto, oportunamente, a los treinta y dos años, al estallarle un obús en el rostro.

Reflexiones finales
Se influía en el ánimo del pueblo para que relacionara las muertes atribuidas a La Bestia con un sentimiento de vergüenza y deshonor.

Se amenazaba con prisión a los alcaldes e incluso a los cabezas de familia que no pusieran medios suficientes para defender de los ataques de La Bestia a las personas bajo su tutela.

Son varias las tesis sobre la autoría del desaguisado. La primera habla de un lobo gigantesco y feroz aficionado en exceso a la carne humana. La segunda apunta a otra especie de animal carnívoro, inclinándose por una hiena; sin dar explicación, por eso, de qué hacía esta fiera en mitad de Francia. La tercera postula la acción de un sádico. La cuarta de varios sádicos. La quinta de uno o varios sádicos actuando bajo la cobertura de una alta protección. La sexta remite al uso de animales enseñados a matar. Y así, la relación, infinita, puede incluir la participación de seres híbridos, criaturas míticas y hombres poseídos por el diablo aunque prime la sospecha de un gran complot de carácter ritual o ideológico; y no es desdeñable la posibilidad de un divertimento de las clases pudientes o de un sofisticado medio urdido por funcionarios para conseguir ayudas financieras.

Las víctimas fueron, en su mayoría, adolescentes de ambos sexos y mujeres jóvenes.

4

Tiempos duros. A los cuarenta y cuatro años me dejan en la estacada. Trasladan el tinglado a Canarias y quedo con una pequeña pensión aunque eso sí, hay que decirlo todo, con un gran caudal de conocimientos y, sobre todo, con una abultada libreta de direcciones. Empiezo a moverme. A mediados de los noventa España se moderniza. Se crean nuevas empresas, otras se fusionan, llegan multinacionales. Se consolidan grupos terroristas. Se desarrolla la industria del secuestro. Hay particulares que medran de forma rápida al aplastar a la competencia. Los servicios secretos, hasta ahora sumidos en la apatía, descubren su potencial como dinamizadores de los caudales públicos y se ponen a trabajar a destajo. Y todos tienen el mismo talón de Aquiles: la eliminación de pruebas, cómo deshacerse de los cadáveres humanos. Y cuando me ofrezco, todos respiran aliviados y corren a por el talonario para entregarme un cheque en blanco; a nadie se le había ocurrido esta fórmula y el primero que da, siempre da dos veces.

Los sistemas convencionales son los primeros en ser utilizados. Métodos trillados, poco imaginativos, que aunque de entrada parecen seguros, a la larga no lo son en absoluto. Hornos de cementeras, de plantas siderúrgicas, de incineradoras de residuos, lugares no solitarios, en los que cualquier descuido, pese a la confidencialidad a la que se comprometen los empleados corruptos, desembocaría en preguntas incómodas, en quién sabe qué pesquisas y procesos. Mi tendencia a lo ambiental, mi conocimiento de los procesos naturales, me lleva a pactar con un cliente, un promotor inmobiliario ruso instalado en la Costa del Sol, que en su fulgurante carrera me necesita a menudo y que ha adquirido en poco tiempo varias grandes fincas en los Montes de Toledo. Le propongo cobrarle en especies. Por el último trabajo y por todos los que realice en lo que resta de año no pido un duro, quiero disponer de La Valentina, la menor, más apartada y peor comunicada de sus nuevas propiedades y que tiene algo especial: está cercada, rodeada por un murete que la hace invisible a los ojos de quien se acerque, si es que alguien se acercó alguna vez por esos parajes. No hay preguntas. Ni documentos. Podré utilizar la finca para lo que yo quiera, él mandará a los guardeses a otra casa y hablará con la Guardia Civil para que no me molesten. Durante dos años.

Josep Panotxa, de Can Panotxa, hijo de Josep Panotxa el albañil, el «paleta», es mi ayudante desde que adquirí la rectoría y fueron ellos, padre e hijo, los que la reformaron para adaptarla a mis gustos y necesidades. Josep Panotxa, hijo, tiene mermadas varias facultades mentales y físicas. No tiene memoria inmediata, carece de conciencia moral, queda dormido ipso facto cuando bebe agua, arrastra la pierna derecha, tiene la cabeza algo desplazada hacia atrás respecto al eje longitudinal y no articula palabras completas por lo que prefiere sustituirlas por gemidos, ronquidos, silbidos y alaridos dependiendo de la ocasión y de su estado de ánimo. Por todo ello es conocido en el pueblo de Fontanillas y en las pedanías de alrededor por el mote de «Panarra», hábil compendio de significados que incluye panocha, pan (realmente él es muy aficionado) y el aumentativo-despectivo implícito en la terminación «arra», lo que da al conjunto el preciso tono insultante que el apelativo del tonto del pueblo requiere. También, según se cuenta, está capado: con dos piedras planas se machacó los huevos.

Llevé a Panarra conmigo desde el primer encargo. Recuerdo

que sólo llamarme los colombianos le dije a su padre: «¡Josep!, voy a necesitar ayuda a partir de ahora para unos viajes que me han salido; ¿qué tal si contrato a su hijo?». El hombre estuvo encantado. Eran dos días, un buen dinero, y tampoco tenía ahora tanto trabajo, y tampoco el hijo le suponía descargarle mucha faena. Partimos. Habían dejado el muerto –acribillado, pero perfectamente embalado– en el interior de una nave, que había sido granja avícola, en las afueras de Burriana. Panarra lo cargó sin dificultad en la C15. De allí a la cementera, cuatro pasos por la autopista. Aguardamos a que se produjera el cambio de turno. Ya anochecido, franqueamos la puerta mostrando un pase al guarda, dimos la vuelta al edificio de las oficinas y en un barracón pintado de blanco nos esperaba el contacto, un antiguo miembro de los Grupos Operativos ahora reconvertido en obrero. Le di el dinero y, mientras lo contaba, Panarra bajó el bulto de la furgoneta para colocarlo sobre un carro metálico de grandes ruedas. Se fueron los dos empujándolo rampa arriba hasta una de las bocas laterales de inspección del gran horno giratorio. Había que abrir la escotilla y echar la mercancía en el margen de cincuenta segundos en que el cilindro descansa. Y lo hicieron en treinta y cinco.

Pero, como ya he dicho antes, uno nunca está tranquilo cuando, para misiones algo delicadas como éstas, ha de depender de terceras personas. Por lo tanto, tenida ya en cesión la finca de La Valentina, aguardé expectante a que me endosaran un muerto para probar la acción de los necrófagos alados. Y no fue uno, sino dos. El Grup d'Alliberament Gay de la Franja de Ponent debía deshacerse urgentemente de los cadáveres de dos sacerdotes que incómodamente habían fallecido en acto contra natura en el cámping donde se celebraba la VI Asamblea. No hubiera aceptado, en otras circunstancias, la exigua minuta, pero ardía en deseos de probar el nuevo sistema. Advertí a Josep que, esta vez, íbamos a estar varios días ausentes, pero no pareció preocuparle; estaba orgulloso de que contara con su hijo. La recogida, el viaje hasta la finca toledana, el desembalaje, el vertido en una ladera deforestada a buena distancia de la casa pero perfectamente visible desde ella, nos llevó un día entero. Destruimos esa noche en el fuego del hogar las lonas, ropa y demás enseres, hicimos bocadillos con unas baguetes y unos embutidos traídos de Calonge y nos echamos al cuerpo un par de vasos de la excelente agua del pozo. Panarra quedó frito sobre el asiento. Yo me tumbé en un jergón y, al mismo tiempo que las brasas, también fui perdiendo las fuerzas hasta quedar profundamente dormido. El amanecer, enérgico, luminoso, ya me pilló sentado ante la ventana. Estrenaba catalejo; un Optolyth TBS 100 GA/APO montado sobre un sólido trípode me iba a permitir contemplar a la perfección el festín inmisericorde. Panarra recogió las cosas de anoche, preparó el desayuno y detrás de mí, pero a cierta distancia, tomó asiento en un taburete con expresión absolutamente alucinada: no recordaba ni dónde estábamos ni qué era lo que aquí hacíamos. No tardaron en bajar: cuatro buitres negros, luego un cuervo, después tres alimoches, y cuando ya todos estaban comiendo, cayó del cielo una lluvia de aves, de plumas, de rugidos y los dos curas desnudos, blancos, regordetes, desaparecieron de la faz de la tierra, desgarrados, devorados por una turba de buitres leonados –noventa, cien quizá– que sólo dejaron unos huesos dislocados, esparcidos, que acabaron rodando hasta el fondo del barranco, perdidos entre juncos y pequeños tamarices. Tal como vinieron, se fueron. Dos buitres negros –lentos, ceremoniosos, más grandes pero más prudentes que los buitres leonados– regresaron al cabo de una media hora. Con cuatro alimoches y tres cuervos repasaron los restos. Hasta que el zorro merodeador, que ya había levantado a los buitres leonados –eso sí, ya hartos y sin nada más apetecible que comer–, irrumpió en escena, persiguió, sin demasiado entusiasmo, a cada una de las aves –que aquerenciadas volvían enseguida a posarse–, y comenzó a comerse los cartílagos, todos los que le habían dejado, fueran éstos hialinos, elásticos o fibrosos; un especialista sin duda. Al final, separó un húmero de la escápula y con él en la boca se fue trotando barranco arriba.

5

Las catástrofes naturales no obedecen nunca a una sola causa. Y ahora eran varias las que hacían tambalear la bondad del concepto segunda residencia. Entre ellas la anunciada ¿y definitiva? crisis energética, la aplicación del denominado Plan de Ayuda a la Reconversión de Primeras Viviendas (PARPRIVI) y la acción despiadada de las bandas de maleantes y terroristas que dificultaban el normal tránsito por las carreteras y descampados. Fontanillas acusó de forma cruel la nueva situación. Ya nadie compraba casas, todos vendían. Turistas, veraneantes, dejaron de interesarse por los pueblos, por el campo, y se recluyeron en sus nichos ciudadanos cerrados a cal y canto. Los precios de las masías, de las viviendas rurales en general, se desplomaron. Pueblos enteros, propiedad de gentes de Barcelona, se convirtieron en pueblos fantasma. Fontanillas, con un total de 71 casas –unas treinta en el núcleo, las demás diseminadas–, sólo tenía 10 habitantes censados, todos dependientes económicamente de los forasteros, ya olvidadas las faenas agrícolas de autoconsumo. Fue Josep Panotxa quien me ofreció la posibilidad de comprar, a un precio increíblemente bajo, las dos casas contiguas a mi rectoría. Era realmente tentador; pero mientras lo iba meditando llegaron más ofertas: se podía adquirir prácticamente todo el pueblo en condiciones de verdadera ganga. Esperé. No sabía qué hacer. ¿Comprar para vender por si las cosas mejoraban? ¿Comprar sólo las casas del núcleo urbano y convertirlo en un recinto amurallado, en una fortaleza, en mi fortaleza..., con torreones para observar la costa por si llegaban piratas? Ocurrió algo que aceleró la toma de decisión. Y ésta fue sonada.

Llamó Balta Sistella, del zoo. ¡Cuánto tiempo! Quería comentarme algo; nos citamos en Barcelona, en un peruano de la Villa Olímpica. Yo no era especialmente partidario de este tipo de menús pero él invitaba –quería mostrar sus gustos–, y además lo importante era vernos y que me contara, que me contara lo que parecía tan urgente. Al principio –más de tres cuartos de hora– me sometió a un estudiado interrogatorio, pero al poder intercalar comentarios sobre la variedad de platos y (repugnantes) sabores el trance no resultó tan dificultoso. ¿Es posible que hubiera escogido este tipo de establecimiento para que le fueran más fáciles las cosas? En fin, obtenida la información que deseaba, recompuesto mi escenario (hasta cierto punto, tampoco iba a ser tan tonto como para darle todos los detalles), pasó a exponer el meollo de la cuestión: les sobraban lobos; una mejora genética, una mejora en las instalaciones quizá, total que disponían de varias camadas y estaban buscando padres, padrinos, para colocarlos donde tuvieran la seguridad de que iban a poder tenerlos en régimen de semilibertad para, a lo mejor, más adelante, pensar incluso en una reintroducción en el medio natural. ¿Podría estar interesado en quedarme con alguno? Mi limpia trayectoria de lucha ambiental garantizaba, a sus ojos, y por supuesto a la dirección del zoo de Barcelona, que el trato a los pupilos sería el adecuado. Tardé en responder. Me había sonsacado lo de La Valentina. No le dije, claro está, para qué usaba la propiedad. Tampoco especifiqué las características del muro. Llevado por ese deseo infantil de deslumbrar, de impresionar a los demás, queriendo dar a entender lo bien que me iban las cosas, me había ido otra vez de la lengua y, con ello, le estaba resolviendo anticipadamente el problema: él pensaba que yo le podía facilitar el nombre de alguna persona importante, de algún terrateniente, y he aquí que eso no era necesario, el terrateniente era yo. De improviso, se produjo en mi mente una especie de fogonazo, apareció una luz, esa bombilla que se enciende en las viñetas, y me vi con los lobos, pero no en los Montes de Toledo, me vi en Fontanillas. «Mira, Balta», le dije, «creo que podré hacerme cargo de un par, no te sé decir ahora cuándo ni cómo, pero cuenta con eso..., con que me quedo con dos, con un macho y con una hembra..., que no sean hermanos.» «Bien», dijo, «pero no esperes mucho..., en cuanto puedas, te los llevas.»

6

Compré las casas. Una, dos, tres..., hasta treinta. Excepto Can Panotxa, donde quedaron los dos Josep, las compré todas, de golpe. Miento, Can Rutí y Can Anglada, en manos de nativos, no las negocié hasta el final, cuando el resto del núcleo urbano ya me pertenecía. También l'Església parroquial de Sant Martí, una vez desafectada, pasó a mi poder. Casas diseminadas no quise ninguna.

Sin arquitecto, sin permisos de obra, iniciamos Panotxas y un servidor un plan de reacondicionamiento del conjunto. Uniríamos las casas –Can Panotxa aparte, a modo de anejo, como vivienda del conserje– mediante pasadizos, túneles, puentes o una simple apertura de huecos en las paredes maestras cuando no existiera separación, lo que no era frecuente; la mayoría quedaban separadas por «catellas», espacios angostos pero que evitaban conflictos entre vecinos en caso de reparaciones en el exterior. Las puertas y en general todos los vanos a la altura de la calle iban a quedar tapiados, incluidas las catellas; sólo se conservaría la entrada de la rectoría y, en la parte norte del pueblo, el acceso a Can Rutí, fácilmente practicable por todo tipo de vehículos desde la carretera. Lo fundamental, la idea básica, era que todo el recinto –porque ya se podía hablar de recinto amurallado, de edificio único– contendría dos estructuras internas: la primera, mi residencia, una concatenación de espacios, antiguas estancias en primera planta o superiores de las casas del núcleo urbano dispuestas en círculo, con entrada por la rectoría y con disfrute de terrazas y azoteas; la segunda, la residencia de los lobos, una concatenación de espacios en las plantas bajas –cuadras, cocheras, zaguanes– dispuestos en círculo en torno a un patio central muy grande, soleado, con leñeras, huertos y una gran alberca a ras de suelo –circunvalada por arbolado y matorral– alimentada por el agua de la surgencia que sirve al pueblo. Ambas estructuras, como ya se ha dicho antes, se configurarían gracias a la unión por viales de los espacios de igual cota correspondientes a las primitivas edificaciones, algunas exentas, pero todas pertenecientes al núcleo urbano de Fontanillas. La obra llevó unos meses. El tiempo que aún pude disponer de La Valentina. Rescindí amigablemente el tácito acuerdo con el promotor ruso, y me dispuse a ir por carne, instalados en el laberinto los inquilinos, los dos impecables especímenes de *Canis lupus*.

7

Cuentan que en las Islas Galápagos, por efecto del aislamiento y de la obligada adaptación al medio, los seres vivos han evolucionado a mayor velocidad que en otros lugares. Son seis las especies de pinzón que han surgido a partir de sólo una: la que llegó en tiempos, procedente del continente americano, gracias a las turbulencias de una gran tormenta. De esas seis especies actuales hay una particularmente notable: el pinzón vampiro, tenaz pajarillo que picotea en el dorso de las grandes aves marinas cuando éstas descansan posadas en los acantilados de la costa y que, como quien no quiere la cosa, con la excusa de desparasitarlas, arranca sus plumas y va produciendo heridas hasta conseguir que brote la sangre, que bebe con fruición y que constituye el principal aporte proteínico a su dieta.

También Fontanillas es testigo de una adaptación. Avanza la crisis económica mundial y el repliegue de los ciudadanos barceloneses se acentúa. Casi nadie se aventura por las carreteras. Disparado el precio de los carburantes, prohibitivo el importe de los peajes de las autopistas, deteriorado el firme, infestadas de bandidos las áreas de descanso, sólo es posible circular con escolta o armado hasta los dientes y, desde luego, con la cartera bien repleta. En los pueblos, se vuelve a la economía de subsistencia. La severidad del medio –el frío, el calor, las plagas, la naturaleza en suma– se combate con los antiguos métodos: sin el auxilio de la química y de las máquinas. Mermada y envejecida la población, se reduce su ámbito de influencia a pequeñas parcelas en torno a las viviendas. En Fontanillas, las casas separadas del núcleo, repartidas por los terrenos bajos que algún día se sanearon –utilizando la jerga desarrollista del XIX–, son abandonadas; el río retorna a su cauce, los meandros recobran su espacio, se forman lagunas en los campos de frutal, nadie puede seguir, por falta de juventud y sobre todo de maquinaria pesada, frenando la invasión líquida, la vuelta a la normalidad.

El núcleo urbano, isla en el pantano, es un estallido de vida. Los lobos, pletóricos, bien alimentados, entusiasmados con el escenario, parecen colonizar de forma rotatoria el territorio. Las primeras semanas, ligados al lugar de suelta –Can Rutí–, no progresan más allá de cuatro casas, en sentido contrario al de las agujas del reloj. Entran y salen del patio central donde beben y se bañan, pero regresan al mismo punto donde la lóbrega bodega de Can Fava parece convertirse en su primera guarida. Luego se trasladarán a la iglesia, uno dormirá en el púlpito, otro en el confesonario junto al altar. Ahora se han establecido en la cuadra principal de Can Patillas, a dos casas a oriente de la rectoría. No paran. Durante el día es raro verles pero, al atardecer, a veces a media tarde, van a beber y a lavarse y, entonces, comienzan a jugar, a perseguirse, aunque aún no completan el círculo en sus correrías. Desde el acceso de Can Rutí se descargan los cuerpos. Una polea sobre un ventanuco redondo permite izarlos sin esfuerzo y tirarlos a la cocina de la casa. Allí comen –prefieren hacerlo a cubierto– aunque también les gusta llevar al patio central alguna porción semi devorada –media pierna, un antebrazo– o incluso arrastrar el cadáver entero, si es liviano en sí mismo –niños, jovencitas– o si está prácticamente terminado. Entonces, con despojos a la vista, dada la amplitud del patio central –de hecho, es una amplísima plaza–, aparecen otros comensales: aún no se han visto buitres, pero urracas, cuervos y otros pájaros descienden al comedero. (Cerrando la cuestión trófica: igual que los pinzones de las Galápagos, aquí, los gorriones, también transmutan a carroñeros; arrancan diminutos jirones de carne, y beben sangre.)

8

Pero todo acaba. La crisis general se agudiza hasta extremos insoportables incluso para los empresarios más solventes. Es gente seria que no quiere incumplir sus compromisos y prefiere no contratar mis servicios antes que verse en la triste tesitura de no poder hacer frente a los pagos. Falta carne. Recurro otra vez a los Panotxa. Sé que siempre los tendré a mi lado, que me ayudarán hasta el límite de sus posibilidades, aunque soy consciente de que no puedo depender sólo de ellos. Sí, proporcionan algunos kilos, para salir del apuro: gentes que piden refugio en su casa provenientes de masías anegadas, payesía vieja, incapaz de arrancar ya nada de la tierra. En el fondo les hago un favor a todos, a los Panotxa por liberarles de la obligación de acogerlos y a los refugiados, que ya desean acabar con esta vida sin sentido. Pero este material se acaba. Hasta La Cigarros, ramera rumana itinerante, por la que Panotxa padre siente una especial predilección –«no es puta, va salida, lo que más le gusta es abrir armarios por si hay pantalones de hombre, con el olor ya se corre»–, me es entregada ya descuartizada. Tomo una determinación. De hecho he cumplido con Sistella: los lobos ya están crecidos y no tienen apego alguno a la raza humana, son prácticamente salvajes. Escojo una noche de luna llena, no por el tópico sino por la luminosidad, me sitúo en la atalaya (no sé si he contado que he hecho levantar una, desde donde domino la inmensidad de la marisma, las desiertas playas, los montes de alcornoque) y hago abrir de par en par las puertas de Can Rutí; los lobos llevan casi un mes sin recibir alimento y ya no les quedan huesos que triturar. El reclamo de lo desconocido, la libertad, el hambre desaforada, los expulsa del recinto. Rodean la muralla en sentido este, siguen hacia el sur, se detienen ante la gran lámina de agua del primer meandro, y la cruzan a nado. He de utilizar, a partir de ahora, los prismáticos de infrarrojos. A buen paso, uno tras otro, se dirigen al cementerio, saltan, sobre la marcha, la tapia, y dejo de verlos. Una hora, aproximadamente, y reaparecen; encaramados al tejadillo que cubre la pequeña zona de nichos –la mayoría de enterramientos lo son en el suelo– se ponen a descansar tumbados. De pronto se levantan y, a dúo, comienzan a aullar. Unos diez minutos. Luego copulan (¡tan jóvenes!), y de súbito, como dándose cuenta de que es muy tarde, suspenden el acto, dejan el camposanto y, resueltos, desandan el camino. Entran en casa a la una y media (las puertas quedaron abiertas en previsión de que pudiera suceder algo así). Cenados y contentos beben agua en la alberca y se retiran a dormir a su actual cubil: la femera de Can Guitarra.

Cine Cristina

Un mar de dudas. Y unas certezas. Empecemos por éstas. Yo, Pablo Amatller Moragas, soy el protagonista. Ocurre en una ciudad, y es Barcelona. Incluso se reduce aún más el escenario: el rectángulo Granvía, Paseo de Gracia, Valencia, Rambla de Cataluña; cuatro manzanas del Ensanche en su parte más noble. Las dudas, más bien las imprecisiones, descansan sobre estas certezas, y juntas conforman la historia.

Frecuentaba la acera impares del Paseo de Gracia, entre Granvía y Diputación, cierto señor con gafas, sombrero y gabán, que me interpeló al menos en dos ocasiones con una imperiosa, desesperada y turbadora frase: «*Fem Telefunken?*» (¿Hacemos Telefunken?). El mensaje lo emitía casi sobre la marcha, al cruzarnos, porque aunque él aminoraba el paso hasta casi detenerse, yo, sobre todo después de la primera vez, aceleraba el movimiento de las piernas mientras bajaba los ojos. En la misma calle Diputación, en la acera mar, entre Paseo de Gracia y Rambla de Cataluña, me veo haciendo cola para comprar la entrada en la taquilla del cine Cristina; una escena que todavía conservo pese a su agotamiento en abundantes ensoñaciones de una época que supongo cercana a los hechos: se trata de un plano medio de mi persona que pasa a plano general levemente picado gracias al pausado movimiento de la grúa quedando al final una imagen fija, una fotografía en blanco y negro que debo de guardar en alguna carpeta y que asemeja un almacenamiento al aire libre de envases cilíndricos alineados.

El Salón Rosa sólo existía los domingos por la tarde de esa edad del pantalón corto que reclama a voces una prolongación hacia el casto suelo. Salón de té, cubil de las clases medias altas de la derecha del Ensanche, era lugar favorito –y casi único– para esas horas grises del invierno barcelonés de mil novecientos cincuenta y algo. Había comido en casa de mis abuelos maternos y a media tarde cruzábamos los cuatro –el abuelito Pablo, la abuelita Carmen, mi madre y yo– el Paseo de Gracia, luego la calle Aragón y sólo entrar en el lujoso establecimiento, mientras ellos se instalaban en una de las mesas pegadas a los grandes cristales que daban al paseo, yo ya corría en pos de la escalera situada al fondo, bajaba, y abría la pesada puerta que, situada junto a la entrada del restorán, daba al cine Publi, concretamente a un punto equidistante de la taquilla y de la entrada a la sala, punto al que el común de los mortales llegaba procedente de la calle –del Paseo de Gracia– tras recorrer un pasillo, amplio, flanqueado por escaparates a modo de vitrinas, y que tenía forma de ele (perpendicular a la acera durante unos veinte metros, se acodaba a la izquierda y alcanzaba su objetivo al cabo de unos diez metros más). Un espacio también presente en mis sueños –¿o era la realidad?– como marco de una aventura compartida con Máiquel Bundó y ¿Carlitos Malet? que consistía en un intento, infructuoso, de colarnos sin pagar.

Estaba pues sentado, solo, en una butaca de la fila diez que daba al pasillo central, concentrado en la programación continua a base de Nodo, Imágenes, dibujos y varias de Charlot y el Gordo y el Flaco, cuando noté sobre mi muslo izquierdo la presión de una mano húmeda, no demasiado grande, procedente del brazo y del cuerpo de un individuo de mediana edad, que acababa de sentarse a mi lado. Reaccioné volviendo hacia él mi rostro hasta comprobar que llevaba una chaqueta de punto, camisa oscura con corbata, y adoptaba una rara postura medio echado hacia delante, mano izquierda perdida en su regazo –la derecha en situación de avance, con dificultad al apretar demasiado y estar tan sudorosa, hacia el borde del pantalón corto–, y estado general alterado, jadeante. «*Que li molesto?*» (¿Le molesto?) Ante mi silencio, motivado por el deseo de conocer el desenlace de la persecución de Tom a Jerry más que por lo embarazoso de la situación –y la dificultad de acertar con una respuesta airosa–, el hombre catalán debió de tomar la callada por respuesta e intentó introducir, con cierta violencia –no acorde con la generalidad de su porte– la mano bajo el borde del pantalón, al mismo tiempo que ya no como un susurro sino casi como un grito pronunciaba un apocalíptico «*Fem fuet?*» (¿Hacemos fuet?), siendo fuet, esa gustosa longaniza larga y estrecha, un evidente símil o alusión a algún tipo de manejo genital masculino. Y bien sea porque ya había terminado el *cartoon* o por lo empalagoso, ridículo e incómodo de la propuesta, di un fuerte impulso a mis brazos y piernas y salí, casi lanzado, del asiento para aterrizar en otro, en la fila siete, también pasillo central, al lado de una niña de unos diez años que iba al cine con su abuela atiborrándose de caramelos tofes y a la que, ya en pleno delirio, no tuve inconveniente en meterle mano más o menos por la misma zona que frecuentaba el tipo bañado en Varón Dandy (aunque, la verdad, la identificación de la colonia fuera muy posterior a la comisión de estos hechos).

Nada es cierto. Pero creo que me hallo sentado a media platea, pasillo central del cine Cristina, una primera sesión de un domingo y, según un recorte de la sección de espectáculos del *Diario de Barcelona* que guardo entre las páginas 134 y 135 –directores Stuart Heisler y Alfred Hitchcock– del n.º 150-151 de *Cahiers du Cinéma* –el número especial dedicado al cine americano, sección «Directed by»–, se trata del año 1967 –nací en el 42– y, aún no lo he dicho, viendo *Notorius (Encadenados, Tuyo es mi corazón* en México), según parece en memorable reposición, con honores de estreno según consta en dicho rotativo. (En la parte posterior del recorte se alcanza a ver parte del anuncio de una revista del Paralelo en la que ante la presencia de unas huríes en biquini, un individuo con atuendos de bombero, armado de una monumental manguera, le dice a su socio mamporrero: «¡Enchúfalas que están que arden!».)

La cinta es notable. Más que notable: sobresaliente. Técnica y formalmente impecable une una historia de amor con una trama de espionaje. *La fille (Ingrid Bergman) d'un espion allemand au service d'un agent américain (Cary Grant) se fait épouser, pour le surveiller, par un agent nazi (Claude Rains) que l'empoisonne lentement.*

El «McGuffin», el nombre que daba Hitchcock al pretexto, a la excusa argumental que mueve a los personajes de sus filmes –ir, venir, buscar, ocultar, huir, matar– es, en esta ocasión, el uranio en poder de los malvados. Embelesado, atrapado por la sugestión de las imágenes, no reparo en la maniobra de aproximación del tipo enjuto, virolento, de la butaca contigua, que también pronuncia la ¿contraseña?: «*Fem Hetch?*», ¿Hacemos Hetch?, entiendo; y ante la necesidad de no desconectarme, de no perder el hilo, la magistral tensión fílmica, contesto maquinalmente, en voz alta, «luego, luego... haremos Hetch».

Me lleva el sátrapa a su guarida. Un sótano en la Puerta del Ángel donde se debió inspirar Piranesi y se rodaría *El Golem*. Montones de libros viejos, cajas con postales fin de siglo, grabados irreconocibles y, al final del túnel, una sala pétrea, húmeda, pero curiosamente confortable, caldeada por un hogar chisporroteante en el que arden gruesos troncos de encina de las montañas de la cadena prelitoral catalana. «Siéntese» me indica con cordialidad calculada. Un sillón desvencijado pero cómodo de terciopelo ¿marrón? –no se distinguen los tonos– encarado a una gran pantalla, un lienzo rectangular perfectamente tensado sobre el que comienza a proyectar, dándole a la palanca-interruptor de una Husmann del 48, la versión no modificada –«¡ésta es la versión auténtica!», grita con voz resquebrajada por el caldo de gallina–, la que sigue a rajatabla el guión impecable del gran Ben Hetch.

Avanza el filme y no aprecio la diferencia. Ladino en su rincón, sólo adivinable por la columna de humo que de sus labiosva directa a meterse por el hueco de la chimenea, no profiere palabra. Genial *Notorius* –mejora al no estar doblada– está dando sus últimos coletazos cuando las palabras tajantes, del cinéfilo especializado en Ben Hetch, resuenan, superponiéndose al sonido de la propia cinta. «Es falso que Ben Hetch, influido por Selznick, diera un punto más romántico a *Notorius;* se trata de un argumento de Hitchcock respetado por el guionista hasta en sus más mínimos detalles.» Descansó, le costaba, le fatigaba hablar. Aguardó a que llegaran los últimos planos que yo conocía. Levantándose con dificultad, casi arrastrándose, llegó hasta la máquina y la detuvo. Sin luz. Rodeado del apestoso humo. Comenzó la escenificación de su éxito. Me advirtió: «Ahora verá el verdadero final, el epílogo que el maestro quiso y que Hitchcock... y no sólo él, mutilaron». Le dio a la palanca y, ya sin sentarse, sin echarse al suelo, contempló, por primera vez conmigo, pero por enésima vez en su cuenta personal, una secuencia sorprendente:

Tres vehículos circulan de noche por una estrecha carretera. Es un paisaje seco, pobre, parece invierno, pero en un país sin nieve, del sur de Europa. Delante va un turismo, ¡un Peugeot 504!, detrás una furgoneta blanca ¡Mercedes! y, a cierta distancia, ¡un Renault 12! Los dos primeros se orillan y el tercero los sobrepasa. Así, despacio, uno detrás de otro, llegan a un pequeño edificio, la aduana. Se detienen. Del R12 baja un hombre con una cartera, entra en una especie de garita y sale con ¿un policía? Se despiden. Vuelve a meterse en el coche y arrancan, seguidos por el 504 y la furgoneta. Dejan la aduana española, cruzan las frontera –un puente sobre un río–, llegan a la aduana portuguesa y, sin parar, bajando sólo la ventanilla delantera derecha del R12 para entregarle algo a un guardia, se dirigen, ya a más velocidad, hacia Elvas. Vuelta a orillarse, y vuelta a la formación inicial: 504, furgoneta blanca, R12. Cogen la carretera de São Vicente y Santa Eulalia y, enseguida, a la izquierda, otra más estrecha hasta Vale de Figueira. La oscuridad es casi absoluta. Sólo una farola ilumina de modo vacilante lo que debe de ser la plaza del pueblo. Ni un alma. Se meten por una calle empinada y paran ante una casa que parece pintada de color amarillo. (Aquí la cámara se instala en el interior del R12, se convierte en los ojos y oídos del conductor.) Habla el acompañante, sentado en el asiento del copiloto, quien bajara antes con una cartera en la aduana española: «Sobrepásalos, da la vuelta al fondo, y te pones junto a ellos pero de cara hacia aquí, para poder salir sin tener que maniobrar». Lo hace, rápido, y cuando va a parar el motor, otra advertencia: «Tú te quedas dentro, así, con el motor en marcha, con los seguros bajados, vigilando..., pasados diez minutos», mira el reloj, «sí, diez minutos, tocas el claxon, y si no salgo enseguida vuelves a tocar», le mira, «si entonces tampoco saliera..., pones la primera, y no paras hasta España». Se abre la puerta de la casa, también las de los otros dos vehículos, y el compañero del chófer coge un arma de la guantera le mira y dice: «¡Deséame suerte amigo!». Cuatro hombres han bajado del Peugeot y otros tres de la furgoneta. Quien ha abierto la puerta de la casa no ha salido, ni siquiera se ha asomado. Entre todos descargan de la Mercedes dos cajas que parecen muy pesadas y se meten dentro. Pasa el tiempo. Diez minutos. Espera un minuto más. Y toca el claxon. Nada. Otro minuto. Y vuelve a tocar. Al fin baja del coche. (La cámara sigue siendo el chófer que ahora empuja la puerta de la casa, penetra, avanza por un largo pasillo, y llega a una sala donde encuentra a tres de los ocupantes del 504, jóvenes, delgados, de pie, como petrificados contra la pared del fondo, y, en el suelo, cuatro cadáveres cada uno con la cabeza orlada por un charco de sangre, y en una silla, agonizante, el compañero de viaje; a un lado, un ventanal abierto de par en par, por el que se accede a una terraza de la que parte una escalinata que da a un camino que se pierde por los campos: allí, apoyado en la balaustrada, impecable terno gris, Devlin (Cary Grant), observa a sus lacayos cómo, diligentes, cargan en un camión, el uranio.)

Isla de Guam. 25 de marzo de 1999. Jueves. Dejé el caprino por ruinoso y me dispongo a empezar con la mandioca. Hace calor. Estoy en mi casa de Agaña y no logro fijar correctamente la memoria. ¿Telefunken? Persecución de ratones por gatos en la oscuridad de la sala. Qué estruendo. Parece venir de la base naval. El sudor nos traiciona. Llevo ya tiempo recordando la señorial imagen de aquel viejo camarero inclinándose lentamente para servir el té a mi abuela entre los espejos del Salón Rosa. Señora Marquesa. ¿Es posible que la llamaran así o era sólo un sarcasmo incluido en mis sueños? ¿Y qué tomaría mi abuelo? ¿Agua mineral de Caldas de Malavella? ¡Pobre Varón Dandy! ¿Saldría de la tumba para manosear niños muertos? Creo que la corbata le impedía moverse con libertad. Pero el cine Cristina no debió de existir. Benech, Femhetch, Benhetch: las palabras nos conducen al desvarío. Sólo queda el cruce, el roce de las puntas del gabán, el ligero remolino con olor a sotana por la acera impares del Paseo de Gracia, el intercambio de miradas con aquel elegante señor que pronunciaba Telefunken con acento alemán. ¿Alexander Sebastian?

De vientre

En su segunda acepción, la Academia, define *melena* como fenómeno morboso que consiste en arrojar sangre negra por cámaras. El 29 de agosto de 1960 estaba en este trance el vecino de Sardañola (provincia de Barcelona) Manel Cuyás Bofarull, de sesenta y cuatro años. Apartado del festivo grupo devorador de costillas de oveja evacua escondido tras unas zarzas en un extremo del pinar de Las Fontetas y, al tiempo que su patología, también descubre la correcta felación practicada de rodillas por una esbelta muchacha que parece extranjera a un individuo de aspecto joven al que acaba de desabrochar pulcramente el pantalón y que, de pie, se apoya en el tronco de resquebrajada corteza de un robusto *Pinus pinea* de casi treinta metros de altura.

Más atento a la pareja que a la hemorragia compite sin embargo con esta última por vía pénica arrojando abundante esperma tras una violenta masturbación. Sigue luego a los novios. Acostumbrado al silencio, a la penumbra de la bodega, a la paciencia de su oficio de vinatero, no le resulta difícil aguardar una, dos horas, a que se despidan. Sangra, no ha cejado de sangrar, pero no le importa, se diría que no lo nota; deja abundante rastro y un raposo despistado tropieza en su vagabundeo del crepúsculo con la estela caliente y nutritiva. A las diez de la noche entra Martine Monet en su casa y Paolo Amatller se aleja por el polvoriento camino. El fauno sátiro príapo derriba de un cabezazo la puerta, se arranca la ropa, olisquea el pasillo e irrumpe como una exhalación en el baño donde la francesa orina semiincorporada. Tal es el furor genésico, la pasión reprimida durante años de vil matrimonio que no acierta en principio a penetrarla. Desnudo, con un miembro de asno enhiesto y duro como el acero, la empitona por el ano tras rodar ella por el suelo al intentar levantarse y no poder andar por culpa de la falda y de las bragas caídas. No es consciente de lo que hace, porque nunca le gustó la sodomía y, sin embargo, ahora continúa hasta eyacular. Se levanta. Un cuerpo fornido, cuadrado, peludo, sin cuello, con enormes manos, piernas musculosas, culo mínimo pero que existe porque de allí brota un hilo de sangre ya roja. Mira a Martine mientras ésta se da la vuelta. Y deja que se levante. Que salga del cuarto. La sigue. Entran juntos en un dormitorio, y allí en la cama, grande, matrimonial, la de los dueños de la casa que la tienen de huésped, la posee a conciencia, como Dios manda. Nunca soñó tal cosa Martine. Tanto semen. Tanta fuerza. Extenuados –Manel casi exangüe–, toma la gabacha con las dos manos el brutal cipote y aún, a grandes sacudidas, logra enderezarlo. Se lo mete en la boca. Y le extrae más jugo. Debió de ser el último.

Dicen que los zorros no ladran pero esa noche de verano un ejemplar inexperto, juvenil, al encontrar tirada, en el fondo de un barranco, tamaña cantidad de carne embadurnada de olorosos líquidos, profirió ciertos sonidos que un estudioso poco avezado podría incluso calificar de ladridos. Nunca el fiambre fue encontrado, aunque la verdad es que nadie hizo excesivos esfuerzos por buscarlo; sirvió de pasto durante semanas a nuestro amigo y también a algún otro compadre. La Monet, allá a fines de mayo, en un arrebato de jocosa ternura, mandó a Paolo, desde algún lugar de Francia, una fotografía del retinto bebé con una breve nota: «Es tuyo». No sabemos qué historias le contaría a su marido, Lucien Verdenal, con quien había contraído nupcias en Tarbes pocos días después del percance español.

La señora Peb

Aquel año el otoño tardó en llegar. Por no haber no hubo siquiera tormentas de calor: un estío seco, polvoriento, que duró cuatro, cinco meses. Octubre me sorprendió aún en la casa de Magán, encerrado, en un agotador intento, quizá desesperado, por terminar, de una vez por todas, la novela *P.A.M.* Un sábado o un domingo, a finales de ese mes, sentado, postrado sería mejor, en un rincón de la vieja biblioteca, rodeado de montañas de libros, libretas, carpetas y folios emborronados colocados, esparcidos, sobre una mesa y dos mesitas de apoyo, percibí, al principio con dificultad –por el arrobamiento del estado creativo– y luego con mayor nitidez –al ir abandonando dicha situación–, repito, percibí un ruido que pudo ser un aleteo pero que al ir tomando forma por su cadencia y por su creciente fuerza configuró la imagen de una arboleda sacudida por el viento que presagia la tormenta y cuyas ramas terminales golpean impenitentes contra la fachada o en este caso contra la barandilla de la balconada que enfrenta al norte la oscuridad y recogimiento de la enorme sala. Pude aguardar, de hecho debí aguardar para conferir al acto el contenido dramático que siempre se esperó de mí, pero un impulso irrefrenable me llevó a abrir con velocidad y violencia, uno tras otro, los tres ventanales como si no fuera suficiente con uno para acceder a la terraza –ese largo espacio protegido en altura por el alero, un voladizo de teja árabe– en la que un cierre de irregulares balaustres permite la contemplación de la sierra de Onete si se coloca un asiento, un confortable sillón orejero por ejemplo, en el centro mismo de la habitación.

¡Qué! Las nubes negras, el olor de la lluvia próxima, el aire arremolinando las hojas caídas de olmo, de los únicos ejemplares de la región no atacados por la grafiosis, y cuando me asomo al vacío para gozar en toda plenitud del espectáculo comienza a oírse, a mis espaldas, en el interior de la casa, un tableteo seco, ¡tac, tac, tac!; una de las puertas que comunican la biblioteca con la escalera principal bate con fuerza contra su marco movida por la corriente. Entro y, al cruzar la estancia, me veo envuelto por un enjambre de cuartillas que vuelan arriba y abajo, pero no son las mías –bajo pisapapeles, en el rincón– sino que proceden, que caen de lo alto de una de las estanterías, parecen brotar del interior de un hueco, de una ranura, del resquicio que queda entre el techo y el remate, en madera de olivo, que corona todo el frente de armarios y anaqueles que cubre ininterrumpidamente las paredes.

¿Qué es un balcón? Tras sintetizar varias definiciones podríamos decir que es un hueco abierto desde el suelo en la pared exterior de una habitación, con barandilla por lo común saliente. Y para barandilla elegimos: antepecho compuesto de los balaustres –de madera, hierro, bronce u otra materia– y de los barandales que lo sujetan. Los balaustres (o balaústres) son las columnitas que con los barandales forman la barandilla. Los barandales son los listones de hierro u otra materia sobre que se asientan los balaustres y, también, se llama así, el que los sujeta por arriba.

Y en el terreno más enciclopédico añadiríamos que el balcón se utiliza principalmente en los países meridionales, que es un elemento de apertura al exterior y que aúna dos caracteres: el primero, receptivo (entrada de luz y aire); y el segundo, proyectivo (participación del ambiente circundante). También, que la barandilla, concebida como filtro de visión al exterior y elemento de protección física y psíquica, crea diferentes estados de relación entre espacio privado y espacio público según sea su forma, según sean sus distintas soluciones.

El señor Ocuc (o, y entonces no lo sabía con precisión, ¿el señor Peb, de casa Ocuc?) acostumbraba a colocar el sillón orejero en el centro de la habitación –denominada por la señora Ocuc, sólo por la señora Ocuc, la sala de los armarios– para contemplar a través de los balaustres de la barandilla del balcón, a través del ventanal central, la sierra de Onete en los días de lluvia y, en general, durante la primavera y el otoño. Pero el señor Ocuc murió y la señora Peb (era así: ella era Peb, esposa de Ocuc y la casa se llamaba Ocuc) nunca quiso sentarse en el sillón orejero para contemplar la sierra de Onete, de hecho nunca quiso –o pudo– descansar, aunque fuera unos breves minutos, sentada en un sillón o incluso en una silla. (Alguien contó haberla visto dormir en el suelo, en la cocina, de hecho su lugar, el único lugar que ella quería para sí –y que sólo para servir la comida abandonaba– y donde nadie vio nunca mueble alguno, ni un mísero taburete para apoyar mínimamente las rotundas posaderas. Sin duda una persona que sentía aversión por los muebles hasta el punto de desconocer sus nombres o de no acertar casi nunca en su designación más rutinaria.)

Vendaval. La palabra justa para designar el estado de cosas reinante en la vasta pieza, en la sala de los armarios, un ir y venir de objetos, papeles que luego pude considerar como amarillentos, salidos, expulsados por la corriente de aire, del interior de una carpeta azulada de cintas rotas por el paso del tiempo y uno de cuyos cuatro ángulos sobresalía del remate de madera de olivo donde había sido colocada –abandonada– por alguien de quien no tenía noticia en ese instante y que hubiera permanecido aún mucho tiempo más ahí perdida y su dueño en el anonimato si no hubiera sido por las circunstancias especiales que voy relatando.

Tras cerrar las puertas, arrimar una silla y de puntillas, con grave riesgo de caer debido al mal estado de patas y asiento, logro agarrar la carpeta que está cubierta por una espesa y endurecida capa de polvo, desciendo, echo las hojas que aún quedan en su interior sobre mi mesa de trabajo y decido acudir a la señora Peb para que resuelva el problema: con un trapo azul oscuro levemente humedecido en el grifo del fregadero da un vigoroso repaso al cartón –por el que sufro dada su presumible vejez– devolviéndomelo con prontitud y con un claro ademán de superioridad.

Recogidas las desperdigadas cuartillas, inicio una labor de investigación sobre lo que intuyo colección de documentos secretos y principales. Pero no es así. Un título: *Libro de Citas*. Un autor: El barón de Orgaz, Carlos Peb (el abuelo del señor Peb).

Una fecha: 1890. Son citas de clásicos. Y el tema es recurrente: las aves; no alegorías, su presencia diaria, en las mesas, en las cocinas, y en el cielo, cuando libres. Oigo la voz imperiosa que llega de abajo: «¡Don Pablo, a cenar!, la mesa está puesta». Cojo la carpeta, con las hojas no ordenadas (están paginadas), y corro al comedor, hambriento sí, pero sobre todo dispuesto a iniciar cuanto antes la lectura.

Góngora disfruta del predicamento del barón. Rimas conocidas comparten con dedicatorias un vasto apartado (páginas 18 a 25) del que disfruto doblemente ya que la sopa de picadillo de ave parece que ni pintiparada. Avanzo poco en la lectura durante el segundo plato –bacalao a la manchega– porque prefiero ordenar del todo el conjunto. Sesenta y una páginas. Pero falta la 50 y probablemente habrá otra final, la 62, ya que la última que obra en mi poder contiene un modo de epílogo inconcluso. Las buscaré mañana con buena luz. La fruta, su dificultad de manejo, impide proseguir la lectura; sólo un detalle más, la letra –clara, distendida, grande– y la calidad de la tinta, la misma en todo el trabajo, a la que no se puede calificar de mala pero sí de peculiar, poco oscura, diluida, repetidos los rasgos a veces para dar a la escritura mayor presencia, legibilidad, en suma un líquido de elaboración casera o, como mucho, provincial.

Comenta Manninen en sus *Diarios* el valor que para él tiene cada tipo de letra manuscrita. Prefiere la carolingia, desarrollada entre los siglos VIII y XII, y que fue el germen de la letra gótica, su segunda preferencia. Sin embargo, reconoce que la letra humanística –denominada también redonda, romana o antigua–, extendida por toda Europa a partir del XVI, pese a su carácter no original (constituye un remedo de la carolingia), es aceptable incluso entre personas de sólida cultura.

Ésta era la letra del texto, de las cuartillas; la carpeta, ofrecía dudas. Sí, era redonda la letra de las cuartillas y también la del título –*Libro de Citas*– sobre la carpeta. Pero no quedaba claro que ésa fuera la del *Barón de Orgaz, Carlos Peb* e incluso las cifras de la fecha *1890* tenían otro estilo. Quien escribiera sobre las cuartillas había escrito el título sobre la carpeta. Los otros datos podían haber llegado de otra mano, y en otro tiempo.

¿Qué sé de las tintas? Poco. Nada en la práctica. ¿De calamar? Algo leí alguna vez, pero no recuerdo ahora si se trataba de una broma: no imagino a alguien recogiendo y guardando la secreción del bicho para luego utilizarla para escribir. ¿Tinta china? Los diccionarios enciclopédicos hablan de que está hecha con negro de humo. Qué palabra, qué expresión tan linda. Pero para nuestro documento hubo algo más. Cada vez que vuelvo a mirarlo me convenzo de que estoy ante un fraude, ante una imitación del tipo de letra utilizado en lo escrito originalmente en la carpeta, y ante una imitación de la tinta; aquellos frascos de vidrio de la marca Pelikan de los años cincuenta y sesenta, tan curiosos en su forma..., la rebajarían con agua. Quizá sea leyendo con atención las sesenta y dos páginas como consiga aclarar el misterio. Además, la verdad es que aún no he realizado una lectura concienzuda; me he limitado a picotear allá y acá, curioseando. Abro la carpeta y le doy un repaso. Las páginas ordenadas, y no falta ninguna. Coloco el sillón orejero, tan caro al señor Peb, junto a uno de los ventanales que vuelvo a abrir. El viento cesó. El cielo despejado proporciona buena luz. Fuera el rumor de los pájaros, el planeo del milano. Voy a leer con calma el manuscrito. Estoy ilusionado. Soy feliz.

Sin preámbulos se entra en materia. Góngora. Con una cita ornítica muy popular:

> Ánsares de Menga
> al arroyo van:
> ellos visten nieve,
> él corre cristal

Luego otras que no lo son tanto pero que también remiten al mundo de las aves y un par de ellas alejadas de él y de curiosa elección:

> Al necio, que le dan pena
> todos los ajenos daños

> Sacra erección de príncipe glorioso.

También merecen comentario tres dedicatorias:

A una monja enviándole un menudo y un cuarto de ternera
Enviando dos conejos a una monja pariente suya
A Don Antonio Chacón / que desde Colmenar Viejo / le había enviado un requesón.

Y Quevedo con una nutrida cosecha. Dos ejemplos:

Verdugo era si va a decir la verdad; pero un águila en el oficio

>   Ojos tengo de la hoja
>   y que se precian de zainos,
>   por lo que cazo de búho,
>   de agujas por lo que ensarto.

Y así otros autores, como el sorprendente Hernán Núñez de Toledo, el Comendador Griego, y su

>   Ni antruejo sin luna,
>   ni feria sin puta,
>   ni piara sin artuña.

Pero se llega a un apartado extraño, el titulado *Ignotos:* una relación de versos sin señalamiento de autor que no parecen coetáneos de nuestros clásicos sino que más bien nos trasladan a la tercera o cuarta década del siglo XX o incluso a años posteriores, comenzados ya los sesenta. En el epílogo no hay explicación alguna y, de entre ellos –ocupan tres páginas–, citamos los siguientes:

>   ¡Oh luna! ¡Cuánto Abril!
>   ¡Qué vasto y dulce el aire!
>   Todo lo que perdí
>   volverá con las aves

>   Un poema debiera ser callado
>   como el vuelo de aves

La carne ¡ay! está triste; leí todos los libros.
¡Huir! ¡Huir muy lejos! ¡Siento que hay aves ebrias
de estar entre la espuma ignorada y los cielos!

Al que de nombre tiene el grito de un pájaro

Una plática con Nora Peb de Salvarsán puede disipar mis dudas. En la parte posterior de la cocina, en un pasillo que allí arranca, habitualmente oculto por una cortina malva, no sé si va o viene, sorprendida, con un cacharro en las manos, responde a mi primera pregunta sin mirarme a la cara, y tampoco al techo; parece extasiada ahora ante la solidez de mis muslos, y es por la diferencia de estatura, no porque baje de modo excesivo la mirada, que sus ojos quedan a ese nivel. Debió de suponer un duro golpe la venta de la casa: muere su esposo –el señor Ocuc–, la fábrica cerrada, el hijo metido en mil líos ha de cambiar su identidad, «vi en la oferta de su padre, don Pablo Amatller Moragas, la salvación familiar, de lo que queda de la familia..., nada, yo aquí..., y Cuco dando tumbos...». Calla. Doy unos pasos y retrocede, coloca el cacharro en una hornacina y da la luz –una bombilla ilumina la catacumba: hornacinas y más hornacinas a lo largo de un pasillo infinito en ligera pendiente–, la sigo, como si me invitara a penetrar en su hogar, entra en una cámara lateral sin puerta, llena de muebles: una cama inmensa, dos consolas, al menos cuatro sillones, todo en penumbra por la poca potencia y lejanía de la lámpara, se sienta en la cama, no en el borde, y asomado en el dintel de la estremecedora escena, lanzo la segunda pregunta, la que de veras me interesa, qué duda cabe para romper el silencio, la angustia que está atenazándome. «¿Pero mi padre, antes de comprar la casa en el 86, ya había estado aquí? ¿En 1964? ¿Vino a ver entonces la casa? ¿Vino solo? ¿Vino con alguien? ¿Vino alguien después, alguien de los que iban con él? ¿Entraron en la biblio... en la sala de los armarios?» Nora echada en la cama flexionó y abrió las piernas. Yo no quería mirar pero ¿qué era aquello? La oscuridad en la oscuridad. ¿Qué había allí? Un resplandor negro. Y un ruido sordo, débil. Crujidos. ¿Pasos? Quizá un murmullo. Soldados de maniobras. Soldaditos de plomo carnosos de maniobras; marcha nocturna por los pantanos. «No me toque, sólo entre. Ahora no se mueva.» ¿Gusanos? Pensé en la artesa del pueblo monegrino llena de lombrices y en el abrevadero del cortijo cordobés rebosando enormes renacuajos de sapo partero. «Él lo hará todo.» ¿Quién? ¿Su sexo o ellos? Y así fue. Nunca gocé tanto.

Abrió el horno. «Le entrega el pastel. Siga por el túnel. Verá luz a lo lejos. Luego siempre el Pico del Águila. Deje el almagre. Tras la chopera verá el instituto. Estará aguardando.» Un carro metálico de hospital, con unas grandes ruedas chirriantes; en él coloca el pastel de carne recién sacado del horno y, cuando ya inicio el camino pasillo abajo, me llama con voz de madre: «Espere don Pablo, para usted llévese esto y lo disfrutan juntos». Andados unos veinte pasos vuelvo a oír su voz –ya llega distorsionada por la resonancia–: «¡*Meat pie (mit pai), y Shepherd's pie!*, el segundo es el suyo, a él no le gusta el puré».

El túnel desemboca en las afueras del pueblo donde arranca un estrecho y recto camino que parece llevar sólo al Pico del Águila, tan despejado y desierto es el paisaje. Pero a poca distancia desciende, gira a la derecha, y penetra en un minúsculo valle presidido por unas ruinas rojizas.

        ALMAGRERA LA CONCEPCIÓN
        José Ocuc. Propietario

reza el letrero de azulejos de la fachada. Óxido de hierro por todas partes aunque varias higueras colonizan los muros. Sigo. El camino salva un pequeño collado y, al tiempo que el Pico del Águila vuelve a presidir el horizonte, aparece, a occidente, una arboleda de chopo canadiense tras las que, algo separado, se distinguen –ya no quedan hojas en las ramas– ¿otras ruinas?, un edificio grande de ladrillo.

Soy Cuco Bep dirá un hombrecillo de bata blanca sentado en uno de los mojones de piedra situados a la entrada del recinto y que imposibilitan el paso de carruajes. Encantado, digo mientras le acerco, casi le arrimo, el cachivache que enseguida agarra y conduce, y ambos –es el médico de menor estatura que nunca hubiera visto–, dejado atrás el murete, caminamos decididos hacia la puerta principal del

>HOSPITAL TOMÁS VALCÁRCEL
>Enfermedades de la Lengua
>Único en el mundo

Cuco Bep es muy parlanchín. Instalados en los extremos de una mesa rectangular situada en el centro de una habitación de proporciones amplias –entremos en mi despacho– damos cuenta de los pasteles de carne. Es una gran cocinera, y los detalles, los cubiertos, las servilletas, siempre, todos los días, por uno u otro, me hace llegar mi *mit pai*. No hay mucho trabajo por aquí. Ya verás, ya verás. ¿Te tuteo, no? Somos universitarios. Nos daremos una vuelta. ¿Escritor, eh? Aquí hay material. Podrías escribir novelas y novelas; hasta ensayos. El vino es más ligero de lo que temí en un principio pero así y todo empiezo a tener calor. Se levanta de golpe, me coge del brazo y, con un vamos Pablo demos una vuelta te gustará, salimos del gabinete con aires de empezamos a recorrer nuestro territorio.

Una construcción circular con una rampa interna pegada a los muros que permite el acceso a los pisos –tres en total si contamos la planta baja, algo elevada respecto al nivel del terreno– y que da una sensación de solidez, de desahogo, de limpieza incluso, y que no coincide en absoluto con el aspecto exterior. Dice Cuco que la primera planta no me interesará –son los servicios– por lo que, tras un rápido y cómodo ascenso por la suave rampa, abordamos el primer piso abriendo una puerta acristalada sobre la que un letrero advierte: MALES FÍSICOS. Un pasillo largo con un pequeño mostrador tras el que dormita una monja: ¿Doctor? pronuncia sin saberse a ciencia cierta si es que sigue soñando o es que se pone ceremoniosamente a sus órdenes. Llegamos a la mitad del corredor y a la derecha se extiende una gran sala. Es la estrella del hospital me sopla Cuco al oído. ¡Macroglosia! Titón Valcárcel, el hijo del doctor Valcárcel murió asfixiado; tenía una lengua gigantesca, y que le crecía sin parar. En su recuerdo creó esta institución.

Recorrimos la sala. Visitamos los enfermos uno a uno. Pocos estaban en las camas. En su mayoría formaban corros alrededor de mesitas donde jugaban al julepe. Me había puesto yo también una bata blanca y comencé a sentir una agradable sensación, eso que llaman el síndrome del misionero: andar pausado, entre pigmeos, mirándoles indulgente, bendiciéndoles, a uno se le manda toser, a otro se le obliga a enseñar el vientre. ¡Qué!, las lenguas desbordadas, caídas en algunos varios centímetros fuera de la boca, hablaban bien, un coro de mugidos en torno a los naipes, y un vagido más triste en los que agonizaban sin oxígeno postrados en sus lechos. Otra variedad, en una sala más pequeña, también me atrajo bastante: lengua geográfica (glositis areata marginada), un mundo en miniatura, con sus montañas y ríos que para poder ser observada a la perfección se mostraba mediante un ingenioso dispositivo de madera que obligaba al paciente, sentado, a proyectar la cabeza hacia delante de tal modo que debía abrir la boca al máximo si no quería ser estrangulado por una argolla de hierro; luego, simplemente con una tenaza se apresaba la lengua pero más que para que la sacara –que de suyo ya quedaba fuera–, para que no la moviera. Vimos también a los de la lengua pilosa –glosotriquia–: eran tres –dos obreros de Tarragona y un sacerdote italiano–, en sus camitas, en una dependencia menor poco iluminada; Cuco señaló que se trataba de una dolencia rara y que no convenía que les diera la luz. La última sala de este primer piso la ocupaban quince afectados de glosoptosis: colocados sobre unos caballetes de plástico en los que unas abrazaderas de cuero les sujetaban muñecas y tobillos permanecían siempre cabeza abajo ya que cualquier otra postura hubiera resultado fatal, se hubieran tragado la lengua al no tener frenillo –el glosodesmo–. Cuco Peb habló de un especialista carísimo que solucionaba el problema mediante trasplante: pero no es por la cuestión económica, es por ética, no se sabe de quién y cómo los extraen.

Segundo piso: MENTE Y LENGUA. Distribución similar: pasillo con mostrador inicial y una sala, aquí única, en la que se alinean las camas y proliferan mesitas y asientos. Una diferencia: las voces; todos hablan, y lo hacen fuerte y claro, pero diríase que está representado el mundo entero, tantos enfermos como países, el pavor lingüístico. Bep advierte: aquí hallarás lo que muchos buscan –especialmente gente como tú (y noto que nuestra relación ya no es tan buena como era)– pero antes te enseño a este par –y agarra por el cuello a dos pobres diablos sentados casi uno encima del otro en un minúsculo sofá–, son glosocinestésicos, cuando hablan se percibe el movimiento de la lengua; los preparo para que trabajen para la CIA, y suelta una descomunal carcajada mientras se aleja por la rampa que le lleva a la azotea, donde, dice, va a instalar unas antenas. Deja la sala y se le oye alejarse por el pasillo a grandes zancadas.

Estoy solo, en la gran sala del segundo piso. Solo, con treinta o cuarenta enfermos ¿de qué? de glosolalia. Dice la *Enciclopedia Urbis* que son dos los tipos de glosolalia. La glosolalia en sentido lato, un carisma doble en virtud del cual los apóstoles hablaron lenguas extranjeras el día de Pentecostés y las gentes que los acompañaban, aun procediendo de distintas regiones, pudieron entender como si les hablaran en su propia lengua todo lo que los apóstoles decían. Y la glosolalia en sentido estricto, un carisma en virtud del cual se entienden los sonidos ininteligibles e incoherentes de los que están poseídos por El Espíritu. Desconocía en ese momento cuál era el carisma que dominaba en la sala, incluso las magnitudes del mismo. Imbuido del poder que me confería la bata y asumidas las responsabilidades del cargo tras el abandono de Cuco, me dispuse a entablar conversación con los enfermos. Subí a una pequeña tarima, grité «¡Hermanos!» y nadie pareció oír. Grité «¡Soy literato!» y una veintena de seres parecieron entender porque prestos me rodearon. Inicié el intercambio.

> Un poema debiera ser callado
> como el vuelo de aves.

Un minuto, dos, de silencio. Pero una voz que no corresponde a nadie, surgida de las sombras del grupo, recita:

> *A poem should be wordless*
> *as the flight of birds.*

Pruebo de nuevo:

> La carne ¡ay! está triste; leí todos los libros.
> ¡Huir! ¡Huir muy lejos! ¡Siento que hay aves ebrias
> de estar entre la espuma ignorada y los cielos!

Ahora es un cuerpo visible, en primera fila:

> *La chair est triste, hélas! et j'ai lu tous les livres.*
> *Fuir! Là-bas fuir! Je sens que des oiseaux sont ivres*
> *d'être parmi l'écume inconnue et les cieux!*

Estamos de racha. Continúo:

> al que de nombre tiene el grito de un pájaro

Y no hay respuesta.
Ya de regreso, con el Pico del Águila a mi espalda, al sur la sierra de Onete –que sólo luce en todo su esplendor observada desde el punto geométrico de la sala de los armarios que sólo conocía José Ocuc–, acompañado hasta el límite del recinto por los poetas más fieles y documentados –ése es de Archibald MacLeish, de *Ars poetica*, 1952; el otro de Mallarmé, los tres primeros versos de *Brise marine*–, vuelven a ejercitar, en mi honor, su don de lenguas y yo diría que su capacidad telepática, porque entrando en Magán, caminante por la carretera de Toledo, deslumbrado por los faros de los vehículos y ensordecido por los motores, sigo escuchando sus voces ahora portuguesas:

> *Ao volante do Chevrolet pela estrada de Sintra,*
> *ao luar e ao sonho, na estrada deserta,*
> *sozinho guio, guio quase devagar...*
>
> *Amei tanta cousa...*
> *Hoje nada existe.*

Recapitulación acompañada de un documento

La historia procede de las dos partes del libro *P.A.M.*, la primera parte la novela propiamente dicha (ahora titulada *Níquel*) y la segunda, *Die Rabe*, que con apariencia de guión cinematográfico no es más que su continuación y remate.

Ahora, en lo que llevamos de *Señora Peb*, se han conocido otros pasajes de la aventura anteriores a la muerte del padre («La Bête...»), se han despejado algunas incógnitas referidas a paternidades («De vientre») y también a bandas armadas y otros hábitos («Cine Cristina»). Finalmente se ha introducido un elemento de duda sobre otra paternidad: ¿quién abandonó la carpeta? ¿Fue el autor de parte de los ignotos para así perpetuarse al abrigo de los grandes? ¿O alguien que quiso destruir futuras famas propagando la especie de un plagio?

Y es en *La señora Peb* donde aparece un hijo de Pablo Amatller Moragas, pero aunque es tratado como don Pablo se sospecha que su nombre pueda ser una españolización de Paul, lo que nos podría llevar al vinatero francés convertido en investigador y novelista –«P.A.M.», las iniciales que cree propias de su progenitor.

En resumen, la trama sigue tendida sobre el conflicto paternofilial, trufada también de jugosos detalles pero incorporando, poco a poco, ciertas licencias formales, hallazgos de estudiado riesgo que no desagradan.

Complemento de estas disquisiciones y necesaria ayuda para incluir este apartado, por criterios de extensión, en la categoría de capítulo, es el documento que ¿Paul Verdenal? encontrará, entre otros, en la sala de los armarios de la casa Ocuc pero esta vez no como botella de náufrago sino formando parte del cuerpo de notas que Pablo Amatller Moragas allí tenía depositado.

Sin alteración alguna. En transcripción fidedigna (no es posible, por razones presupuestarias, la reproducción fotográfica) y con una nota final; éste es el texto:

El cruce de la carretera de Ripollet con la carretera de Sabadell adoquinada.

Recuerdo el ruido de los coches. Los neumáticos sobre los adoquines.

El cine ... edificio aislado, cúbico, de un color gris oscuro.

Paradas, puestos, de venta de sandías.

El olor tremendo del cine. Los hermanos Lletfresca. El mayor –Higini–, alto, corpulento, cabeza grande, grasiento, blancuzco, calvicie precoz. El pequeño, nervioso, riendo constantemente, delgado. Los dos procaces, obscenos (su padre, ganadero, tenía fama de mujeriego). Higini me descubre el vientre de las mujeres –la barriga, decía: algo de barriga– (no de las niñas, o de las chicas siquiera) a él le gustan que tengan algo de vientre (debió de pasar alguna andaluza por el pasillo de la platea).

Aspecto general: árabe, argelino. Calima, sandías en el suelo sobre ¿mantas, telas? Cine de antes de la guerra. Olor. Tono de deterioro, de no haber nadie interesado en reparar, pintar, reconstruir casi. Miseria difusa, gente sin hogar (en condiciones), vida en la calle (en la carretera). Coches viejos, carros. Árboles raquíticos, ramas desgajadas. Todo sin acabar, falta de higiene. Urbanismo destartalado.

Papá vuelve a trabajar (¿después de una enfermedad?). Como el abuelito Pablo que regresa de la muerte.

No quiero perder la infancia, las cosas de la infancia.

Sueño que vuelvo a Sardañola pero es imposible recuperar los amigos, la vida del verano aunque es verano. Ya no quedan veraneantes y si queda alguno ya trabaja y apenas aparece por el pueblo.

Máiquel se pone a trabajar, habla en catalán.

Yo he seguido (o he intentado seguir) en la infancia.

Sin responsabilidades. Sin trabajar. Sin dejar de jugar y soñar.

Nota: Ripollet era el pueblo contiguo a Sardañola pero tenía, ya entonces (1950-1957), carácter fabril. Sardañola, en cambio, fue lugar de veraneo de la alta burguesía barcelonesa (igual que Camprodón) en los años veinte y treinta. Después de la guerra fue bajando paulatinamente de nivel, hasta que a mediados de los sesenta quedó relegado a ciudad dormitorio. Un contingente residual de veraneantes se mantuvo hasta la siguiente década; gentes de extracción pequeñoburguesa que ocupaban estacionalmente las grandes casas, pero sus dueños, poco a poco, se deshicieron de ellas y fueron derribadas y vendidas a precio de solar o convertidas en colegios y residencias.

La casa Ocuc

Nada debía interponerse en mi camino. Yo, Paul (Pablo) Verdenal, natural de Tarbes (Francia), me hallaba en el pueblo toledano de Magán, instalado en la casa Ocuc, decidido a llevar adelante lo que hasta ahora no era más que un proyecto: la escritura de un libro, un texto novelesco sobre la vida de quien en las últimas semanas de su vida me convirtió en único heredero, mi falso progenitor Pablo Amatller Moragas. Un caserón manchego; de hecho un palacio tradicional del XV de planta rectangular, dos alturas, portada adintelada de piedra, fábrica de mampostería con sillar en las esquinas, segundo piso blanqueado, y algunas modificaciones –de 1956, de la mano de José Ocuc, de quien vendiera la finca a mi padre– que supusieron sanear y modernizar el edificio pero sin privarle ni un ápice de su aire hidalgo y cuasi lúgubre. (Se convirtió el huerto en jardín, se redujo el enorme zaguán para disponer de cochera –hubo que desfigurar la fachada para darle un acceso–, y la cocina quedó en parte tabicada para crear un espacio al que se le llamó comedor mientras una rudimentaria caldera, adquirida en un desguace, se instalaba junto al pasillo que del zaguán daba paso al jardín, con la promesa del gitano vendedor de que iba a proporcionar agua caliente a chorros a los radiadores, baños y grifos.)

Pero una casa es algo más que sus habitaciones y que sus muebles, una casa la conforman sus habitantes actuales y pasados, la conforman las situaciones que se dieron, las visiones del paisaje que se obtienen desde sus ventanas y balcones (la sierra de Onete espléndidamente –¿equívocamente?– contemplada desde el salón de los armarios, de modo especial por el señor Ocuc) y todo ello, el peso de la historia, algunos acontecimientos que ya se han relatado, mi propia impresión de que yo aún no había dejado de ser un elemento extraño, dificultaban mi trabajo, me obligaron a tomar una decisión poco querida: trazar un programa, un calendario. En primer lugar olvidarme del *Libro de Citas* del barón de Orgaz, Carlos Peb (¿entonces no se trataba del abuelo del señor Ocuc sino de Nora Peb...?, pero dejemos este asunto). En segundo lugar agotar el cuerpo de notas de mi padre, ver qué documentos –junto al citado «Ripollet»– pueden aportar información valiosa. Y en tercer lugar procurar incorporarme a la vida de la casa, aunque esto sólo es posible a través de la señora Peb, y ya sé, y ya sé, que correré algunos riesgos, aunque a lo mejor... ¿quién sabe?, a lo mejor ambos lo estemos deseando.

Dos documentos más.

1) Parece una carta. Es una carta mecanografiada probablemente con una Olivetti Studio. Pero tiene aspecto de original, y por lo tanto no debe de haber sido enviada. Sin fecha, sin origen, sin destino, y con un remitente y unos personajes que se citan en el texto carentes de cualquier referencia. Es un folio aprovechado: la otra cara es la fotocopia de la página 3 del *Manual de Técnica de Venta Nilfisk,* un fabricante sueco de maquinaria para la limpieza industrial de suelos. Pero el documento que nos interesa es la carta; la mostramos sin la peculiar composición fruto del uso descuidado de la máquina de escribir.

Profundo señor:
En la víspera del viaje me atrevo a dirigirle estas líneas que me parecerán inútiles. Partir es dejar siempre una flor intranquila. Primero le diré que estuve haciendo aquel solitario que usted tan gentilmente me enseñó y que desde luego sale tan pocas veces. Cuando quedan seis cartas ya es casi una victoria. ¡Es muy difícil caramba! Sobre el asunto de la venta del ganado le puedo asegurar que he puesto el mayor interés y según me comunica mi hermano las mulas ya están adjudicadas quedando sólo la pareja de asnos y la yegua. Esta mañana ha venido a almorzar su hija Encarna. Al principio estábamos los dos un poco nerviosos pero poco a poco nos hemos ido acostumbrando –piense en lo pequeño que es mi

cuarto y además sólo tengo una silla en la que estoy ahora para escribirle y luego la cama en la que su hija ha debido sentarse– y al cabo de un rato lo estábamos pasando en grande –puede usted estar orgulloso de las corvas de Encarna– hasta que tía Asunción nos ha llamado para almorzar. En la mesa y aprovechando las ausencias de tía le pellizcaba los senos a su hija. No me dijo o quizá es que no lo entendí qué clase de soga necesitaba. He comprado una poca de esparto y dejo para el próximo viaje lo de las muñequeras.

Supongo que estas líneas le tranquilizarán y supongo también que obrarán en su poder antes de que yo esté de regreso.

Me despido. Hasta muy pronto.

Firmado: Julio Costa Lebro

2) Un sobre alargado, blanco pero ya amarillento en las esquinas, sin membrete. Dentro, doblada, una hoja cuadriculada, pequeña, de un bloc de espiral. En tinta azul y en unos caracteres infantiles y vacilantes, primero, la fecha, luego, un texto apretado –en el que destacan determinadas palabras en grandes letras– y, al final, la firma. Ésta sería la transcripción:

14 de mayo de 1954

Voy a intentar recordar las circunstancias en las que tuvieron lugar unos hechos dolorosos pero con elemento festivo. El curso 1951-1952 en el colegio de los Jesuitas de Sarriá (tercero de bachillerato) tuve como padre prefecto al padre Burinot. A su despacho éramos enviados los alumnos cuando cometíamos alguna falta. A mí me pasaba a menudo. Pero el hecho, de gran gravedad, se convertía en festivo por la voz y la forma que el padre Burinot tenía de decir que ya podíamos entrar. Llamabas a la puerta de su despacho y entonces se oía como un rebuzno, algo así como esto: Aadalaanteee. Entonces tenías que contener la risa entrar y esperar que te llamaran la atención otra vez. A veces recuerdo la situación y me vuelvo a reír. Sobre todo repito su grito Aadalaanteee porque no quiero olvidarme de él tanto me divierte y a las personas que se lo cuento se ríen muchísimo.

Pablo Amatller Moragas

La Sierra de Onete

En una región sin montañas, en la desolada llanura manchega, la presencia de dos pobres cerros testigo excita la imaginación de las gentes. Pequeño y puntiagudo núcleo de rocas resistentes el Pico del Águila, alineamiento también rocoso pero con algo de suelo vestido de encinas y quejigos sobre el monte bajo de coscojas, romeros y espliego, la pomposamente llamada Sierra de Onete. Qué horas de dicha envuelto en la raída manta debió de pasar José Ocuc allá en el centro del gran salón de los armarios arrellanado en su sillón, el ventanal abierto de par en par y la luz del ocaso desparramándose por la ladera sur de la sierra. Más adelante, luego, agotadas las aventuras y las gentes que las protagonizaron, vaciados los contenidos sexuales de nuestra relación, más delgada, ligera –grácil, dijo alguien–, sentada sobre mis rodillas, yo en el sillón del que fuera su marido, la señora Peb, Nora, me cuenta de forma pausada, con elegancia de espíritu y economía de gestos, los matices cromáticos y las especies de aves que Ocuc avizoró en la ladera, durante las frescas y tranquilas tardes de otoño. Nada hay en el mundo mejor que la atenta observación de la Sierra de Onete desde el punto exacto de la biblioteca de la Casa Ocuc, desde el sillón orejero, en el atardecer de un día de otoño, y si ha llovido... Y contra ello tuve que luchar; porque no debía distraerme porque estaba en Magán para escribir la novela *P.A.M.*, la biografía dulcificada de mi padre, y, vamos a olvidarnos ya de cualquier consideración genética, mi padre, a todos los efectos, era, fue, Pablo Amatller Moragas. Lo que sucedió en la casa (y con las personas que llegaron a ella) a partir de aquí –estoy hablando del mes de noviembre de 2002–

también pudo contribuir a demorar la redacción de la obra pero me enriqueció de forma importante al permitirme conocer nuevas facetas de la condición humana y, sobre todo, al permitirme participar de un modo directo en peripecias que, en algunos casos, rozaron sin ambages la categoría de proeza.

La sobrina Alena

Tras el suceso del sótano –el confortable ayuntamiento en la cama del depósito de muebles, quizá el cuarto, la habitación, el dormitorio de Nora Peb, antes considerada ajena al mobiliario doméstico, nunca vista usar o siquiera nombrar estas partes fundamentales de la casa–, nuestra relación verbal era nula y sólo a nivel de señas se manifestaba la aquiescencia o no de los variados platos de la cocina manchega que me eran ofrecidos y de los que destacaría por la perfección en su acabado el gazpacho de perdiz, el morteruelo, las berenjenas de Almagro, las gachas, el pisto y los «duelos y quebrantos». Por lo que en un momento de particular fuerza creadora, dándole a la novela un impulso decisivo, sin apenas salir del caserón –islote en ese maremágnum de obras y derribos que convertían Magán en otra ciudad dormitorio de la capital de España–, sumido en una monotonía diaria extremadamente beneficiosa para el progreso mental, Nora Peb me miró a los ojos –por primera vez– e inició una frase que debía de estar largamente ensayada y que por su tono de salmodia inducía rápido al hechizo y a la sintonía:

–Quería pedirle... Le iba a pedir. Si no le importa, mi sobrina, querría que pasara en el pueblo este curso.

–¿Su sobrina?

–Terminó Historia del Arte en junio, en Barcelona, está preparando la tesis.

–¿Y aquí... en Magán...?

–Creo que necesita tranquilidad. Si me permite, sin querer comparar...

–Bien, bien, ¿y se instalaría en la casa?

—La habitación de mi cuñada..., desde que falleció, está libre.

—Bueno, en principio, no tengo inconveniente..., claro, mientras no me vaya a suponer pérdida de intimidad, de silencio..., de soledad, que es indispensable para mi trabajo.

—¡Por Dios! Le aseguro don Pablo que se trata de una persona responsable y además, como ya le he dicho, y perdone por recordárselo, ella también viene a trabajar..., sin querer comparar por supuesto.

—¿Y cuándo vendría?

—Si me da usted su permiso la llamo hoy por teléfono. Mañana mismo podría coger el autobús.

—Venga, venga, hágalo, lo puede hacer.

—Gracias, don Pablo. Sabía que me iba a autorizar. Ya verá como no se arrepiente..., ella es muy lista..., y es muy educada. ¡Ah!, nosotros la llamábamos Elena pero equivocados. En Barcelona le han dicho que su nombre no es ése, que su nombre..., que ella se llama Alena.

Y así, encerrado en la biblioteca, sumido, inmerso, en plena acción recuperadora de los años sesenta, cuando mi padre entra en relación con Baltasar Sistella y el capitán Susana en el Centro de Instrucción de Reclutas de San Clemente Sasebas, exactamente en 1966, oigo unas voces, algo más que susurros y, de inmediato, alguien golpea con los nudillos la puerta principal que da a la escalera, no con excesiva suavidad sino en el tono que preludia un mensaje imperioso, un aviso, una celebración, casi una advertencia. «Don Pablo, don Pablo, ¿podemos pasar?» (De hecho ya, con la puerta entreabierta, se cuelan dos cabezas y parte de dos troncos.) «¡Está aquí Alena!»

La escena, tópica hasta en sus más mínimos detalles, sitúa al escritor, al erudito —que llegó sin aspavientos del mundo del vino—, sentado en una austera silla castellana de madera y cuero, apoyado en la monumental mesa de talla granadina sobre la que se amontonan carpetas, folios, libros y diversos materiales auxiliares para la escritura. Gira la cabeza, mira por encima de las gafas blancas, se las quita, y las dos mujeres avanzan hacia él, con aire compungido, de puntillas al principio, pero en los últimos metros cobrando seguridad, casi a zancadas, hasta quedar en posición de firmes, en estado de revista, a un par de pasos de Paul, a su lado, para que pueda contemplarlas en su totalidad, cosa no posible si se hubieran situado frente a él, al otro lado de la mesa.

Alena es compacta. Un ser tubular de macizos hombros, cintura inexistente, pechos difusos y fornidas piernas. Viste una chaqueta de pretendido estilo tirolés pero de un verde tan fosco que parece negro, a juego con la minifalda y con las gruesas medias que se pierden muslos arriba y que se embuten por abajo en unos zapatos de luto. La cabeza es grande y peina una melenita amusca, de corte breve y simétrico que ayuda la inapelable raya central. Rasgos faciales broncos; mentón prominente –casi prognato–, cejas pobladas, ojos negros impávidos, nariz y boca unidas en una región compleja donde uno no sabe si decidirse por el bozo –casi bigote–, por las comisuras enfangadas, o por el aplastamiento torcido del hueso nasal. Cuando Nora acabó la presentación –en la que introdujo elementos exculpatorios por interrumpir mi labor y por acelerar de tal modo el proceso de traslado de la sobrina– Alena alargó la mano y, al mismo tiempo que me la apretaba en demasía, extrajo de su garganta –y puede que de sus pulmones– un sonido que me asustó, en el que iban flotando –ahogándose diría– unas estudiadas palabras del tipo (no recuerdo ahora bien, la verdad es que estaba aturdido por la aparición) «¿Qué tal estás Pol? ¿Trabajas mucho?», más cerca el Pol de Pul, como si tuviera dificultad en pronunciar la letra «o», como si una de las consignas principales a seguir fuera la de no pronunciar la «o» abierta.

«La muerte todo lo cura» fue la sentencia de aquel viernes. Ahora Alena suponía cierto descanso en las tareas llamemos secundarias que toda casa trae consigo. Y dar la limosna a la pordiosera –ir a abrir la puerta nada más sentarse a la mesa, tener las monedas preparadas, escuchar la frase pronunciada como agradecimiento– era una de ellas. Tocaban gachas y de segundo el cabrito asado que quedó de anoche –hoy, en parte, comeremos de retales, había anunciado la señora Peb mientras iniciaba el ir y venir cocina comedor que desde la llegada de su sobrina resultaba más vivaz y menos protocolario–. «Coincido. Coincido» dijo –me dijo– Alena mientras colocaba bien el cojín sobre su asiento. «Es una cuestión de sinceridad. Deberíamos aceptar la realidad tal como es.» No eran las gachas santo de mi devoción pero era de ley el reconocer que Nora Peb las preparaba –como todo por otra parte– a la perfección: una cucharada de miel de romero, leche de cabra y la harina un pelín tostada daban a la masa rango de primer plato en esa categoría contradictoria que podríamos considerar como propia de los Paradores Nacionales. Levanté la cabeza. Estuve a punto de decir «¿Cómo?, perdona, no te he entendido» pero cambié a «¿O sea que la sentencia hoy ha sido...?». No quiso repetirla, era demasiado lista, ganó unos segundos con la deliberada mala excusa de una deglución trabajosa y soltó «No sé si sabes que quiero hacer mi tesis sobre las plataformas móviles, las estancias sobre ruedas...». Me di cuenta de que no se la podía menospreciar en nada y en vez de un «¡Qué interesante, qué interesante!» elegí un «¡No!, no lo sabía, la verdad es que no hemos podido hablar..., me refiero a que pese a los días que ya llevamos compartiendo esta mesa..., quizá sería bueno que me contaras..., que nos contáramos...».

Salimos pronto. Magán-San Julián, 42 kilómetros tortuosos y generosamente bacheados. A eso de las nueve aparcaba en la Plaza Mayor mientras Alena mantenía en alto su brazo derecho señalando con un índice cubierto de pelo el letrero que colgaba de un soporte –a la manera de las tabernas inglesas– en la esquina con la calle Obispo San Heladio:

FACUNDO SINOVIA Artesano en Madera. Pasos y Andas Procesionales

No es necesaria una explicación exhaustiva del encuentro. Sinovia respondía al patrón y Alena respondió a lo que se esperaba de ella. Me mostraron alborozados un arrugado documento que hablaba de Alhïas Yahia, célebre alarife malagueño autor de la Gran Maksura o estancia montada sobre ruedas, máquina de tales dimensiones que cabían en ella hasta mil hombres. La colaboración Alena Sinovia tendía a ese objetivo. Llevaban cuatro años. Cada vez coincidiendo con las fiestas patronales construían una mayor plataforma. 12, 31, 36, eran las cifras conseguidas. Esta vez pretendían colocar sobre el tablón a más de cincuenta vecinos y descender desde el Cerro Pelado hasta la Plaza Mayor por la pronunciada calle de la Muela. Se enfrascaron en discusiones sobre el grado de alabeo, el grosor de los ejes y la zapata del freno. En un momento de particular confrontación técnica Alena llegó a coger por la pechera al carpintero. Mientras, sentado en un rincón de la nave, amplié mis conocimientos sobre el arquitecto (o maestro de obras) Alhïas Yahia gracias a unas notas manuscritas. La Maksura (o Macsura, dudaba a menudo el escribano) era una mezquita reservada para el califa o, a veces, un simple espacio acotado, un recinto destinado al imán en las oraciones públicas. Y también, y esto debí casi de adivinarlo por el mínimo tamaño de la letra, un lugar para albergar el sepulcro de un personaje tenido en opinión de santidad. Yahia, pues, además de construir un púlpito de sándalo, plata, oro y otras materias preciosas para el rey Abdelmumén, tuvo en esa gigantesca estancia sobre ruedas denominada por comparación la Gran Maksura, su obra maestra. Volvimos a Magán a media tarde. Alena entusiasmada. Sólo llegar besó a la tía en la frente y llamó por teléfono a La Oca, a uno de sus almacenes de Madrid, el del doctor Esquerdo; sin consultarme, encargó un sofá para ese rincón de la derecha del comedor, saliendo de la cocina, al que desde el primer día definió como espacio innecesariamente vacío.

¡El Sofá Mykonos!, en piel Texas chocolate, en madera maciza, forrada con espuma y recubierta de bellutino; suspensión de asiento mediante cincha elástica; patas de madera de haya en wengué con base de acero cromado; y los almohadones rellenos de pluma de oca y fibra. Modelo intermedio, de 200 cm de largo, que fue adoptado por la señora Peb como si se tratara de un hijo o al menos como un viejo pariente al que o no se conocía o se llevaban muchos años sin poder abrazar y besar. Cada vez que doblaba la esquina, procedente de la cocina y, sobre todo, cada vez que abandonaba el comedor tras dejar los platos, el mantel o cualquier otro trasto e iba pues con las manos vacías, realizaba una especie de reverencia que, acentuándose al cabo de los días, llegó a convertirse en una maniobra gimnástica que se concretaba en una aproximación lateral hasta pegarse al costado del sofá, inclinarse apoyando el torso sobre uno de los brazos del mismo, alcanzando, gracias a su proverbial flexibilidad, a pegar el rostro en el asiento. Sentados a la mesa, Alena y yo aparentábamos no enterarnos. La postura oferente, sin embargo, su espléndido culo desnudo, alentó mis instintos, e inauguré un ritual que consistía en levantarme entre el segundo plato y los postres y penetrarla sin preámbulos doblado sobre ella manoseando sus pechos y pasando por el lavabo para asearme antes de reincorporarme al almuerzo. Fue, ya digo, un ritual normalizado, que se rompió el 25 de febrero, la Matiada, culmen en las fiestas de San Julián, en que la plataforma comandada por Facundo Sinovia y ocupada por otros cincuenta y ocho nativos rebasó los límites de la Plaza Mayor al fallarle el freno y fue a parar al fondo del Soto Oscuro donde facultativos y demás sanitarios sólo pudieron certificar la muerte de los veloces peregrinos. Vino tarde a comer y, muy alterada, al pillar a la tía en una de las posturas habituales, no se contuvo. Alena disponía de un imponente miembro y con él perforó a Peb vía anal mientras ésta profería, en perfecto remedo del padre Burinot, el exclusivo versículo ¡Aadalaanteee!, ¡Aadalaaantee!, ¡Aadalaanteee!

Carlas Oturia llegó de noche. Saludó a la Hiena con un apretón de manos, a la señora Peb con besos en las mejillas y a mí levantando el brazo derecho al tiempo que esbozaba una cómplice sonrisa. La Organización pronto quedó constituida. La casa de Magán sería la momentánea sede. Alena/Hiena, jefa de servicio; Nora Peb, servicios sociales; doctor Oturia, director técnico; Paul/Pul Verdenal, director general. El fin: experimentación en tierras toledanas de la mochila abortiva. Manos a la obra.

Comenzamos en Olías. A la salida de un colegio. La Hiena con atuendo deportivo de madre joven se mezcló entre la turba. Oturia y yo quedamos en el coche. A unos treinta metros. Pulsó Oturia una vez. Un pequeño teclado puesto sobre las rodillas. Tres mujeres cayeron fulminadas. Se formó un gran revuelo mientras Alena subía ya al auto sin quitarse la mochila e iniciábamos el descenso por una amplia avenida camino de la carretera de Toledo. Ése fue nuestro bautismo. Una técnica aún poco depurada que requería de un emisor algo voluminoso colocado en el interior del vehículo y de un pulsador direccional que creaba, por rebote, un campo abortivo circular de unos cinco metros de radio en torno al amplificador transportado en la mochila. Las ondas afectaban de modo tan violento al feto que éste quedaba fulminado y arrastraba a la muerte inmediata a su porteadora. Como carne vulgar era definido el tándem por Carlas Oturia.

Así fue durante un tiempo. Pero empezamos a temer ser descubiertos. La precariedad del procedimiento no permitía variaciones. Cambiábamos sí de automóvil, Alena disponía de amplio vestuario, incluso los marcos de actuación se buscaron bien distintos... pero hubo una señal: la radio, y la prensa escrita, recogieron, de improviso, un tenue rumor; un tipejo comentó que en dos escenarios de muerte en los que casualmente había estado creyó ver a una mujer joven, de complexión robusta, subir precipitadamente a un automóvil. Podía tratarse por tanto no de una epidemia o una picadura de insecto sino de una sustancia de alguna manera esparcida o inoculada por personas asesinas. Decidimos terminar. Concluir el episodio manchego. Trasladarnos. O mejorar el sistema. Y al final se vio que lo mejor iba a ser aunar, con calma, ambas soluciones. Oturia volvió solo a Barcelona, a su laboratorio universitario, a seguir avanzando en el desarrollo del sistema. Luego se fue la Hiena, primero a Madrid, a buscar localizaciones, después a Barcelona. Yo quedé en Magán, a la espera de noticias, atando cabos, en previsión de un seguro retorno tras las aventuras heroicas que se avecinaban. Nora imprescindible. Trazamos nuestro futuro; yo, y ella: mi ama de llaves, fumista y vigía, reclinatorio y cabezal en nalgas pompeyanas.

Juego

1

Tufo dijo, «Sí, es Juego», sin aplicarse demasiado en la identificación. Juego volvió a pasar. Pasaba. Iba arriba y abajo. Nervioso. Juego debía de ser algo así como un ujier, un vigilante de pasillos y escaleras, un portero de estrados. Morna me miró. Estaba ilusionada. Al salir, apoyándose en mi hombro, en voz muy baja, hizo una leve proclama: «Desprecio a Juego, pero creo que empiezo a desearle». Así las cosas –nuevos amigos, nueva ciudad–, pedí al casero papel y lápiz; iba a trazar, aquí sentado, en el negro vestíbulo, las líneas maestras de mi actuación. Él era Deogracias. Deogracias Deulofeu Castaña propietario de la Pensión Carbón y, en la cartulina gentilmente entregada, se adivinaba bajo una poco convincente tachadura la dirección postal preferida: Avenida de José Antonio Primo de Rivera 688, principal. Luego supe –confidencias, sólo a mí, demás pupilos irrelevantes– lo suyo con la Falange, y hasta con la innombrable Logia del Paseo de San Juan. Contaba pues con Tufo –abogado de tres al cuarto pero con ciertos contactos–, con Morna –líquida procuradora–, y con dos incógnitas, el tal Juego –poeta subalterno– y el inmediato Deogracias. El acuerdo con Hiena era conseguir una red. Introducirnos en campos diversos, disponer de incondicionales, mentir, untar, al cabo de un par de meses poder ya solicitar algún nombre. Dos meses de soledad, de discreción, de ojos abiertos. Y luego vendría –estaba marcado en rojo en nuestro calendario mental– la cita a tres, con la esperada mejora técnica de Carlas Oturia y los desplegados tentáculos de la Hiena y de un servidor.

¿Qué hay en los juzgados que impele al trato? Morna tomaba un refresco, Tufo galletas con leche y los tres aguardábamos la aparición de Juego; por la escalera de servicio acostumbraba a irrumpir a estas horas en esta cafetería de mi preferencia. Acabé el helado y los cuatro –Juego ya libre– montamos en mi coche y llegamos al faro. Allí fui duramente interrogado. ¿Quién era yo y qué quería exactamente de ellos? La arena, la desembocadura, el mismo delta facilitaban las respuestas. Ganaba tiempo dirigiendo la mirada aquí y allá obligándoles casi a seguir mis observaciones. ¡Flamencos! Una pequeña bandada regresando al dormidero. Cuando ya no pude mantener la estratagema invoqué mi pasado: mi historia, mi dudoso origen, mi oficio de escritor, la necesidad imperiosa de conocimientos jurídicos para concluir la novela. Ya eran argumentos trillados. En las tres semanas de conocimiento había sido interrogado en varias ocasiones. No se fiaban. Aunque no les pedía nada concreto siempre suponían que quería ir mucho más allá; algún caso oscuro, algo de lo que sospechaban pretendía obtener amplio beneficio. Pero aguantaban. Había elegido bien: dos bribones y un desgraciado dispuestos a todo por unos cuantos billetes.

2

Juego conocía a un brujo. Cierto tipo revenido que preparaba excursiones, itinerarios por montes culebreros y pozas de agua ensimismada. Le llamó al bar donde comía, La Taberna del Famoso de la calle de Gravina, y a eso de las tres de la tarde entrábamos para tomarnos un café con alguien que según él iba a ponerme en la senda de la vida, así dijo exactamente: «Si usted le escucha, si usted escucha a Rafles, le pondrá, sin miramientos, en la senda de la vida». Rafles estaba acompañado por su ayudante, Galalit, ambos sentados en el fondo del local, con estrategia oteadora, y a un paso de la salida de emergencia. No he dicho aún que Juego balanceaba en exceso la cabeza en situaciones tan tensas pero Rafles, por lo que descubrí de inmediato, tampoco le iba a la zaga. Bebiendo agua mineral, era yo el que oteaba, a través de un grueso y dudoso vaso, a mis compañeros de mesa mientras Galalit sorbía con delectación un carajillo de orujo. El plan era éste: mañana, a las nueve en punto, Juego y yo recogeríamos en mi coche a Rafles y Galalit para acercarnos a la cercana localidad de Esplugas donde, por lo visto, se fraguaban, en esta temporada, grandes negocios que podían ser de gran utilidad para la causa que ya, desde ahora, era común a los cuatro. Tras el café del Famoso, Ramblas abajo, Juego se fue sincerando –su angustia, la falta de reconocimiento por parte de Tufo y Morna, su condición de objeto sexual–, él buscaba algo más, vi con claridad que había decidido apostar fuerte por mi proyecto. Tenía a mi lado una pieza clave y al quererla consolidar le pregunté, de sopetón, por su verdadero nombre. Hice mal. Se apartó, con los ojos proyectados hacia las copas de los árboles, rogó que no le obligara, era su secreto, quizá otro día, más adelante. Pedí disculpas y al llegar a Liceo Juego cogió el metro.

3

Emilio Nieto Ballester, en su *Breve Diccionario de Topónimos Españoles,* afirma que para dar cuenta de Esplugas hemos de partir del latino *spelucas* que significa «cuevas». No vimos ninguna desde el camino que cruza el pueblo. Sólo polvo y más polvo hasta la Urbanización Casa Zurbano. Y, en lo alto de una cuesta, el desmedido chalé denominado Casablanca custodiado por tres sicarios. Bajamos del coche, Rafles habló con ellos y, rápidos, nos escoltaron hasta que franqueamos la puerta del edificio. Eran las diez de la mañana y un sol de justicia quedó de golpe tamizado por leves persianas y gruesos cortinajes. La cueva del magnate Loverdos.

No hubo presentaciones. Magnate tomó presto la palabra. Sociedades secretas. Que yo buscaba. No parecía creer que fuera para rematar un libro. Mas no dio muestras de que le importara. Galalit le entregó un dossier. Rafles anticipó que ahí iban mis datos. Y sentados alrededor de una mesa el magnate Loverdos enumeró rápido y preciso la lista de sociedades que podían convenirnos. Programa Visitors, Campeones de Liga, Arquitectos ocultadores. Nombró muchas otras pero fueron estas tres las que decidió proponernos. Comimos algo. Bebimos. Fumamos puros. Y cerramos el trato. Loverdos era un granuja. Un granuja grande. Generoso incluso. Que excluía la sangre de sus contratos. Y lo cierto era que esta materia, aquí en este punto y en esta hora, nadie la reclamaba.

Programa Visitors

El Programa Visitors nos acerca a una nueva «forma artística» (que puede convertirse en mercantil) que combina dos ceremoniales en parte hoy perdidos: «ir de visita» y «enseñar la casa».

Se trata de concertar una visita con los ocupantes de una vivienda –de un piso, fundamentalmente–. Es decir, el (los) visitante (s), los Visitors, llaman a la puerta y visitan, recorren las dependencias, mientras sus ocupantes desarrollan sus ocupaciones habituales. La visita, y aquí radica el éxito, no ha de interferir la actividad de los habitantes excepto en los breves intercambios de saludos que fosilizarán unos segundos la actividad doméstica. Se recorre la vivienda habitación por habitación, sin incurrir desde luego en situaciones indecorosas en baños y dormitorios, y así se podrá contemplar el escenario y el tipo de tareas y ocupaciones que se producen en ese espacio y en ese momento: los niños jugando o estudiando en su cuarto, los abuelos delante del televisor, el ama de casa en la cocina, etcétera.

El programa permite visitar un domicilio en varias ocasiones variando horarios y fechas para tener una visión completa del mismo y, obviamente, ofrece un amplio muestrario de viviendas, de tipos sociales y culturales: familias pobres, clase media baja, profesionales, rentistas, menestrales, parejas de lesbianas, familias numerosas, hogar catalán, comunistas, gente del arte, etcétera.

Detalles como la retribución a los propietarios y/o arrendatarios son irrelevantes y pueden gestionarse sin problemas por la agencia (¿franquicia?) que lleve el negocio en cada ciudad o pueblo: está claro que la mayoría querrá cobrar pero habrá espíritus nobles que se sentirán pagados por el honor de ser visitados. Se ofrecerán packs que variarán en función de si se trata de visitas individuales o en grupo (pequeño, claro), de si es posible fotografiar/grabar, de si se puede avanzar algo más en la impregnación llegando, por ejemplo, a compartir mesa pero, lo que es cuestión fundamental es el ofrecer un producto auténtico, que el Visitor conozca un material no alterado por su presencia (por el desarrollo del programa).

Clientes: turistas en general (extranjeros, nacionales de otras comunidades autónomas), antropólogos, etnólogos, publicistas, diseñadores, artistas plásticos, cineastas, gente curiosa, publicitarios.

Campeones de Liga
Se dispone del jugador malayo Bong Olanda. Un hábil delantero de gol garantizado cuya única pega es su edad de cuarenta y cuatro años. Hay que dosificarlo pues, sacarlo al campo sólo cuando sea indispensable. Atender siempre sus sugerencias. Hacer que el entrenador le obedezca ciegamente.

En un momento avanzado de la Liga española se selecciona un equipo que por el lugar que ocupa en la tabla y por sus propias limitaciones no imagine, ni en sueños, acabar el primero. Ha de ser un equipo con un número de puntos tales que, si se le suman los que puede obtener ganando todos los partidos que faltan, quedará indefectiblemente, campeón de Liga (habrá que acudir a estadísticas). Un equipo, por otra parte, de solvencia económica para llegar a acuerdos.

La propuesta reclama el mantenimiento vital de Olanda hasta el final del campeonato con un salario no inferior al mínimo. Al conseguirse el trofeo de campeones de Liga el club abonará a nuestra sociedad la cantidad que quede estipulada en el contrato. Será siempre el jugador Bong Olanda quien decida si ha de jugar o no en cada encuentro y, de hacerlo, a partir de qué momento y durante cuántos minutos.

Arquitectos ocultadores

Joaquín Bescansa Pallarols y Enrique Claraco López son dos arquitectos especializados en proyectar espacios ocultos. Doctores por la Universidad Politécnica de Cataluña realizan sus primeros trabajos ilegales para conocidos estudios arquitectónicos de Nueva York y Londres. Vueltos a España, llevan a cabo una lamentable etapa itinerante en la que, ofreciéndose al mejor postor, asumen elevados riesgos, lo que a menudo les lleva a presidio y, por lo tanto, a la vejez prematura. Salvados en última instancia por el grupo portugués Verlodos, ahora sólo proyectan para constructores de gran prestigio.

Bescansa & Claraco escamotean apartamentos. Sobre planos no aparecen. Accesos misteriosos. Dimensiones flexibles. Hay un mundo casi especular que satisface a promotores. Pero es otro el mercado rentable de esas singulares obras. Quien acepte su magisterio conoce el significado de escondite, guarida, cobijo, refugio, madriguera. Son muchos los receptores potenciales del producto. Sólo hay que saber vender. Y, a continuación, saber callar.

4

Cenamos en Las Brasas, un fonducho mal ventilado cercano al Paralelo en el que Rafles tenía amplio predicamento. No pedimos. Una sucesión de fuentes grandes, medianas y pequeñas rebosantes de variadas formas de carnes fueron invadiendo la mesa hasta ocupar todos los espacios posibles entre botellas, platos, cubiertos, saleros, aceiteras, servilletas y multitud de extraños recipientes que contendrían, sin duda, suculentos condimentos. Hubo un momento de pánico al verter, uno de los aprendices de camarero, un chorreón de alioli sobre el dossier de Loverdos. Pero la cosa no fue a mayores. Se limpió con un trapo humedecido e iniciamos la ingesta.

Rafles vestía de negro. Las dos veces en que nos habíamos visto. Me preguntaba si eso era debido a que siempre llevaría la misma ropa cuando, leyendo mis pensamientos, me interpeló de este modo: «Soy una copia de Raffles el protagonista de la novela *Raffles, the Amateur Cracksman* publicada en 1899 y llevada varias veces a la pantalla; o mejor dicho soy la copia de Ronald Colman el actor de la versión de 1930». Juego no quiso que le acercara a su casa y, tras dejar a los truhanes amplió, en el trayecto hasta mi domicilio, la sorprendente información, retrocedió hasta el padre o quizá el abuelo de Rafles que pudo servir de mayordomo a Ernest William Hornung en su casa de San Juan de Luz y a Henri d'Abbadie d'Arrast en su castillo del pirineo francés. Ambos, autor de la novela y codirector de la película, de confusa localización en su fallecimiento: Hornung, cuñado de Conan Doyle, pudo fenecer en esa localidad fronteriza pero también en el condado de Sussex; D'Arrast en el castillo familiar pero también en Montecarlo donde pretendía hacer saltar la banca. Juego no desconfiaba de la historia. Pese al holgado paréntesis entre la muerte de Hornung en 1921 y la de D'Arrast en 1968 veía posibles las consecutivas servidumbres, deseaba mejorar la imagen de Rafles, deseaba que nada de lo que él aportara quedara bajo sospecha. Al detener el coche ante la puerta del garaje Juego comenzó a incorporarse rozando levemente mi mano y, despidiéndose con una inclinación de cabeza al tiempo que salía del vehículo en una postura contorsionista, dejó en el asiento una hoja de papel mientras decía: «He escrito este poema en el restaurante, mientras usted hablaba de su adolescencia; espero que no le moleste mi atrevimiento, el inspirarme en sus cosas».

EL POEMA DEL PERRO GLU GULAGUER

Éste es el poema de los restos del perro Glu Gulaguer
ese perro malhadado que moriría un 16 de noviembre de 1964
en la población litoral barcelonesa de Vallgorguina
fruto del pánico, la estulticia y el rencor
de la familia Díaz, sus propietarios,
cuadrilla venida del oeste, humanos de entrega,
que idolatraban al poeta reseñado en el semanario *Destino*.

No hablar de huesos, no es recomendable,
un error fatal confundir la intención del que glosa,
un error confundir el esqueleto del perro Glu Gulaguer
con los huesos que ramonearía, trasladaría y enterraría
en la espesura del bosque mediterráneo
o quizá en las márgenes fangosas
de la multitud de arroyos.

Glu Gulaguer
el otro Glu Gulaguer vuelto a la realidad consuetudinaria
por la emisión, la noche del pasado sábado 31 de marzo,
en la 2 de Televisión Española,
de aquel sombrío filme *La última película*
The Last Picture Show
con Cybill Shepherd en estado de gracia
y otros actores entonces poco conocidos
entre ellos un rudo y varonil Clu Gulager.

Clu nombrado desde la cuna Clu
por su padre John Gulager actor de vaudeville
por el clu-clu del rojo pájaro
Red Bird nombrado en Oklahoma Clu-Clu
en Holdenville donde al nacer Clu Gulager
el dieciséis del once de mil novecientos veintiocho
varias avecillas clu-clu preparaban ya sus nidos
con huesos de hermanos clu-clu
fallecidos en el tórrido verano.

5

Buscar, buscar, una fiebre evaluadora, caminamos, con Juego, con Galalit, nos trajimos a Deogracias, por su avenida José Antonio, hacia plaza España, hasta Llansá, una calle corta del tupido Ensanche, cercana a las Arenas, coso taurino en decadencia.

La casa era un malecón sencillo. Cinco plantas reglamentarias, pobres materiales, apenas algún detalle perdido en la comisura de la puerta y los balcones. Pero el remate, ese frontis de elocuencia absoluta, una mariposa de alas desplegadas, fabricada en mortero, con esmaltes, teselas, lo que llaman trencadís, y antenas, y un cuerpo tubular listado. Delegué en Deogracias. Tardó poco. Consiguió el salvoconducto. Y la llave. Subimos pues los cuatro hasta el terrado, la azotea como corrigió Juego luchando por el idioma. No había dimensión. Tampoco líneas. Ese remate mariposa de descomunales curvas era un fraude, la tarjeta de visita del maestro de obras José Graner y Prat que triunfaría en Gijón como arquitecto, una explosiva desproporción exterior que moría en el tenderete destartalado corona del edificio. Al día siguiente, ante la mesa del administrador de fincas que extraía una subcarpeta con la indicación a bolígrafo Casa Fajol –La Papallona–, calle Llansá 20, barrio de la izquierda del Ensanche, todo fueron vaguedades y una conclusión: no era posible adquirirla. Deogracias Deulofeu, hombre avezado, conocedor del registro humano, captó para sus adentros la idea genial de la construcción secreta y a las pocas horas del fiasco ponía sobre la mesa dos alternativas. Esta vez fachadas cuya calle vertical central interrumpía el mar de balcones para presentarse opaca, un paño, quizá mejor un lienzo corregiría de nuevo Juego, de naturaleza ciega, ornamentado con empalagosos, almibarados esgrafiados o bajorrelieves. ¿Qué habría allá? ¿Qué habría tras esa pared ahora? ¿Qué habría en un próximo futuro tras la intervención de Claraco y Bescansa? Compramos los dos inmuebles. Se actuó muy rápido. Y empezamos a operar desde la oscuridad total. Agazapados en un reducto inexistente en planos. Proyecto Liga, Proyecto Visitors. Pero necesitábamos más.

Morna

1

Cuchullín. Y Fingal. Cuchullín y Fingal. Devoraba con sus ojos de nutria la edición en octavo. Los versos de Ossián. Sujetos con una cinta de fino papel, los dos tomitos que imprimiera en Madrid Enrique Teodosio en el año 1880, pasaban de su mano izquierda a su mano derecha, los dejaba, brevemente, sobre la mesa de mármol, y volvía a olisquearlos, a besarlos; dijo en voz impropia, con gesticulación estentórea, con mohín burlón: «La zorra, la copa, la grama, nunca sabré en qué orden y con qué sentido enumeraron estos términos». Calló. Cogí los libros. Le pedí permiso con la mirada. Y fui quitando, lentamente, cuidadosamente, aquella cinta de papel satinado en la que se leía Librería Restauradora Calibo calle de Campoy Irigoyen. Y al fin *Poemas gaélicos*. Tomo Primero. *Fingal*. Poema en seis cantos. Canto primero. Páginas 11 a 14. «Morna, hija de Cormac (...) ¡Oh Morna! Vengo de la colina de los ciervos. Tres veces he tendido mi arco. Y tres han caído. Otros tres han sido presa de mis perros (...) Guerrero feroz yo no te amo. ¿Has visto al joven Caibar? La hija de Cormac espera aquí la vuelta del hijo de Tormán (...) Morna le esperará. Largo tiempo. Porque su sangre tiñe mi espada (...) ¡Oh Ducomar, eres sombrío! Tu brazo cruel ha destruido mi amor. ¡Bárbaro, dame ese hierro! ¡Quiero contemplar la sangre de Caibar! (...) Ducomar conmovido por sus lágrimas le tiende la espada. Morna la hunde en el seno del guerrero (...) Ducomar siente el frío de la muerte. Pero arranca el arma de su pecho y la hunde en el hermoso seno de la joven virgen. ¡Oh Morna!». Y le hablé de Dieterle. Aquella Salomé de 1953 cuyo cartel más afamado adorna la entrada del bar. En cuyo rincón más alejado del bullicio de la barra, de improviso, se dispone a contar una historia que marcará nuestras vidas. La tengo tan cerca. Veo su piel. Eso llamado cutis. Piel, cutis de porcelana con textura de riñón. Abre y cierra la boca a velocidad increíble. ¿Cómo puede? ¿Cómo puede sacar y meter la afilada y sonrosada lengua sin ser pillada nunca por los impecables dientes? Ahora narra la afiliación al régimen. Y la intrahistoria de un artículo de William Weaver: «La visión del traductor». Y describe, para mí sólo, el color cobrizo de la ermita de Santa María de Chalamera. No puede ser. ¿Procuradora de los tribunales? Una mujer así no debe exponerse al agravio de una mera representante. Está tan cerca. Voy a tocarla. Pero quizá no ahora. Prefiero algo nuevo. La extracción de una pieza dental. La boca no es amplia. La abre y la cierra a gran velocidad. Pero mis manos son pequeñas y cuento con la experiencia odontológica de cuando acompañaba a mi padre por los consultorios de la Seguridad Social de Marqués del Duero y Entenza. Me decido. Introduzco el índice y el pulgar de mi mano derecha entre sus labios de anís y en una correcta maniobra le extraigo una muela. No una muela. El primer premolar inferior izquierdo. Una joya. Se diría que no se ha dado cuenta. Aunque me mira enojada. Y dice algo así como que «ya me lo esperaba». Amo a Morna. Desdentada. Como un magistrado famoso.

¿A qué régimen se afilió Morna? ¿Al de la nostalgia pues? Cita a Lobo Antunes sin ningún empacho: «Vendieron la quinta, el mundo se llenó de personas. ¡Éramos tan pocos!». Al de la nostalgia, y al del sufrimiento por ver cómo nos invadían. Morna era yo. Sin pasado. Triturado, machacado, aventado, desaparecido. Entró en materia. Los grupos. ¿De verdad yo sólo buscaba material para una novela? Esperaba, deseaba en mí una mayor implicación. Militancia, dijo. La cogí, ahora sí. La estreché entre mis brazos y rodamos por el suelo pulimentado de la caverna. Sangró largo rato. Lo que duró el coito. En la calle, bajo los paraguas («bateaguas» quiso amplificar significantes recordando, cómo no, su infancia, en el Somontano oscense) se alejó de mí con una sonrisa salivar sanguinolenta a tono con el flemón amoratado. Nos veríamos pronto. Y ya con metas más precisas.

2

Era como preguntar por el estado de un himen recién desgarrado pero, aunque de modo maquinal, articulé la frase «¿cómo estás?», que evitaba, desde luego, otra más directa: «¿Cómo te encuentras?». «Tuve una osteítis alveolar aguda pero ahora ya estoy bien» cerraba sin más el intercambio pero por esa fea costumbre mía hube de meterme en innecesarias justificaciones con «lo siento pero escenifiqué la paráfrasis del poema "Cirugía", de mi buen amigo Guillermo Fernández Rojano, cuando escribe "en dos ocasiones evidentes he intentado arrancarme la boca"» y aunque no le interesó lo más mínimo lo que le estaba contando me miró con gran dulzura y yo le retorcí los brazos hasta producirle placer. Era martes y en el Club de Golf San Saturio subastaban numerosos palos y también vencedoras bolas. Nos sentamos. «No tardarán», me dijo al oído; su boca ya sin flemón lateral brillaba con la vistosidad de antaño. José Agustín «Topacio» Brendes y Mario Zarragueitia Belorado estrecharon mi mano tras besar a mi reina. «¿Qué nos ofrecéis?» hubiera sido lo justo pero Morna escogió «¿en qué asuntos andáis metidos?»

Dice algún diccionario que la pasión esteticista puede llegar a ser inmoral. Qué cosas. Nuestros nuevos amigos deslindaron desde el comienzo de su intervención los campos del profesional y del diletante. No admitían deslices éticos. Obraban por necesidad. Por salvaguarda estética. No era posible permanecer impasibles ante tanto dislate. Terminada la serie senil (Morna ya me había hablado entusiasmada de ella) se disponían a empezar una serie política local. Iban a centrarse en personajillos de insufrible aspecto, voz atiplada e insoportables ínfulas. Para el primero, conocido diputado de carácter agrio y fealdad acreditada, estaba urdida la estrategia: Topacio le aplicaría las dos técnicas básicas de taijutsu cuando el tiparraco saliera de su chalé en San Cucufate; primero koshijutsu (golpeo a zonas sensibles para matarlo), segundo koppojutsu (rotura de huesos para reducirlo en volumen). Estábamos invitados. Morna era feliz. Al quedarnos solos pidió otro campari con zumo de naranja y, algo desafiante, vaticinó: «Nos serán muy útiles, estoy deseando instalarme en el nuevo despacho para planificar un programa... contigo... pero también con ellos... y con todo el grupo, por supuesto».

3

Así las cosas, al día siguiente, nos fuimos de obras. Visitamos los dos despachos, en los dos edificios de la calle Mallorca, el primero, oculto tras el esgrafiado y, el segundo, oculto bajo el bajorrelieve. Éste iba a ser el de Morna aunque no se descartaba que sobre la marcha se produjeran alternancias. Con Juego nos fuimos los tres a comer a Casa Leopoldo, quedaba algo lejos pero nos apetecía la rotundidad del rodaballo de este figón del barrio chino. Morna volvió a sorprenderme. Tenía en mente un nuevo proyecto: autores, traductores de su íntima confianza, plagiados, vampirizados, copiados sin piedad para componer nuevos textos... «Paleografías» titulaba el nuevo género. Descubrí de inmediato en Juego un gran brillo en los ojos aunque, de hecho, la apuesta de Morna estaba dirigida a mí; quería saber hasta qué punto era cierto mi autoproclamado oficio literario. Sacó del bolso unos libros. Y repitió, ahora en voz muy alta, «ellos ya están enterados y prometen no llevarnos a los tribunales» y soltó una horrible carcajada. En ese momento rechacé a Morna, su exhibicionismo, su vulgaridad, quizá argumentos para curarme en salud de lo que sabía que iba a suceder después, que se fuera a fornicar con Juego. Cogí los libros. Y no los solté cuando, tras pagar la nota, me despedí de ellos y salí a la pestilente calle. Quería tener, mañana mismo, varios poemas terminados y arrojárselos a la cara... a los dos... a esa turbia meretriz y a ese aprendiz de vate.

La pensión Carbón agonizaba. Deogracias, dormido en el sillón de la entrada bajo la insegura luz de un aplique polvoriento, componía un cuadro de miseria en el que el sonido de una radio procedente de una habitación de puerta entreabierta ayudaba a los rateros y huéspedes no pagadores a entrar y salir sin ser vistos ni oídos. Me encerré en mi cuartucho. He de reconocer que allí estaba bien. Tenía lo que necesitaba en este momento. Una amplísima cama. Una mesa de trabajo. Un baño con los elementos necesarios. Agua caliente. Dos armarios. Y la seguridad absoluta de pasar desapercibido. Nadie podría sospechar mi presencia en la ciudad. Aquí hospedado. Sin registro alguno. Sólo Deogracias Deulofeu y la irregular chiquita peruana que hacía de sirvienta sabían de mi existencia en el antro. Eché los libros sobre la cama. Me refresqué. Me puse cómodo. Y me dispuse a tasar la mercancía.

4

¿Qué teníamos aquí? Cuatro libros. Pero sólo dos parecían de interés. Recién editados. *Micromegas y otros relatos filosóficos* del ilustrado Voltaire y *Las encantadas* de Herman Melville. De entrada, el nombre de la editorial nos convenía: Artemisa. Una diosa armada de un arco que, a la carrera, acosa a los hombres, envía el mal a las mujeres hasta estallarlas en el parto y que, con sus flechas, logra las muertes repentinas, en especial las indoloras. ¿La relación de Morna con estos títulos de Artemisa Ediciones? A través de los traductores y prologuistas: Marian Montesdeoca, Ana Lima, Francisco León. Empecé por Micromegas, y obtuve IRO (anagrama de Roi, pésimo poeta enemigo de Voltaire), en tres entregas. Seguí con Melville, y surgió LA TORRE.

IRO 1

Sustancias esencialmente diferentes:
más de treinta;
entre ellas el Espacio,
Dios,
la Materia,
la boca besadora,
los seres extensos dotados de sentimientos,
los seres extensos dotados de pensamiento,
los seres pensantes no extensos,
los penetrantes,
los no penetrantes,
y el resto:
frailes blancos,
frailes negros,
frailes grises,
frailes de capirote puntiagudo,
frailes sin capirote,
jóvenes profesos de una orden extinguida,
verdugos,
alguaciles,
grandes
y unas cuarenta personas cubiertas de sacos:
judíos que no renegaron de Moisés,
cristianos casados con sus comadres,
cristianos que no habían adorado a Nuestra Señora de Atocha,
cristianos partidarios del caballo, del guasón,
el caballo cuya diferencia era la voz, a veces
la estatura y siempre
la extrañeza parda de las crines.

IRO 2

«Sí, sí, el camino de la orina.»
Antoni van Leeuwehock fabricante

holandés
de microscopios
presenció robos de poca monta, y en La Haya
al llegar
cortaban la cabeza a un predicador de capa negra.
¿Cuántos sentidos poseen los hombres?
Sesenta y dos, dijo
el académico partidario
de la generación espontánea: gorgojos,
pulgas,
mejillones
surgiendo de los granos de trigo, de la arena; nadie
vio aún los huevos diminutos.
Fue un placer, diez millones de fieles
socarrados
en la América de Chiapas.
El argumentador,
mitad geómetra,
mitad quimérico, arremetió
contra la memoria
y contra los sentidos: ¿miembro quizá de la banda
filosofal? ¿Regreso
del círculo polar, de observaciones
pioneras?
Maupertuis, en efecto,
llevó a París
a dos laponas.

IRO 3

Cordero blanco.
Cordero negro.
Hubo que elegir:
Tamerlán
u otra dinastía tártara. Ispahan
no acepta la duda. Según cuenta Arouet «el populacho,

siempre extremo,
siempre cruel, cuando se le libera la brida, arranca el corazón»: piensa en Concini, ese
Concino Concini mariscal de Ancre arrastrado
y devorado. María
de los Ángeles
soñó una vez
que era un sueño de los otros (sueños). Locke
no estudió en los libros, porque éstos
le vendían
instrucciones equivocadas. Scarmentado
a punto estuvo
de perder,
por una inconveniencia,
su fiel prepucio.
Fieles Penates.
Amado Lulli [1632-
1628]
por un Voltaire, voltigeur.
Révolter.
Voltiger.
Virevolter.
Ese sillón, la poltrona
(silla poltrona).
Vautour.

LA TORRE

El ascenso a la torre de piedra produce placer y existen instrucciones para un viaje correcto por el interior de la misma. Hablo de la única superviviente del castillo de Jervis a la que ciertos compiladores, raza de seres absortos, definen como un pastel de calabaza habitado por aves que nunca se posaron en mástiles y quizá tampoco en lugares propicios para el carenado. No sólo la viuda Sicórax sino también los hermanos Mugendo emprendieron esa madrugada, negra como cueva de herrería, la prospección minuciosa de la estepa inmediata. Franciscanas marinas, formas que aún no han sido descritas, embarcaban en el puerto de la vecina isla Floreana rumbo a la costa para visitar, junto a monjas enanas en formación de combate, la combusta ruina. También dos caballeros donosos de la orden de El Vil Reproche, coronados por el Pájaro Penitente, se unieron a la comitiva, que ya llega al basamento de sillería de catorce lados, y parece penetrar presurosa por la puerta Masatierra.

Macilenta soledad. El tictac del escarabajo leñoso devora la andrajosa viga y el desafortunado Stuart (uno de los caballeros donosos) muere aplastado por el entibo desprendido. Su hermano Carlos, que también estuvo a punto de dejarse los huesos, toma el mando y encamina la tropa escaleras arriba. Nadie coronó antes esta fortaleza. Ni enemigos sañudos. Ni quien quiso medrar en indignas singladuras. Ni los que clavaban la daga entre costillas españolas. Ni un camarada experto en lugares estrambóticos. Nadie. Así brindan con licor y una a una enanas y franciscanas son lanzadas al vacío por los Mugendo y Sicórax mientras Carlos, sobre un tártaro de escoria, sueña con los afectos de una damisela morena. Luego, el grupo ya reducido, desciende por la rampa helicoidal que rodea exteriormente el edificio a la vez que entona la balada del barbero charlatán e inicia el recuento, en la lejanía, de las abolladuras de los cascos de los buques. Gente portadora de la virtud genuina –facción de la Guardia de Corps–, sabían que eran esperados. Claude Joyot de Crébillon, llamado Crébillon hijo, alcanzando la fama por la escritura de cuentos licenciosos, redacta ahora, al pie de la atalaya, la relación exacta de aquel desastre marítimo; el abordaje y destrucción, a cargo de Manada Canina, del navío de regreso. Coda: tercer aporte proteínico en importancia, por defenestración y batalla pirática, en este año de 1777.

5

Morna no aceptó los textos. Ya no le interesaba la poesía. Ni Juego. De pie, en el centro de su despacho, con la mano izquierda acariciando el cabello recogido sobre su esplendorosa nuca, la cabeza altiva, me brindó de nuevo una sonrisa encantadora al tiempo que me ofrecía con su mano derecha una carpeta azul en la que reposaba el proyecto definitivo de nuestros arquitectos. «Llévatelo a casa, lo lees con calma, estúdialo bien, mañana, si quieres, lo comentamos.» Cerré la puerta. Avanzaba por un pasillo circular de falsas paredes acristaladas; un laberinto que sorteaba escaleras, paredes maestras, cajas de ascensor, viviendas alto burguesas y no podía dejar de sorprenderme de aquella maravilla de la técnica constructiva: ¿me estaba alejando del despacho de Morna o me aproximaba de nuevo? Realmente Bescansa & Claraco eran unos genios, sus falsos espacios se vendían como churros, nadie pudo pensar nunca que un producto tan poco fiable tuviera este éxito. Al fin, un recodo y una leve pendiente me llevaron al ascensor. La calle resultaba simple, hubiera querido regresar al vientre tecnológico.

Claraco, y quizá Bescansa, proceden de Huesca. Allí sin duda conocieron a Ángel Gracia, un muchacho buen novelista que les proporcionó las bases de una idea genial. Gracia, en la página 87 del relato *Pastoral*, escribe lo siguiente: «Mi abuela materna no fue la primera en matarse por las escaleras ni tampoco fue la última. Las casas se revelaban con frecuencia, más que como refugio y protección, como trampa mortal». Ahí estaba la clave; casas asesinas, pero no por la incompetencia de sus alarifes sino por el sabio diseño de varias de sus partes. El dossier destilaba inteligencia. Y amor a las cosas bien hechas. Empezaba con una justificación, casi con un mea culpa, del porqué habían tardado tanto en ocurrírseles la idea. Luego pasaban a relacionar los sectores de población que podrían estar interesados en adquirir este tipo de inmuebles y, finalmente, describían algunos –no todos, comentaban con picardía, dando a entender que eran numerosos los ases que se guardaban en la manga– digo describían los elementos de la construcción que eran susceptibles de arreglo. Claraco defendía con pasión los peldaños movedizos programables al peso. Bescansa los baldaquinos asfixiantes sensibles a la intensidad del ronquido. En todas las modificaciones subyacía la exigencia del nivel matrimonial. No era de recibo mantener uniones chirriantes, bien por el engordamiento de uno de los cónyuges, bien por la nocturnidad porcina.

Tufo

1

Le llamaban así por un problema de infancia. A los cuatro años le diagnosticaron una rara enfermedad, la trimetilnanuria, el síndrome del olor de pescado. Joaquín Perra Belorado mantenía la sensación de los olores desagradables. Era igual que se lavara a fondo y que se alejara de la fuente de la pestilencia, él seguía registrando el olor. Quizá por eso, ahora, aunque ya felizmente curado de esa dolencia, sus propuestas de trabajo siempre tenían trasfondo olfativo pero, hay que reconocer, que fueron creativas y productoras de excelentes dividendos; por eso se le mantuvo en el equipo, al menos hasta que las circunstancias que luego se relatarán dejaran de hacerlo aconsejable.

Tufo propuso inicialmente dos programas. Una empresa especializada en limpiar los escenarios de las muertes aparatosas y una empresa dedicada a la simulación de las ventas de complejos residenciales. En el extracto de *The New York Times* que publica los jueves *El País* halló un artículo firmado por Andrew Jacobs en el que se hablaba de un tal Ronald Gospodarski, paramédico y técnico en biorrecuperación. Explicaba Jacobs: «Se puede decir, sin temor a equivocarse, que el hombre del apartamento 6-F no tenía muchos amigos o parientes, al menos ninguno que le llamara o visitara con frecuencia. Nadie, ni los vecinos, advirtió su ausencia durante varias semanas, es decir, hasta que un olor putrefacto empezó a llenar los pasillos de su edificio en el barrio neoyorquino de Queens. Consuelo Sánchez, de cincuenta y cinco años, que vive en la puerta de al lado, se quejó del olor durante semanas antes de que funcionarios del departamento de vivienda abrieran la puerta y vieran el cuerpo descompuesto en el sofá, con la televisión aún encendida. El ocupante, un empleado de transportes jubilado, de ochenta y seis años, había fallecido un mes antes por causas naturales. El forense retiró el grueso de los restos, pero fue tarea de Ronald Gospodarski ocuparse de los demás, la mayoría de ellos viscosos e indescriptiblemente malolientes. Buena parte del hombre del 6-F había empapado los cojines del sofá a medida que su cuerpo se descomponía, y su ácido gástrico se había extendido por la tapicería». La empresa de Gospodarski, Bio-Recovery Corporation, tiene, según confiesa al periodista, un amplio mercado; suicidios, intentos de suicidio, asesinatos por arma blanca, empalamientos accidentales, muertes solitarias e inadvertidas, muertes no anunciadas de adolescentes, descomposiciones, y otras muchas especialidades. Son seis sus empleados pero cree que aumentará en breve la plantilla. Tufo vio rápidamente el negocio. Y lo fue.

David G. Torres es un teórico del arte de vanguardia. Hombre culto, paciente y con gran sentido de la perspicacia cayó en manos de Tufo por un asunto relacionado con las esquelas mortuorias. Torres amaba el diseño, la cadencia, la literatura de esos rectangulares anuncios de los medios escritos y la Guardia Civil que andaba investigando una red de vendedores de listas de fallecidos a entidades bancarias creyó que algo podía tener que ver y, éste, por si las moscas, decidió contratar los servicios de un letrado de fama. Solventado sin problemas el percance, Torres, agradecido, llevó a Tufo, un día de verano, a ver una instalación artística. Llegaron a Tarragona, al Tinglado 2, donde Manel Margalef había montado la exposición En Venta. Se trataba de una parodia del furor inmobiliario. El artista remedaba carteles, casas piloto, campos de golf, algún que otro árbol. «La artificialidad de la exposición», escribe David G. Torres en un artículo referido a esta muestra, «redobla la artificialidad propia de los campos de golf al reproducirlos en un interior, casi como una maqueta 1/1, con, sobre todo, césped falso, (...) la casa piloto está construida con elementos prefabricados y, además, todo está contenido en una especie de gran urna: el propio Tinglado.» La réplica, la reflexión antropológica de esa enloquecida actividad promotora que transmitía la obra de arte tuvieron, en Tufo, una especial acción taumatúrgica; vio un nuevo negocio al alcance de la mano: en pocos días Rafles y Galalit recorrían la costa levantina, instalados en un enorme camión oficina que mostraba en su interior, a tamaño 1/1, espacios que casi correspondían al total de las piezas constructivas de apartamentos, chalés y bungalows de existencia real, a precios de ganga y en un ambiente olfativo sumamente agradable (el gas hilarante utilizado como anestésico en odontología en los años sesenta).

2

Lanzamiento.– El placer en el lanzamiento de objetos orgánicos radica en el placer por hacer desaparecer materia orgánica al ser devorada por aves (se alimentan las aves, se cuidan no sólo para que sus poblaciones no sólo se mantengan sino que aumenten), aunque hay un componente transgresor (no ensuciar la calle, la asepsia europea, la urbanidad, la civilidad) que en orinar fuera de vaso se magnifica (lo he hecho alguna vez, lo hice alguna vez pero hoy excedería el temor al placer; ya no robo libros por ser mayor y más burgués). Fundamentalmente lanzo migas de pan y algún que otro resto del mantel tras las comidas desde una u otra terraza dependiendo esta decisión de si hay alguien justo debajo. Cuando en los platos sucios quedan restos que hay que quitar antes de meterlos en el lavavajillas también, a veces, los vacío en la calle.

Fuentes complementarias de placer serían el proceso de eliminación de elementos no gratos.

La recuperación de las vías públicas como receptores, en superficie, de detritus.

El reparto de alimentos, mejor la dispersión de alimentos, el no concentrarlos en el vertedero de basuras.

El placer por la obra terminada (o sea ¿bien hecha?)
El placer por la culminación
La limpieza

TEMPUS

Progresiones.–
a) Kilométrica. Ver los km (los mojones) que van pasando en un viaje. Ver el cuentakilómetros (tacómetro) del coche: cuántos kilómetros llevas

La medición.– Saber qué distancia hay entre dos puntos
La exactitud.– Como culminación (terminación) de un trabajo. La obra bien hecha.

La medición, la limpieza, la culminación (culmen), la coronación de una cumbre.

Lograr un objetivo.–

Las series.– Enumeraciones (listas). Progresiones (en cualquier serie)
Hacer crecer una mesa en vez de hacer crecer un árbol para talarlo y fabricar una mesa.

Eliminación de palomas domésticas
Eliminación de perros
Eliminación de gatos domésticos
Eliminación de puntos peligrosos para las aves en tendidos eléctricos
Llegada de buitres al atardecer a la buitrera

Series o sucesión convergente en/a cero
Progresión geométrica de razón menor que la unidad
Desaladoras
Perros adiestrados para la localización de cebos abandonados
[n.º 51 de *MA,* invierno de 2005]

Este documento, que fue encontrado en la guantera del Peugeot 407 de Joaquín Perra, resulta muy ilustrativo. «Tufo» Perra formaba parte de esa generación de mujeres pulcras que hicieron del detergente la salvación de sus vidas. Hijas de la generación de los antibióticos y, en general, hijas de la generación de los medicamentos como panacea universal. (Recuerdo a Monsieur Labastide, el bodeguero de Auch, mi jefe durante no sé cuántos años, sentado en un sillón de mimbre frente a la mesa de su minúsculo despacho totalmente cubierta de medicinas y todo tipo de potingues.) La aproximación mercantil al emergente campo del medioambientalismo tuvo mucho que ver con su repentina amistad con el consejero de Medioambiente de la Comunidad Autónoma de xxx pero sin ese sustrato de orden, de progresión, de culminación, de limpieza, de acabamiento, nunca hubiera podido orientar su vida profesional de modo definitivo hacia la paradójica obtención de beneficio económico a partir de la protección desmesurada de las aves de rapiña.

3

Propuso rentabilizar el *birdwatching*. Traer de países del norte de Europa masas de observadores de aves. Gentes de mediana edad y alto nivel de rentas que gustosos pagarían abultadas cantidades de dinero para observar especies raras o inexistentes en sus países y, sobre todo, que harían lo que se les pidiera para evitar que dichas especies se extinguieran involucrándose ellos mismos en las tareas de protección y fomento. Había que mezclar inversión y riesgo. Dosificar con sabiduría los elementos de aventura y ciencia. Vender muy bien los activos que España aún posee para las mentes nórdicas, para mentes que además tienen entrelazadas, en perfecta simbiosis, la imagen romántica de país meridional casi africano y la imagen de país poblado de una fauna espectacular, de una fauna de grandes predadores y carroñeros; no olvidemos que los viajeros románticos llamaban a nuestro país la Tierra de los Buitres.

Propuso crear guerrillas orníticas. Grupos de unos diez ornitólogos extranjeros capitaneados por un experto local. En principio les fijó dos objetivos. El primero, la destrucción de los molinos de viento, los aerogeneradores que ofrecidos como limpio remedio alternativo a otras fuentes de fabricación de electricidad estaban diezmando las poblaciones de grandes rapaces al mutilarlas, trocearlas casi, al ser absorbidas por el efecto torbellino de las aspas. El segundo, el asalto a los camiones que recogen reses muertas en aplicación de la normativa europea tras la histeria higienista producida por el episodio de las vacas locas. No todos los molinos debían ser destruidos; sólo los situados en los puntos de habitual vagabundeo de las aves. No todos los camiones debían ser asaltados; sólo los que iban ya de regreso a la planta de incineración, bien repletos de carne y en el lugar apropiado para poderlos reconducir con rapidez a donde pudieran vaciarse y ser su carga accesible a los necrófagos alados.

Al final de la exposición, de pie, entusiasmado, con la mirada fija en los cortinajes que simulaban protegernos de los rayos del sol que entrarían por los simulados ventanales, calló unos segundos, tomó aire, y dijo: «El consejero me ha asegurado que considerará con interés cualquier propuesta ambiental que le presentemos... y que además hay importantes deducciones fiscales».

4

En el transcurso de una cena que organizaba en Zaragoza la Fundación Alsur conoció a Enrique Ruiz Budría. Este geógrafo turolense era el director de los Cursos Extraordinarios de la Universidad de Zaragoza y al oír hablar con tal vehemencia a Joaquín Perra sobre protección y explotación sostenible del medio natural le invitó a participar como ponente en uno de ellos. Se vieron a la mañana siguiente para concretar las fechas y fue entonces cuando el profesor aragonés hizo entrega a Tufo de una publicación, de su autoría, sobre el hábitat humano diseminado de una comarca de la provincia de Teruel. Un gesto y un documento de los que ninguno de los dos, pero especialmente Enrique Ruiz, podían esperar las consecuencias que iban a reportar. Se despidieron, quedaron en escribirse para mantener el contacto hasta los días del curso, y ya no volvieron a verse nunca más.

Joaquín Perra halló en ese estudio de las masías y casetos del término de La Puebla de Valverde la meta de sus aspiraciones. Sí, los ornitólogos guerrilleros desplegaban en su destrucción de molinos y en el saqueo de camiones una notable cantidad de entusiasmo y suponían una fuente importante de ingresos, pero era necesario ofrecer un producto más capaz, algo que colmara las ansias globales de protección; alimentar de propia mano, con esfuerzo y entrega, a las exhaustas aves y, al mismo tiempo, aligerar la naturaleza de los elementos secularmente nefastos. Varios dimos un respingo en nuestros confortables asientos al oír la palabra *aligerar*. Estábamos para eso, al menos yo seguro que estaba ahí para eso.

5

La prolija disquisición léxica acerca de los matices diferenciadores entre masa, masada, masía, masería, mas, maset, masico y caseto no interesó especialmente a Tufo. Sí el Mapa 1 (página 41) en el que se ubican con claridad todas las viviendas dispersas del término turolense de La Puebla de Valverde. También las fotografías de algunas de las masías y, en especial, los datos sobre el estado actual de cada una de ellas; si estaban ocupadas, el estado de conservación del edificio, la disponibilidad de agua, el uso agrícola y/o ganadero, etcétera. El 6 de marzo un helicóptero salido de Reus dejó el primer grupo de ornitólogos en el vértice septentrional del territorio masovero. Caminaron por espacio de una hora antes de que al superar una ligera elevación del terreno apareciera ante sus ojos el contorno de la primea de las construcciones: El Caseto del Pocoso.

Joaquín Perra Belorado quiso dirigir esta primera razia. A su lado el siempre fiel y eficaz Galalit, el experto en artes marciales Mario Zarragueitia Belorado (pura casualidad la coincidencia de los segundos apellidos) y un matrimonio de Sigmaringen con experiencia en acciones de campo y que hablaba español con gran soltura. El resto, cinco clientes ricos y apasionados –tres holandeses y dos suecos, hombres, y de gran fortaleza física–. El atuendo era el clásico: botas de campo, pantalón amplio, camisa gruesa, chaleco, prismáticos colgados al cuello y livianas mochilas. Total, diez naturalistas, que fueron descubiertos a gran distancia por dos chuchos que no se apartaban de los muros de la casa pero que desplegaban variados recursos de intimidación, desde la colérica mirada al potente caudal de ladridos. Personas no se veían. Ganado, tampoco.

6

La muerte es un ejercicio más en el manual del perfecto *birdwatcher*. Acomodar los tiempos, sopesar las consecuencias, dosificar los esfuerzos, son normas elementales y de obligado cumplimiento. A pocos metros del muro norte, con los chuchos agotados de tanto ladrar e inyectarse sangre en los ojos, Karl de Sigmaringen se adelanta unos pasos al grupo y, con total parsimonia, les echa, casi les ofrece, unas bolas de carne de cerdo embadurnadas de somnífero. Los canes dudan, pero tal es el hambre y tal es el aroma que la vianda despide, que no pueden resistir y la devoran en un instante. Caen fulminados pero no muertos, sólo dormidos, y Karl, cúter en mano, les cercena la yugular para que no vayan a causar más disgustos. El grupo, salvado el primer escollo, llega al muro, lo rodea, y en la fachada sur del edificio, encalada a trechos, resquebrajada a partir del segundo piso, contempla a una mujer, una anciana sentada en una silla de anea desvencijada, que frota en seco, con un estropajo de aluminio, una gran sartén y sin que parezca haberse enterado de los ladridos, del cese de ellos y de la presencia de los diez intrusos. Galalit se le acerca, le da los buenos días y al no obtener respuesta ensaya unos pasos de baile ante ella: es sorda y ciega. La casa es muy amplia. La planta baja hace de cocina, de cuadra –ahora de cochera de un John Deere del 54–, de despensa –morcillas, jamones, patatas, sacos de harina, paquetes de sal, hogazas de pan, todo amontonado y tirado por el suelo– y, en un extremo oscuro y algo apartado, se adivinan unos bebederos de latón para el ganado, sirgas para el tractor, un par de arados romanos y varios bidones que apestan a gasóleo. En la primera planta están los jergones, con claro aspecto de haber sido utilizados esta pasada noche. La segunda está hundida por arriba y por abajo; el suelo y la cubierta de teja han cedido en varios puntos pero tiene un elemento arquitectónico fundamental: un balcón que permite disfrutar de una vista espléndida del fondo del valle y nos permite descubrir la existencia, a unos quinientos metros, de un corral grande y un rebaño de ovejas pastando en un prado cercado con estacas y alambre. Decidimos instalarnos. La vieja que siga ahí, puliendo la sartén y dando un aspecto de normalidad a la explotación ganadera ante la llegada, lógica, de los hombres. Montaremos guardia desde el balcón. Dominamos el camino que muere en el caseto y que se dirige hacia otras masías o hacia el lejano pueblo.

7

A eso de las cuatro de la tarde descubrimos la polvareda que un vehículo a motor, una furgoneta, levantaba al avanzar por el camino acercándose al Caseto del Pocoso. La vieja había dejado de pulir la sartén e intentaba trabajosamente levantarse de la silla. Tufo colocó a Galalit y a Mario en el dintel de la puerta pero sin que pudieran ser vistos desde el exterior, a los dos suecos en la parte trasera del edificio justo al lado de los dos cadáveres de los perros, a los holandeses en el balcón oteando el panorama, al matrimonio alemán ordenando la despensa y él, nervioso, arriba y abajo, pero con especial querencia por el balcón y el catalejo con trípode. Cuando le faltarían unos seiscientos metros, en línea recta, hasta la casa, la furgoneta desapareció de la vista. Habría un desvío. Y así era. Reapareció en un par de minutos circulando algo más rápida, o así daba la sensación, dirigiéndose a campo través hacia la vaguada donde estaba el corral. Paró junto a la estacada. Bajaron dos hombres. Tufo apartó con violencia al holandés que miraba por el catalejo y pegó con rapidez el ojo derecho al ocular. Dijo, casi gritó: «Son padre e hijo».

Padre e hijo encerraron el ganado en el corral dando un rodeo que les llevó a desaparecer brevemente tras una pequeña loma donde debía de haber una fuente, una charca o algún tipo de abrevadero. Escondieron la llave del corral debajo de la piedra de donde la habían sacado, se montaron en la Berlingo, desanduvieron el trecho hasta el camino, enfilaron éste hacia nosotros y cruzaron la explanada de delante del caseto hasta parar junto a la mujer, que aún no había conseguido levantarse. Todo fue muy rápido. Antes de que extrañaran la ausencia de los perros y lograran enderezar a la abuela Mario y Galalit se abalanzaron sobre ellos dando el karateka unos golpes maestros a los dos individuos mientras su compañero degollaba primero a la vieja y luego a los dos hombres que aún se removían en el polvo con expresión, eso sí, de felicidad inesperada. Anne de Sigmaringen ayudada por su marido desnudó los tres cadáveres, los suecos trajeron los dos perros y entre todos los cargaron en la camioneta. Tufo, por el móvil, encargó al holandés más espabilado que dirigiera la conducción sin separarse del catalejo. Colocaron los cinco despojos sobre una loma alineada con la otra, la que, efectivamente, hacía de resguardo a una surgencia canalizada; eso que de niño, comentó Joaquín Perra en voz alta, oí que llamaban «mina»: «Nunca os metáis en la mina, que es fría, angosta y muy profunda».

El nuevo muladar se contemplaba a la perfección desde el observatorio de la segunda planta. La luz del atardecer proyectaba las sombras de los cinco cuerpos, las desparramaba sobre la superficie de la loma aumentando el tamaño de la pitanza. A ver mañana qué pasaría con los buitres. Cuánto tardarían en bajar. El somnífero, ampliamente experimentado en Alemania, se metaboliza a gran velocidad y aunque sacrificados rápidamente es absorbido por los tejidos sin dejar rastro; los necrófagos no sufrirán consecuencia alguna. El matrimonio de apoyo había ordenado la planta baja, limpiado la segunda, preparado la cena, eso sí, por ahora, utilizando sólo las viandas traídas en la mochilas.

Tufo llamó al despacho. Pletórico. Los clientes entusiasmados. El asalto, la carroñada, todo había ido a la perfección. Quería demostrar, ante Morna, ante mí, la bondad de su propuesta ecológica. Habló con Juego. Que se viniera al frente del nuevo grupo. Y que partieran ya. El Caseto del Pocoso iba a servir, por ahora, de base de operaciones, y de cabeza de puente.

8

Digo que Tufo enloqueció. Una ornitóloga belga cocinaba gachas y cordero, el helicóptero podía tomar tierra en la explanada del caseto, el ganado pastaba salvaje en torno al manantial, se planeaba el asalto a la Masía Robredo, pero algo falló en la aventura. Llamaba y llamaba a la oficina, quería impregnarnos de la sana alegría del triunfador, mas los problemas, aquí, en la tierra, nos acuciaban. Morna le advirtió por última vez: «O regresas inmediatamente y tomas las riendas de tu departamento, o rompemos el contrato por abandono del cargo. Me da igual que sigas con lo de los bichos. Me da igual que canceles el proyecto o que dejes ahí a quien quieras al frente. Pero vuelve». Y Joaquín Perra Belorado no volvió. Con tres contingentes marchó al asalto de la Masía Robredo. La tomó. Liberó el ganado. Sacrificó los perros. Sacrificó a los guardeses. Concentró cientos de buitres. Hasta creó un laboratorio ambulante para el estudio del proceso de desaparición de los cuerpos. Era tal el entusiasmo que se decidió avanzar en varios frentes. El helicóptero hizo un nuevo viaje. El cuarto. Ya era un ejército. El ala suroeste se dirigió al Mas del Aire. El ala sur se dirigió al Caseto Negro. El ala sureste a la Masía de Pedro. Arrasaron. El ganado ya no se soltaba. Se aniquilaba en los corrales y se arrastraba fuera para facilitar el acceso a las aves. Los masoveros eran degollados y colocados sobre los tejados. La tropa seguía al jefe pero comenzaba a cuestionar el desarrollo de los acontecimientos. Hasta los más sanguinarios; un rumano, un búlgaro y dos finlandeses mostraban síntomas de fatiga: el espectáculo diario resultaba repetitivo, la observación de los necrófagos, el comportamiento único de unas especies únicas hoy en Europa había dejado de ser interesante. Hubo conatos de rebelión. Enfrentamientos. La cosa fue a mayores y se plantaron. Comenzó la repatriación. Cuatro vuelos. Mas Tufo, al cabo de unos días, regresó. Solo. No podía vivir sin la sangre, el polvo de los caminos, el aire cortante. Cogió su coche. Llegó a La Puebla («Pobla» decían los más viejos). Y desde allí se dirigió andando, armado de una navaja barbera, hacia el territorio de sangre. Aún logró matar tres ovejas machorras. Pero le fallaban las fuerzas. Llevaba días sin probar bocado. Al ver que no podía seguir se quitó la ropa. Y arrastrándose se apartó del camino. Eligió el decúbito supino. No sólo por estética. Los buitres leonados agradecían esta postura. Más fácil para sus picos.

Galalit

Ramón Carlos Mamasec siempre defecaba desnudo, y en diversas posiciones; en este tiempo prefería las que le permitían ver de cara la cisterna. Llamado «Galalit» desde los cinco años, tenía fama de trabajador infatigable –estajanovista decían algunos– pese a estar enfermo del pubis. Originarios del Principado de Andorra, los Mamasec se establecieron primero en Pollensa y luego en la ciudad de Barcelona. Captado por Rafles en los billares del Coliseum pronto se convirtió en incondicional suyo y, luego, en incondicional del grupo. Ahora, olvidado el desastroso episodio turolense, estaba entregado, de cuerpo y alma, a la obtención de clientes para las áreas pesquera e inmobiliaria. Pensó que lo mejor era organizar una fiesta, una pequeña recepción en las oficinas centrales, en la parte visitable del edificio de la calle Mallorca. Cada uno presentó una lista de invitados. Así Segismundo Puente (¡ése era el nombre de Juego!) propuso a tres individuos taciturnos sacados del vientre de la ciudad; daban miedo pero aseguró –hombre de placer, pero también hombre de palabra– que eran de fiar, y tenían elevados posibles. Morna, no demasiado convencida de la rentabilidad del acto, se limitó a sugerir tres o cuatro direcciones electrónicas. Rafles se trajo a Loverdos y a su doppelgänger el Caballero Sombrilla. Yo, a Grullo Pérez, a Mandorlas y a Canuto Pelegrí, los tres de la Logia del Paseo de San Juan. Y, finalmente, Galalit, como organizador y supremo anfitrión, quiso lucirse y nos obsequió con un florido ramillete, si no de inversores, sí de creativos: Fléndit, Sapphire, Carlos García, barón espermático (Gomante), Nez de Cuir, Vitales, Lori Cenceño, Barulas, Catalinete, Kori Pavo de la Goma,

Milano Govinda, Potoc, Custodio, don Patógeno y Polilla, todos de abundante historia y con ganas de aportar ideas y dinero. Quizá convenga relatar algunas intervenciones y sucedidos.

Fléndit surgió de la pólvora. Habitual de verbenas y festejos levantinos creó, con sus primos carnales, una sociedad dedicada a la fabricación de petardos mortero, piulas anudadas y cohetes vomitona. A finales de los noventa la sociedad se escindió; sus primos siguieron en lo mismo pero Fléndit vio en el horizonte nuevos mercados y cedió, casi regaló, sus acciones para establecerse, él solo, en el barrio de la Barceloneta de la capital catalana. Montó un laboratorio para la elaboración de colonia y perfume a partir de los desperdicios del cercano mercado del pescado. Fue un éxito, y no sólo en el barrio chino. Y llegados a este punto nos propuso abrir una línea de cosméticos dirigida a los hombres de la mar y a sus proverbiales novias. Kori Pavo de la Goma buceaba en las malévolas aguas del empréstito. Conseguía dinero. Sin preguntar para qué lo querías. «Me irían bien tres mil euros para unos asuntillos.» Pavo de la Goma te los daba. Sólo un detalle sin importancia. «Los quiero el 29 y serán cuatro mil.» Hoy era 25. Sapphire tenía ideas. Y las propagaba. Transferidas las competencias aconsejó constituir una consultora para ayudar a la administración regional en la promoción de viviendas sociales. «Pero pequeñas. Muchas, sí. Pero pequeñas. Muy pequeñas. Más pequeñas que las que sugieren desde Madrid. Las encogeríamos. Sobre planos tendrían un tamaño. Y la realidad sería mucho más escasa.» «¿Y por qué tan pequeñas?» le preguntaría con candidez la consejera Encarna Vela. «Porque en un espacio reducido los obreros se amontonan. Son familias numerosas. Hijos, abuelos. Sólo pueden comer y ver televisión. El ruido, la falta de privacidad, las discusiones, les impiden pensar... y todos salimos ganando.» Nez de Cuir apostó por las peleas de perros. Clandestinas, claro. Por eso le llamaban «Rey del comercio de los perros». Los conseguía con facilidad. En su equipo menudeaban los extractores eficaces de chips. Nada de perros marcados. Ningún compromiso. Polilla presentó dos proyectos. O quizá sólo era uno. El auditorio estaba cansado y no prestaba atención. Se titulaba «La mujer de las posturas». E iba de hembras odoríferas. Como dedicado a Tufo. Pensé en pedir un minuto de silencio. Pero el detalle hubiera podido ser mal interpretado.

Fue don Patógeno el único que aportó algo sólido, consistente. Algo viable. Una empresa cuyo fin era conseguir que sus clientes se vieran libres del contacto físico. El empleado de la gasolinera, el peluquero, la mujer de la limpieza ya nunca más iban a rozarnos, a tocarnos. Un sistema de protección personal dirigido a personas sensibles con poder adquisitivo alto. Se establecía, por un lado, una barrera formada por guardaespaldas milimétricos que evitaban cualquier tipo de contacto con humanos, por ligero que fuera, en lugares públicos y, simultáneamente, se facilitaba un equipo de profesionales exquisitos para la realización de las labores de alto riesgo.

Comimos. De cátering. Y por la tarde Barulas dio una larga disertación sobre pequeños tahúres trashumantes. Controlaba grupos de sinvergüenzas erráticos. Visitaban ferias de ganado, finales de cosecha, pueblos favorecidos por la lotería. Montaban mesas de bacarrá. Y desplumaban a los nuevos ricos. Pidió apoyo económico para elegantizar a la tropa. Y ofreció a cambio el 15 por ciento de los beneficios. No despertó adhesiones. Govinda recordó que el proyecto de Chillida para vaciar la montaña de Tindaya en Fuerteventura había recibido el plácet del gobierno regional y que nosotros disponíamos de experiencia en espacios interiores. Animó a presentarnos al concurso. Finalmente intervino Carlos García que leyó un montón de folios referidos a un elaborado proyecto: constitución de una sociedad mercantil cuyo fin sea la rehabilitación o construcción de esconjuraderos; por si alguien no sabía qué significaba el término explicó que «esconjuradero» venía de «esconjuro» que, la Academia, equiparaba a «exorcismo». En suma se trataba de construcciones en piedra, de planta cuadrangular o rectangular abierta a los cuatro lados, que se situaban junto a las iglesias de muchos pueblos del prepirineo y cuyo fin era conjurar las tormentas aunque, parece ser, que en su interior, en el centro exacto de la estructura, también se realizaban exorcismos clásicos, se expulsaba a los demonios que poseían a los seres humanos. La idea era buena. Tenía futuro y no suponía un desembolso inicial exagerado. Se tomó nota.

Cenamos en Las Siete Puertas. No sé por qué. Quizá por la simbología esotérica de los detalles del edificio que lo albergaba. No era lugar de mi agrado. Pero Galalit mandaba. Y era a escote. Allí Gomante (el barón espermático) jugó su baza. No quiso compartir la vulgaridad de las exposiciones convencionales y esperó a tenernos a todos reunidos ante una bullabesa recomendada y generalizada. Las opiniones sobre las cualidades del plato molestaban a Gomante y decidió cortar por lo sano. «Ya sabrán que dispongo de un Gabinete de Curiosidades. No me atrevo a compararlo todavía con los de Kircher, Filhol o Lastanosa pero va camino... va camino.» Esperó a ver las reacciones. Pero nadie levantaba los ojos de la sopa. Subió el volumen de la voz al tiempo que le imprimía un tono de enojo: «Quiero decir que estoy alcanzando altas cotas de sabiduría, y que estoy perfeccionando un mecanismo que, cuando acabado, supondrá una revolución en el campo de la lectura». Sólo Morna pareció reaccionar ante tan sorprendente enunciado. Se limpió los labios chorreantes con el borde de la servilleta e interpeló a Gomante: «¿Y este descubrimiento se puede ver ya? ¿Adónde hay que ir para comprobar que es cierto lo que usted nos está diciendo?». Gomante, siempre respetuoso con las damas, esbozó una sonrisa y dijo, bajando algo la voz y sólo dirigiéndose a Morna: «La espero en mi casa de La Cerdaña donde, con sumo gusto, le mostraré el estado de la investigación». «A usted y a quien quiera acompañarla, por supuesto.»

Recibe Morna, al cabo de unos días, carta del barón Gomante anunciándole la inmediata consecución, tras largo tiempo de trabajo, de lo que parecía imposible: disponer de un folio que pueda intercalarse entre cualquiera de las páginas de un libro sin producir en la lectura de éste ningún sobresalto. Viajamos a la Cerdaña y, en la finca de Covarriu, encontramos al sabio, sereno, a la sombra de un celentéreo. Dice, como disculpándose por habernos hecho acudir, que quizá no haya para tanto, que todavía anda enfrascado en la culminación de la primera etapa del trabajo. Ha escrito una novela, *Ónice,* con una página flotante:

colocando la hoja suelta sobre la que uno elija, el documento no se desvirtúa, antes bien se consigue acrecentar la intensidad de la acción y la belleza de su gramática. Como digo, Gomante declara hallarse todavía en el comienzo de la faena. El proyecto, ambicioso, quiere proseguir con la redacción de un folio no sustitutivo, sí intercalable, una herramienta que actúe «además de» y no «en vez de», y lo quiere para una obra ajena, elegida al azar en la calígine de su biblioteca (y que ha resultado ser *La Figuranta* de León Frapié en versión de Cristóbal Litrán para la valenciana Prometeo). Luego, más adelante, quiere lograr una página flotante intercalable universal, válida para todos los libros, al menos para los publicados en nuestra lengua española. Y como remate, si Dios le concede salud y unos años más de vida, espera conseguir el códice perfecto, la empresa soñada, un texto depurado en el que cualquiera de sus páginas pueda ser movida, trasladada de principio a fin, de fin a principio, sin distorsión general alguna y que sólo plantearía un problema: no poder encuadernarse de modo convencional.

También a través de una carta, que recibo en el despacho por correo ordinario, uno de los invitados por Galalit, el indiano Vitales, me hace saber que, aunque por timidez no se atrevió a intervenir, quiere comunicarme que lleva varios años trabajando en un proyecto que podría ser de nuestro interés. Se explica así: «Ando finiquitando el Proyecto Zaroff, es decir una actualización de la idea argumental del filme de 1932 dirigido por Ernest Schoedsack e Irving Pichel titulado en Estados Unidos *The Most Dangerous Game*, en el Reino Unido *The Hounds of Zaroff* y en España *El malvado Zaroff*. En él, un aristócrata de origen soviético y único habitante, junto a varios esbirros, de una isla ignota, se dedica a provocar el naufragio de todos los barcos que se pongan a tiro para después asesinar a los náufragos en el transcurso de una cacería. La idea será retomada, muchos años después, concretamente en 2001, como material para el desenlace de *The Shipping News* (en España *Atando cabos)*, filme de Lasse Hallström con Kevin Spacey, Julianne Moore y Judi Dench basado en la novela de E. Annie Proulx (que he de decir que no he leído) y que aporta además algunos complementos sustanciosos que, ya digo, no sé si están en el libro y entre los que destacaría la razón por la cual los antepasados del protagonista, pescadores de Terranova, hacen naufragar algunos barcos extranjeros y que no es otra que mantener el censo, dado el elevado número de bajas naturales que se producen entre los nativos por razón del duro oficio. (También los aportes proteínicos que suministran a las hormigas: al cadáver de un náufrago le cortan la nariz para que se la coman y a un recién arrojado a la playa, todavía vivo, lo atan a un poste para que los insectos dispongan de abundante alimento.) Ya digo, tengo prácticamente terminada la adaptación a la España actual de esas prácticas y me gustaría, si dispone de un breve espacio de tiempo, poderle describir en detalle el particular y el total del proyecto».

Finalmente, es digno de mención otro personaje polvoriento, un tunante, un escritor profesional que contaba historias a partir de los recuerdos de su infancia campesina. Con fraseo directo, a veces potente, casi siempre nervioso e impactante, se movía en un territorio imaginario («su Macondo particular» celebraron en la sección literaria de la Hoja Parroquial) en el que intentaba incluso un lirismo, de trinchera, pero a veces aceptable; decía, por ejemplo, rematando un capítulo: «... tu amor... para frenar la noche». Pues bien, como siempre ocurre dentro de ese grupo de artesanos que confunden biografía con literatura, se le agotaron las ideas, es decir, los hechos acontecidos y, aquí, en el texto que tenemos en nuestras manos, descubrió un filón, una estructura sinóptica, epigráfica, casi telegráfica que permitía, solicitaba, un desarrollo. Se hacía llamar Potoc, Carto Potoc precisaba, aunque Galalit me aseguró que su verdadero nombre era Constancio, Constancio Lagrava.

Dux

1

Reiten, reiten, reiten, durch den Tag, durch die Nacht, durch den Tag.
Cabalgar, cabalgar, cabalgar, de día, de noche, de día.
Cabalgar, cabalgar, cabalgar.
El ánimo está tan cansado y es tan grande la nostalgia...
(La canción de amor y muerte del alférez Christoph Rilke, Rainer Maria Rilke.)
Cabalgar, cabalgar, cabalgar, a través del día, a través de la noche, a través del día.
Cabalgar, cabalgar, cabalgar.
Y el ánimo se ha vuelto tan débil y la nostalgia tan grande. Ya no hay montaña alguna, apenas un árbol.
En ningún sitio una torre.
El canto de amor y muerte del corneta Cristóbal Rilke.

Cabalgar. No queda ya nada. Ilusiones perdidas. Seres inconsistentes. Reaparecen (quedamos ese día) Oturia y Alena. Bastos. Palurdos. Provincianos. Ese sector que huye de sus raíces. Pero que no consigue, pese a cambiar los nombres de pila e incluso los apellidos, ser integrado. Las cuatrocientas familias se mofan de ellos. Charnegos les llaman, casi a la cara. Y los otros, esos nuevos ricos de impronta acicalada y cierto asentamiento, éstos, a los desgraciados de extracción humilde que pugnan por obtener un mínimo reconocimiento, a esos Carlas y Alena, el apelativo que les aplican es todavía más doloroso, no es «charnegos», ya que ellos en sus pesadillas más infaustas son así llamados, sino «gentola», con los sonidos propios catalanes, si es posible aún más marcados, de la «g», la «e» y la «o». ¡Mon Dieu, realmente tremebundo! Y Oturia había mejorado y patentado su mochila: MOCHILA ABORTIVA GELLO. Pero nada. Carecían ya, para mí, del más mínimo interés. Gentola.

Tampoco el grupo. Morna. Juego. Galalit. Rafles. La vida da muchas vueltas. La gente pierde brillo. Se adquieren hábitos anodinos de relación. Ya no hay sorpresas. Sí, los resultados eran buenos. A nivel económico, excelentes. A nivel ético tampoco eran malos. Se conseguían cosas, se iban consiguiendo cosas, se esponjaba la población en determinadas parcelas. Algunas instituciones nefastas, algunos personajillos insufribles, habían sido neutralizados. Un lenguaje más atrevido, una polisemia elegante, permitiría calificar el balance como satisfactorio. Aunque considerando objetivos modestos.

2

Fue el 19 de mayo. Comenzó como un rumor. Unos fogonazos periodísticos aquí y allá. En la radio y en la televisión. En internet. Y al día siguiente toda la prensa escrita recogía la noticia. En África negra. En el sudeste asiático. No había mujeres recién embarazadas. No se producían embarazos. No había explicación racional. Y no sucedía sólo en lugares aislados. No sucedía sólo en determinadas ciudades o aldeas. Eran franjas inmensas de territorio en los que la población humana no era fecundada. No había cura. No existía un remedio. Ninguna mujer quedaba preñada. Sin embargo, en un principio, en esta primera etapa, las porciones de terreno afectadas permanecían inalterables. Rectángulos de cientos de kilómetros cuadrados machacados de golpe y en los que la epidemia, la plaga, la radiación, lo que fuera, seguía actuando. Pero luego aparecieron nuevas manchas de infección. También gigantescas. De forma rectangular. Como parches en la esfera terrestre. No siempre contiguas. A veces sí. Surgían pegadas a otras ya masacradas. A las tres o cuatro semanas, en África y Asia, al sur del trópico de Cáncer, empezaban a quedar muy pocos espacios intocados.

Walczac era un ingeniero polaco al que le fueron intervenidas, en un control rutinario en una carretera escocesa, dos mochilas de 25 kilos cada una. No, no eran las mochilas abortivas del doctor Oturia, las mochilas Gello de nueva generación, eran dos mochilas conteniendo el equipo de transmisión y todas las piezas de un UAV, el Tracker, un avión espía francés de ocho kilos de peso, noventa minutos de autonomía y cámara día/noche. Los denominados UAV (Unmanned Aerial Vehicle / Vehículo aéreo no tripulado) habían experimentado en los dos últimos años un desarrollo exponencial. Tracker estaba situado en el peldaño más bajo de la gama. Estados Unidos e Israel disponían ya de modelos operativos de gran tamaño y espectaculares prestaciones. De hecho las siglas UAV, apropiadas para un aparato como el norteamericano Eagle 1, capaz de volar a 25.000 pies de altura y alejarse hasta 500 kilómetros con una autonomía de 24 horas, útil, por ejemplo para localizar terroristas en el desierto, estaban dando paso a las siglas UCAV (Unmanned Combat Aerial Vehicle / Vehículo aéreo no tripulado de combate) aplicables a los prototipos europeos Neuron y Barracuda. Walczac no supo explicar qué hacía en Escocia y qué hacía con las mochilas, Tracker no era una aeronave adecuada para diseminar sustancias sobre grandes extensiones de terreno, tampoco llevaba ningún dispositivo o adaptador para almacenarlas y Escocia quedaba demasiado lejos de las áreas infectadas, pero el polaco apareció muerto en la comisaría de Dundee a las setenta y dos horas de su detención y la trama empezó a crecer.

Fue una circunstancia casual pero lógica. Los varones de los territorios afectados no conseguían procrear aunque se trasladaran a muchos kilómetros de distancia. ¡Cómo no se le había ocurrido todavía a nadie! El problema no estaba en las mujeres. Estaba en los hombres. Un simple análisis seminal demostró que los espermatozoides de los individuos procedentes de las zonas atacadas no tenían movilidad alguna, flotaban muertos en el licor espermático. Los análisis de los no desplazados no hicieron más que corroborar lo que ya todos temían. Mientras, el área de esterilidad seguía creciendo; había saltado el Atlántico desde la costa occidental africana y, desde Cuba hacia el sur del continente americano, no quedaba semen en condiciones, semen humano, bien entendido, que en ningún lugar las poblaciones de otros mamíferos, incluso de las especies que junto con el hombre forman el orden de los primates, se veían afectadas. Las extrañas circunstancias que rodeaban el caso del ingeniero polaco abrieron un gigantesco abanico de especulaciones. La policía, la prensa, los servicios secretos necesitaban con urgencia dar una explicación a la hecatombe y el avión no tripulado, se supone que sustraído, intervenido a un personaje del que nada se conocía, dio pie a una historia que nadie pareció tener interés en desmontar y que en síntesis convertía a Walczac en suministrador de aeronaves a una organización criminal cuyo fin era la aniquilación de la raza humana mediante la fumigación con un espermicida. Como se verá después, la conjetura no iba del todo desencaminada pero la realidad resultó mucho más grandiosa y benefactora

3

Me dispuse a partir. Barcelona ya no daba más de sí. Estaba cansado. Del equipo del despacho. De la pareja Gello. Pobres resultados. Minucias pequeñoburguesas. Y ahora deslumbrado ante el cataclismo, quería volver a Magán, con Nora, para refugiarme entre los gruesos muros de la casa familiar. Y escribir. Acabar el libro. Y calibrar. Medir el alcance de la nueva situación. Observar desde el silencio los profundos cambios que, a nivel mundial, se iban a producir. Dudé. Pero convine que lo mejor era desprenderme para siempre de esa pesada carga. No dejar vínculos. No quería en ese instante bajo ningún motivo, contemplar la posibilidad de que alguno de los personajes irrumpiera otra vez en mi vida. Uno a uno. Los fui eliminando. Sin más.

Sin cálculos previos. Sobre la marcha. Dejé Barcelona el 30 de junio. Hacía calor. Le di al mando del climatizador. Puse la radio. Un individuo, «un individuo» enfatizaba el locutor de la SER, acababa de entregarse en una comisaría francesa confesando que era el autor del genocidio. Mas éste no cesaría por ahora. Un sistema de complejas radiaciones electromagnéticas emitidas desde varios y secretos puntos rebotaban en los satélites de órbita baja abriéndose en haz sobre la superficie de la tierra y creando huellas aleatorias en las que fracasaba el espermatozoide humano. El individuo se identificó como Dux. Y no dio otros datos.

Notas

Zurbano
[«Sólo polvo y más polvo hasta la Urbanización Casa Zurbano», pág. 271]
Es razonable pensar que esta urbanización de Esplugas se desarrolle sobre los terrenos de la finca Can Zurbano nombrada en el relato «Regional» (págs. 40-42).

Loverdos
[«La cueva del magnate Loverdos», pág. 271]
Una antepasada (o al menos una pariente) del magnate Loverdos podría ser Marta Loverdos de Altimira. La primera vez que esta señora aparece citada es en el poema «Análisis» publicado en enero de 1972 en el número CXC de la revista *Papeles de Son Armadans*, Madrid - Palma de Mallorca. Así se la cita: «... un hombre con aspecto de pertenecer a la mafia con una oreja atravesada por un aro de oro y una gran energía en los brazos era engañado por su esposa Marta Loverdos de Altimira en las noches que sucedían al drama, éste consistía en un fraude horrible perpetrado por León de Montesquieu en la persona de su egregio abuelo el barón Gomante...» (pág. 103 de *Papeles*). El poema «Análisis» también se recoge en *Ciudad propia. Poesía autorizada*, Artemisa Ediciones, La Laguna, 2006 (págs. 245-246); y también en *Edad del insecto* (en prensa). La segunda aparición de Marta Loverdos de Altimira es en el artículo de opinión «En búsqueda urgente», publicado el jueves 25 de octubre del 2007 en el diario *Heraldo de Aragón*, de Zaragoza. El artículo:

EN BÚSQUEDA URGENTE

No puedo precisar la fecha. Era verano, el de 1996, de eso no tengo la menor duda. Agosto lo más seguro. Pero a partir de ahí se desvanecen todas las certezas. Podría conjeturar que ocurrió durante la primera quincena ya que la segunda acostumbraba a pasarla con mis padres en Ejea. Y a mediados de semana ya que el lunes y el viernes no me acercaba por el despacho. Mas lo cierto es que no recuerdo qué día del mes vi esa cara de mujer pegada a un cristal de aquella tienda de efectos militares de Manifestación esquina con Alfonso. Una cara que correspondía a una persona situada tras la puerta de entrada y que parecía observar con infinita desgana el escaso trasiego de peatones en un mediodía especialmente caluroso. Una cara que me llamó la atención no por los característicos rasgos que luego describiré sino por su extraordinario parecido con alguien que conocía desde hacía muchísimo tiempo pero que, en ese instante (y en los que sobrevinieron), no podía identificar. La gestión ante el notario abreviada al máximo me permitió volver a pasar delante de la tienda antes de la hora de cierre. Ella seguía allí. En igual postura. Diríase que sin haberse movido. De pronto pensé, tontamente, que sería una fotografía, una pintura, una especie de trampantojo y me fui aproximando, poco a poco, hasta algo menos de un metro, y entonces, la figura cobró vida, sonrió y abrió la puerta creyendo sin duda que mi intención era entrar, y así fue. Lo que ocurrió entonces ha quedado perdido en la penumbra de mi memoria. Sí sé que al salir a la calle yo llevaba un pequeño paquete, una caja muy bien envuelta que contenía una condecoración y un librito que narraba la historia de la misma, y que también, en mi billetero, había una nueva tarjeta de visita: Marta Loverdos de Altimira / Dependienta sustituta. No vi a tan singular señora nunca más. No porque la dependienta titular hubiera regresado de sus vacaciones sino porque evité cruzar la calle por aquel punto para comprobarlo. Algo especial debió de suceder en aquel establecimiento.

He dicho que aquella cara me resultaba conocida pero no identificable y fue una circunstancia en extremo baladí la que cambió el panorama. Gabriel Albiac aseguró este septiembre en la conferencia que pronunció en Jaca que René Magritte además de magnífico surrealista había sido un tenaz copista y, al llegar a mi estudio, revolviendo los libros de arte para encontrar una biografía fiable del pintor belga me di de bruces con Marta. Allí estaba. En la sobrecubierta de un manual sobre Lucas Cranach el Viejo: un cuadro titulado *Retrato de mujer*, de 1522. Un libro de 1962, mal traducido del francés, el número cuatro de la colección La Magia del Color editado en Barcelona por Argos. Un libro, en suma, que me había acompañado en secreto durante cuarenta y cinco años dormido en el fondo de una de las cajas de cartón utilizadas en las incontables mudanzas.

Un semblante de difícil adscripción. Lívido, puntiagudo, prognato. Ojos azules sin luz. Boca indecisa, resignada a callar. Nariz fina. Cabellos rojizos. Había perdurado en mi cerebro sin que yo lo supiera. No había nada, en principio, que lo hiciera merecedor de su permanencia. A no ser que formara parte de un plan de reserva, de ese caudal de información que tarda en ser procesado, y que a veces no lo es, se va a la tumba con su propietario. Pero aquí no. Y el libro, de nuevo en mis manos, depara una nueva sorpresa. La foto de la sobrecubierta vuelve a ser reproducida en la página 39 a la manera de un díptico –si consideramos la página 38 que muestra un *Retrato de hombre* de igual factura y fecha–, pero lo notable es que en la página 80 topamos con otro *Retrato de mujer* de 1540, y que por poco dotados que estemos para la observación comparada nos revela que se trata de la misma mujer, dieciocho años envejecida.

Dicho lo cual, tras ardua meditación, creo que es de rigor buscar a Marta Loverdos de Altimira y que *Heraldo de Aragón* es la plataforma idónea, por su alta difusión en nuestra Comunidad Autónoma, para anunciarle que disponemos del cuerpo, de la cara, del gesto preferido que disfrutará en 2014 ya que al haber transcurrido once años desde el encuentro en Manifestación-Alfonso quedan otros siete para alcanzar los dieciocho que separan ambos óleos. Quizá también, este compromiso con el arte pictórico y con las reglas del azar, le suponga una garantía de vida hasta ese mes de agosto aunque, desgraciadamente, como ya se ha apuntado antes, no se pueda precisar hasta qué día.

Este artículo se cuelga el 28 de enero de 2008 en el blog http://ferrerlerin.blogspot.com acompañado del cuadro de Lucas Cranach el Viejo que se nombra en el texto y que, lógicamente, no se reprodujo en el diario.

Finalmente, en el mismo blog, se da la última referencia a Marta Loverdos de Altimira. Una poesía, quizá actual, como apoyo a una fotografía (¿de los sesenta?) que plasmaría la posible imagen de dicha musa.

315

Otra vez ella.
Me atormenta.
Llevo décadas buscándola.
¿Eres tú, Marta Loverdos de Altimira?
En la fase final, de recuperación biográfica,
hallo en el arcón esta foto de boda.
Muerdes la comisura izquierda
y un caballero impávido
te flanquea a la derecha.
Él no mira a la cámara
porque sabe
que tú y yo somos la imagen.

Bescansa & Claraco
[«Bescansa & Claraco escamotean apartamentos», pág. 274]
Una consistente tradición literaria y cinematográfica entroniza al fugitivo: individuo que huye con la justicia pisándole los talones. En esta línea, o al menos en una aproximación a esta línea, se podría situar a cierta persona ligera que durante muchos años vagó por la geografía patria cometiendo delitos contra la libertad sexual y el patrimonio arqueológi-

co sin ser jamás capturado. Era alguien carente de rostro y nombre que recaló en uno de los espacios ocultos diseñados por Bescansa y Claraco tras formalizar un contrato de arrendamiento en algún momento de su carrera criminal o, quizá, en una fase preparatoria de la misma. Este errabundo dispondría, con toda seguridad, de una amplia red de escondrijos para, entre fechoría y fechoría, meditar y recobrar fuerzas. Surgido de la nada, se difuminó en la misma para desconcierto y desazón de periodistas y detectives. Se trae aquí a colación por el acertado aprovechamiento publicitario que nuestro estudio de arquitectura hizo de las cuitas de este viajero: un plóter en brillante fuji con la cámara a ras de acera magnificando la figura de espaldas del ránger perseguidor –con un niño cogido de la mano– y la fachada del madrileño Edificio España, intervenido por Claraco en esas fechas, como inquietante e indescifrable telón de fondo.

Poemas

Los textos poéticos «El poema del perro Glu Gulaguer» (págs. 275-276), «Iro» (págs. 284-286) y «La Torre» (págs. 286-287) se recogen en el libro *Fámulo* publicado en la colección Nuevos Textos Sagrados de Tusquets Editores, Barcelona, 2009.

Chalamera

[«Y describe, para mí sólo, el color cobrizo de la ermita de Santa María de Chalamera», pág. 280]

Los vínculos continúan. En un artículo que saca el *Heraldo de Aragón* el 20 de diciembre de 2007 también se utiliza, ese color, como símbolo de identidad regional. Copio:

CARDELINA Y FIEMO

Fue en la Casa de la Cultura María Moliner de Jaca. Se presentaba el libro *Relatos de pasos perdidos* de la licenciada y profesora Sagrario Ramírez, una mujer vigorosa y resuelta cuya ágil escritura se siente particularmente cómoda en estos dos escenarios: la aldea de resonancias venatorias y la ciudad no exenta de vísceras y fluidos. En el animado coloquio alguien, de entre el público, con singular vehemencia, proclamó su fervor por uno de los relatos, el titulado «El puente», un texto suburbial de hálito forense, y solicitó a la autora la apertura de una línea de producción centrada en lo policial, judicial, criminal en suma, ese estereotipo a menudo denominado novela negra. Luego, ante el asombro general, el participante avanzó un paso más reclamando geografía zaragozana para el recorrido del héroe, un detective, señaló, que incluso podría pertenecer al género femenino. La cosa pareció gustarle a Sagrario y, su editor, el eficaz Joaquín Casanova, dio un respingo y también un codazo al costillar de la escritora convencido de la brillantez de la idea y de la idoneidad de su pupila para llevarla a cabo.

Ya don Quijote, expuso un edil realmente culto, desvió su ruta para no cruzar Zaragoza e ir directamente a Barcelona; quizá las justas a celebrar en la capital del Ebro eran de inferior calidad a las de la capital mediterránea. Un sacerdote recordó sin rencor la sentencia del novelista Juan Marsé que colocaba a Zaragoza a la cabeza de las ciudades de arquitectura franquista. La deriva fue inevitable. Situar las andanzas principales del flamante investigador en una urbe poco atendida literariamente concitaba comentarios para todos los gustos. Un sector del público, de aspecto universitario elegante, defendió el proyecto del arquitecto Joaquín Sicilia para vegetalizar el barrio de Delicias. Dos matrimonios, sin duda también del gremio, apostaron por oscurecer la ciudad, darle el tono cobrizo de la ermita de Santa María de Chalamera, convertir las aceras en terrazas entoldadas, ocultar las fachadas al viandante mediante voladizos y propagar la fiebre del rótulo, el pasquín y la pintada. Y de pronto, en mitad de la contienda, se hizo notar la voz de un rumano que solicitaba, sabiamente, reconduciendo el debate, la invención literaria de dos ayudantes para el jefe, dos hortelanos que aportarían, y esto fue ya empeño de la sección agraria de la sala, el sentido común y la experiencia bajo una capa de sana socarronería como contrapunto al pesquisidor implacable.

Apagaron las luces como único medio para clausurar el acto. La gente, sin embargo, no salió en tropel, quizá porque aún andaban enzarzados puliendo los detalles. En cualquier caso, y a medida que alcanzaban la calle, pudo constatarse que el número de asistentes había aumentado, en pocos minutos, de modo inaudito. Sagrario y Casanova fueron los últimos en abandonar el local, rodeados por una turba de promotores inmobiliarios que ofrecían el despacho idóneo para ubicar al protagonista (creo que eligieron uno en el Coso por lo sórdido del portal y por la incierta escalera). Al fin, la irrupción de un automóvil, los gritos de sus ocupantes implorando ayuda, la noticia, que corrió como la pólvora, de un nuevo caso de bestialismo en la comarca, y Sagrario empuñando el móvil para llamar a filas a sus subalternos C. y F. ahora en Berdún dando buena cuenta en El Rincón de Emilio de un excelente plato de boliches, agotaron la fiesta de las letras. El argumento de «El extraño caso de la emasculación del carnicero» no voy a contarlo; mejor lo compran y lo leen.

Documentos Tufo
[«Este documento, que fue encontrado en la guantera del Peugeot 407 de Joaquín Perra», pag. 292]
Además de ese documento había otros. Algunos fueron «cedidos» al autor de *Papur* (Editorial Eclipsados, Zaragoza, 2008) que los incluyó en dicho libro conformando la sección «Series». Rescatamos uno de ellos:

CAPTURA Y ELIMINACIÓN DE PERROS VAGABUNDOS

Los municipios de Vera de Ayllones, Conrubia, Majones y Salas del Maestre emprenden juntos una campaña de primavera-verano encaminada a resolver el problema de la existencia de perros vagabundos en sus áreas urbanas y periurbanas. Crean un equipo de laceros –formado por cuatro funcionarios, uno de cada municipio– que patrullará alternativamente por los pueblos capturando los perros sueltos e internándolos en una dependencia del Ayuntamiento de Conrubia que hará de perrera de los cuatro pueblos. Los animales permanecerán en la perrera donde podrán ser recuperados por sus dueños previa acreditación y pago de la correspondiente sanción y, transcurrido el tiempo marcado por la ley, si no son reclamados, serán sacrificados, cediéndose sus cadáveres a la Agrupación Ecologista del Somontano (AES) que dispondrá de ellos para su vertido en los muladares que diseminados por la sierra de Valcárcel sirven para contribuir al mantenimiento de las aves carroñeras que aún pueblan la comarca.
Relación de actuaciones con indicación de fechas, lugares, números de perros capturados, número de perros recuperados por sus dueños y número de perros sacrificados:
30/03/04 Núcleo urbano de Vera de Ayllones. 6 perros capturados. 3 perros recuperados. 3 perros sacrificados. (Los perros recuperados y sacrificados lo son dentro de los días previstos por la ley tras la fecha de su captura.)

02/04/04 Núcleo urbano de Vera de Ayllones. 4 perros capturados. 1 perro recuperado. 3 perros sacrificados.

05/04/04 «Huertas de Víctor» (Vera de Ayllones). 9 perros capturados. 6 perros recuperados. 3 perros sacrificados.

12/04/04 «Huertas de Víctor». 4 perros capturados. 0 perros recuperados. 4 perros sacrificados.

13/04/04 Núcleo urbano de Majones. 17 perros capturados. 0 perros recuperados. 17 perros sacrificados.

03/05/04 Núcleo urbano de Conrubia. 9 perros capturados. 2 perros recuperados. 7 perros sacrificados.

10/05/04 Núcleo urbano de Majones. 9 perros capturados. 0 perros recuperados. 9 perros sacrificados.

26/05/04 «Molino del madrileño» (Salas del Maestre). 2 perros capturados. 1 perros recuperado. 1 perro sacrificado.

31/05/04 Núcleo urbano de Majones. 3 perros capturados. 0 perros recuperados. 3 perros sacrificados.

09/06/04 Núcleo urbano de Salas del Maestre. 4 perros capturados. 4 perros recuperados. 0 perros sacrificados.

23/06/04 Núcleo urbano de Salas del Maestre. 1 perro capturado. 0 perros recuperados. 1 perro sacrificado.

30/06/04 «Jardines de Conrubia». 4 perros capturados. 0 perros recuperados. 4 perros sacrificados.

12/08/04 «La oblea» (Conrubia). 12 perros capturados. 1 perro recuperado. 11 perros sacrificados.

13/08/04 Núcleo urbano de Conrubia. 6 perros capturados. 0 perros recuperados. 6 perros sacrificados.

16/08/04 Núcleo urbano de Conrubia. 2 perros capturados. 0 perros recuperados. 2 perros sacrificados.

23/08/04 Núcleo urbano de Salas del Maestre. 4 perros capturados. 0 perros recuperados. 4 perros sacrificados.

08/09/04 «La papada» (Majones). 3 perros capturados. 0 perros recuperados. 3 perros sacrificados.

15/09/04 Núcleo urbano de Vera de Ayllones. 1 perro capturado. 0 perros recuperados. 1 perro sacrificado.

16/09/04 «Jardines de Conrubia». 1 perro capturado. 0 perros recuperados. 1 perro sacrificado.

20/09/04 «La papada». 1 perro capturado. 0 perros recuperados.

21/09/04 «Bicicletas» (Vera de Ayllones). 0 perros capturados. 0 perros recuperados. 0 perros sacrificados.
22/09/04 Núcleo urbano de Conrubia. 0 perros capturados. 0 perros recuperados. 0 perros sacrificados.
23/09/04 Núcleo urbano de Vera de Ayllones. 0 perros capturados. 0 perros recuperados. 0 perros sacrificados.
24/09/04 Núcleo urbano de Salas del Maestre. 0 perros capturados. 0 perros recuperados. 0 perros sacrificados.
25/09/04 de Majones. 0 perros capturados. 0 perros recuperados. 0 perros sacrificados.

Balance de la operación: Total de perros capturados: 102. Total de perros recuperados: 18. Total de perros sacrificados: 81. (La única magnitud con valor censal es la de perros sacrificados ya que algunos de los perros recuperados pudieron volver a capturar —al escaparse o ser liberados de y por sus dueños— pudiendo engrosar a continuación las cifras posteriores de cualquiera de las tres categorías.) (Págs. 85-87 de *Papur*)

Doppelgänger
[«Rafles se trajo a Loverdos y a su doppelgänger el Caballero Sombrilla», pág. 301]
Nada hacía presagiar el uso, en este texto, del vocablo alemán *doppelgänger*; quizá, y buscando los tres pies al gato, pudo influir cierta reciente y tenue propagación del término aquí y allá en documentos pretenciosos. En cualquier caso, la única conexión del autor con la palabra se produjo merced a la novela *Trópico de Capricornio* de Henry Miller en cuya página 188 (cito por la 3.ª edición, 1964, Santiago Rueda Editor, Buenos Aires, traducción de Mario Guillermo Iglesias) puede leerse: «–Eso, Miss Abercrombie –le dijo–, es una especie de Doppelgänger a mi verdadero miembro».
En esos comienzos de la década de los sesenta Ferrer Lerín poseía un ejemplar anotado de *Trópico de Capricornio* al alcance de sus amigos más tenaces en al arte masturbatorio. En la primera guarda se daba relación, a lápiz, de las páginas que acogían los pasajes más sugestivos. Uno de los receptores del ejemplar, el castellonense Norberto Tuerto, fue sorprendido por su padre en acto contranatura y, arrebatándole el útil, lo descuartizó y quemó allí mismo. Después preguntó de quién era y qué valor pe-

cuniario tenía, y así, resarcido, pude adquirir otro ejemplar –este que manejo– aunque no sé ahora si el masacrado sería de la 3.ª edición u otra anterior.

Norberto Tuerto es uno de los héroes del relato «Historia con dos versiones más que dudosas» que se incluye en el referenciado *Papur* y que reza así:

    HISTORIA CON DOS VERSIONES MÁS QUE DUDOSAS

Uno de los patios de juego del Colegio Nelis en la barcelonesa calle de Calvete linda con una casita cuyo jardín (o huerto) se cierra con un pequeño muro de mampostería. La hija de los propietarios de esta casita –un matrimonio bohemio dedicado al adiestramiento de cerdos para circo– acostumbra a asomarse al patio subiéndose a un banco o una silla que, dada la escasa altura del muro, le permite aflorar medio cuerpo por encima del borde. Éste es el patio que sirve de recreo a los alumnos mayores del colegio, los que cursan quinto y sexto de bachillerato. Para su vigilancia, la dirección del colegio ha contratado los servicios de un ayo, de hecho un brigada a las órdenes del director del centro, el comandante Lugo que, con su esposa, la señora Lugo, se encarga de la educación intelectual del alumnado masculino que cursa bachillerato. Los señores Lugo, llamados secretamente Senito y Senita, tienen fama de impartir la enseñanza con métodos no cuartelarios pero sí muy próximos a la disciplina militar. El ayo, apellidado Díez, es un tipejo disoluto que desprende un olor característico próximo al relleno en crudo de las croquetas de bacalao. Su estancia en el colegio es breve ya que pronto uno de los dos capellanes del colegio lo denuncia por contar incontroladamente chistes sacrílegos. Y es precisamente pocos días antes de esa expulsión cuando sucede el hecho motivo de este relato, consecuencia de la plática diaria entre los alumnos mayores, el ayo Díez y la hija de los amaestradores de cerdos. Existen dos versiones de este hecho.

Versión A: Díez cuenta a Norberto Tuerto y a Santi Márquez, los dos alumnos más aventajados del grupo que le acompaña en la plática diaria con la hija de los amaestradores, que ayer le hubiera tocado los pechos si no hubiera sido por los chillidos anunciadores de la llegada de una nueva remesa de cerdos y que la obligaron a entrar en casa para colaborar en la tarea de alojamiento de los mismos.

Versión B: Norberto Tuerto y Santi Márquez cuentan al resto de mayores que la hija de los amaestradores de cerdos se sacó los pechos del vestido (no se había puesto sostenes) y los puso sobre el borde del murete. Parece que esta maniobra, según Tuerto y Márquez, pudo producirse por el alto grado de confianza que existía entre los tres, muy superior a la que existía entre la oferente y el resto del alumnado, circunstancia que por lo tanto hacía improbable una repetición del espectáculo.

Análisis de la Versión A: Díez queda totalmente desautorizado al descubrirse que las manchas que adornaban los bajos de sus pantalones no eran gotas de semen perdidas en un volcánico intercambio con una gallega sino gotas de orina producto de su falta de cuidado en el ejercicio de la micción.

Análisis de la Versión B: Norberto Tuerto y Santi Márquez quedan totalmente desautorizados al descubrirse que el padre del alumno Samuel Roig (condiscípulo famoso por tener dos hermanas que tocaban al piano «Cachito, Cachito mío») ha llamado por teléfono al señor Lugo para denunciar que Tuerto y Márquez obligaron a su hijo a acompañarles al bar Los Cabales y a pagar veinticinco pesetas a una ramera para que, en un reservado, se sacara los pechos y los pusiera sobre una mesa, eso sí sin permitir que por ese precio pudieran manoseárselos (págs. 75-76 de *Papur)*.

Gomante
[«Allí Gomante (el barón espermático) jugó su baza», pág. 304]
En la nota *Loverdos* se hace mención del barón Gomante al transcribir (pág. 313) el poema «Análisis». Parece lógico establecer parentesco entre aquel noble y el que convoca Galalit.

Potoc
[«Se hacía llamar Potoc, Carto Potoc», pág. 306]
Este personaje Carto Potoc o Constancio Lagrava merece cierta atención complementaria. En la carta manuscrita que nos hizo llegar, ofreciendo sus servicios de escritor amplificador de ideas apareció, a modo de palimpsesto, en el envés de las dos hojas, una Relación de Oficios y Negocios extraída, según se aseguraba, de las páginas de publicidad de una Guía de la Provincia de Huesca del año 1908 cuyo autor era el oficial del Cuerpo de Correos Adrián Hernández y Cerezo. Esta lista, escrita, como la carta, con buena letra y trazo firme, era la siguiente, conservadas sus peculiaridades ortográficas:

–Lejía Eclipse. Gran fábrica á vapor por los procedimientos más modernos hasta el día. ¡¡La más aromática!! ¡Probad una botella y os convenceréis!

–Juan Antonio Palá. Paquetería, Pasamanería, Guttaperchas, Corsés, Hules, Dijes, Peinetas, Mayólica, Metal Blanco Plateado.

–Grand' Hotel. Magnífico edificio construído exprofeso. Waterclos, Baño, Coche a la Estación.

–Bernardino Franco Alonso. Minas. Compra venta.

–Lorenzo Fuyola. Fábrica de Gaseosas. Depósito de Hielo Natural. Elaboración de helados finos estilo Viena-Biscuí glacé clase especial.

–Francisco de la Rosa. Platero de su Majestad el Rey.

–Raimundo Vilas. Fábrica de velas de cera pura de abejas para el culto Católico. Caramelos, grajeas y dulces de los Alpes para la reventa, a los precios de los fabricantes de Madrid y Barcelona.

–Armería Oscense. Expendeduría oficial de toda clase de explosivos.

–Luciano Labastida. Agente de negocios y habilitado de clases pasivas.

–Sastrería de Mariano Solanes. Completo y variado muestrario en Estambres, Merinos, Cachemir, Alpacas, Almures, Cheviots, Gergas, Vicuñas. Especialidad en Sotanas, Manteos, Dulletas, Esclavinas y Mucetas. Doy las mismas facilidades para el pago que las demás casas. No equivocarse.

–Isidoro Vicente Ferrer. Primera procedencia. Cáñamos y linos en rama y rastrillados del país y extranjeros. Sacos, Talegas, Alforjas, Cinchas. Lona para toldos de carros. Fajas, Boinas, Gorras, Sombreros de varias clases y especiales de seda y fieltro para Sacerdotes. Fabricación de lizas, cordeles y sogas de todos gruesos y medidas. Alpargatas, Botas y Zapatos de todas clases. Por mayor y menor. Tacones higiénicos de goma. Grasas para carruajes. Betunes y cremas de varias clases para el calzado.

–Marcos Cereza. Antiguo y acreditado alquilador de carruajes y caballos de silla en esta Capital, ofrece sus servicios con bastante economía y esmero.

–Viuda é Hijos de J.A. Pié. Banqueros.

–Confitería, Pastelería y Repostería de Pascual Potoc. Variado surtido en pastas y pasteles de todas clases. Bombones y dulces nacionales y extranjeros. Vinos de marcas acreditadas.

–Potoc-Huesca. Essense-huile-Recharge d'accumulateurs par Automobiles. Esencia, aceite y carga de acumuladores para automóviles. Indicación de itinerarios. Informe de todo lo concerniente al automovilismo y turismo en general.

–Hojalatería, Vidriería y Lampistería de Sebastián Faure.

–Pablo Rovira. Frutos coloniales y del país. Chocolates elaborados a brazo marca Negrito.

–Mariano Molina. Guanos y abonos. Fábrica de Alcoholes vínicos y tártaros.

–Consultorio Médico-Quirúrgico del doctor L. Vilas Valdovinos. Especialidad en enfermedades de mujeres.

–Banda de música. Director: D. Domingo Viu. Especialidad para fiestas y serenatas.

–Fábrica de relojes monumentales de Francisco Coll Marqués. Lascellas. Se construyen relojes de péndulo compensador con 6, 7 o 9 varillas.

–Viuda de Jaime Dalmau. Barbastro. Repobladores de viñedos. Vides americanas de las tres especialidades: Morviedro, Aramón y Rupestris del Lot.

–Rayos X. Con estos Rayos se cura el cáncer (de los pechos, lengua, estómago, matriz, etc.), la neurastenia, las palpitaciones, las neuralgias, las enfermedades nerviosas. Baño eléctrico. Ducha eléctrica. Masage eléctrico. R. Juste. Puente nuevo. Barbastro.

–Lalanne Armenteras y Compañía. Barbastro. Exportación de vinos finos y corrientes. Fabricación de aceites vírgenes y comunes. Extracción de aceite del orujo. Champagne «Mercedes». Vino blanco «San Marcos» (selecto especial para ostras).

–Antonio Palacín. Fiel contraste de oro y plata. Especialidad en composturas de joyería, platería y relojería.

–Domingo Lasaosa Ruiz. Fábrica de pastas para sopa movida por la electricidad. Las pastas para sopa fabricadas en esta casa, se asimilan fácilmente al organismo y se recomiendan á todo el mundo por su pureza. Ventas al por mayor y al detall.

–Joaquín Pueyo. Fábrica de jabón. Comercio de ultramarinos y del país.

–Petit Fornos. Casa de Huéspedes de Bernardino Vizárraga.

–Gran tintorería. Vda. De Polo é Hijo. Fábrica nuevo modelo, la primera en Aragón, montada con todos los adelantos, con calefacción á vapor y movida por la electricidad. Ofrecemos a nuestra distinguida clientela todos los trabajos que se refieren a la tintorería moderna en toda su extensión. Lutos urgentes en 24 horas. Negros sólidos especiales para lutos y trajes talares.

–Alpargatería, Jergas y Ropas Hechas de la Viuda de Manuel Sábado.

–Franch. Quincalla. Perfumería. Artículos fotográficos. Casa especial en juguetes.

–La Actividad. Factaje y comionaje. Representantes de Americano Exprés.

–Confitería y Pastelería de Julio Aranda (Sucesor de Porta). Ramilletes, tortadas, caramelos, bombones, bizcochos, azucarillos y todo lo perteneciente al ramo.

–P. Roche y Coscojuela. Pieles, curtidos, trapos y frutas. Especialidad en badanas en pasta Alzumaque y lavado de reboles. Frutas de todas clases, verdes y secas. Clasificación de toda clase de trapos para la fabricación de papel y lanas regeneradas.

–Blas Oliet Ibarz. Comisionista de toda clase de cereales y despojos.

–Albarquería de Tomás Baso. Suela, bacales, trascales y albarcas hechas á medida. Precios económicos.

Comenté a Galalit el hecho de que Potoc hubiera «dejado olvidada» esa lista, que hubiera aprovechado un par de folios ya escritos en una cara, pero no fue capaz de dar una explicación porque no fue capaz de comprender el alcance del hecho en sí. En cambio repetía que el nombre verdadero de Carto Potoc era Constancio Lagrava y que, esta persona, procedía de una pequeña localidad del Pirineo de Huesca. Luego, cuando traté a Potoc, las sorpresas aumentaron. Aseguraba que su nombre era Carto Potoc, que era hijo de un vinatero francés de Cadillac, cercano a Burdeos, que tenía entre sus mejores clientes a Monsieur Labastide el minorista de Auch para el que estuve trabajando tantos años. El paso de Potoc a Lagrava lo explicaba por una cuestión de supervivencia: a raíz de un desgraciado asunto tuvo que huir de Francia, instalándose en ese pequeño pueblo perdido en la vertiente española de la cordillera, al tiempo que se convertía en escritor nutriéndose de las numerosas historias y datos locales que nadie se preocupaba en recoger. Potoc, curiosamente, tenía homónimos en la ciudad de Huesca si, realmente, eran de fiar los nombres de persona y los negocios de esa supuesta sección de publicidad de ese catálogo o revista (y esta extraña y anacrónica coincidencia reforzaba aún más la tesis de la intencionalidad en el olvido de la lista, aunque se me escapaban y se me escapan las razones de la maniobra). También quiso dar a entender que su familia pertenecía a una clase social relativamente común en el sur de Francia y que creía inexistente en el nordeste de España, una aristocracia provinciana casi campesina. Sería por esto que prefería los seudónimos para firmar sus escritos y, como ejemplo, dijo, aquí estaba un artículo suyo, publicado el jueves 17 de enero de 2008 en un diario aragonés, inspirado en sus vivencias pirenaicas y de aparente autoría apócrifa. Se llamaba «Altas montañas», lo llevaba doblado en el bolsillo; lo copio:

Son dos viejas historias que se solapan. Ambas suceden ante la ventanilla de una estación de ferrocarril de la provincia de Huesca. En la primera una pareja de recién casados de mediana edad saca, de modo peculiar, los billetes para el viaje de novios: él compra sólo el suyo y la novia, a continuación, compra el de ella; no sabemos, aunque algo parece comentar al empleado, si lo solicita contiguo al de su esposo. En la segunda historia, quizá coetánea, una pareja de recién casados de mediana edad se suma a la cola con la intención de sacar billetes para el viaje de novios pero él, cuando le toca el turno, no pide dos sino tres, el tercero para una segunda mujer que custodia las maletas sentada en un banco de madera del andén y que, por acuerdo a tres bandas, había entrado a formar parte del nuevo matrimonio.

Pasados los años tengo ocasión de conocer, durante una prolongada estancia en un rancio hotel pirenaico, a dos descendientes de esas familias: el señor Ernesto, portero de noche, y María Orosia, camarera de habitación. Del señor Ernesto decir que caminaba con cierta dificultad por la metralla adquirida en Belchite y que su fórmula de saludo era un cordial «¡Bien, bien, bien!... los padres, ¿fuertes?». De María Orosia que contrajo la enfermedad del cobre y que poco a poco, hasta su muerte en Anzánigo por picadura, fue mimetizándose con las paredes y suelos de los pasillos de la segunda planta, la más sombría, donde desarrollaba su labor. Mas no son esas peculiaridades las que traen aquí a estos dos personajes sino otras dos, profesional y familiar, que entroncan con la materia apuntada en las dos historias preliminares y no sólo por vínculos de parentesco.

El señor Ernesto tenía, entre otras, la función de anotar a lápiz, en una libreta colocada en el mostrador de la recepción del hotel, las entradas de nuevos huéspedes o, lo que es lo mismo, registrarlos provisionalmente hasta que la dueña, a partir de las ocho de la mañana, lo hiciera de forma completa y definitiva. Pocos eran, la verdad, de noche y en esa época, los movimientos de viajeros pero, si alguno caía, era sometido, por el señor Ernesto, a singular y celoso control: tomaba buena cuenta de la hora y minutos de cada llegada, del número exacto de componentes de cada remesa y, en el margen derecho, junto a los nombres de pila, escribía la clave «jb», si eran gente de bien, o «jm», si eran gente de mal o, al menos, dudosa. Pero para tranquilizar a la dueña, para normalizar situaciones, cada entrada de viajeros era denominada «matrimonio»; había pues matrimonios de uno, matrimonios de dos, de tres, de cuatro, y así un largo etcétera.

María Orosia procedía de una casa rica del más bonito pueblo del valle del Aragón. Una familia feliz que alguien quiso mal por cuestión de lindes y que, tras injurias y amenazas, las cosas, llegadas a mayores, desembocaron en un espantoso crimen y en el suicidio de su abuelo ya entonces viudo. Recostado en soledad en la gran cama matrimonial se disparó en la frente con la escopeta de caza proyectando en semicírculo la masa encefálica contra la pared. La habitación fue clausurada. Nadie osó entrar en ella durante veinticuatro años hasta que María Orosia contrajo matrimonio y, en cónclave familiar, se decidió volverla a abrir, destinarla a alcoba para los jóvenes esposos. Arrancada a fondo la vieja pintura, pintada, repintada, quemada la vieja cama, colocada la nueva junto a otra pared, reorientada, se convirtió en impecable abrigo hasta el 14 de octubre, día de San Calixto, aniversario del suicidio del abuelo, en que regresó la mancha. Todo, a partir de ese instante, es previsible: se vuelve a pintar la pared, María Orosia que está de tres meses pierde la criatura, se añade otra capa de pintura, el marido enloquece, más pintura, el marido coloca la cama donde la tenía el abuelo, se pega un tiro, consigue una mancha... aunque de carácter pasajero. Una historia que María Orosia contará con rigor a los atemorizados clientes y que según parece, con el paso del tiempo, irá adornando con nuevos detalles. Una historia de la que nadie supo nunca cuál fue su grado de verosimilitud pero que me ayudó a sobrellevar aquel hosco invierno de 1969-1970.

Y ya, como final de esta nota, dos subnotas:

La presencia de un tal Carto Potoc, funcionario, en tres poemas consecutivos de la obra, ya citada, *Ciudad propia. Poesía autorizada*. Son los poemas «Lingüística A», «Lingüística B» y «Lingüística C», en las páginas 259-261. En puridad, Carto Potoc, sólo se nombra en el primer poema, siendo, en los dos siguiente, sólo aludido, con una simple «c».

La cadena de significaciones que para el narrador supone la palabra «Cadillac». Primero, Potoc señala esta localidad francesa próxima a Burdeos como su lugar de procedencia. Segundo, el habitualmente infalible investigador mejicano, de origen italiano, Gutierre Tibón da Cadillac, de modo equivocado, en su *Diccionario etimológico comparado de nombres propios de persona* (Fondo de Cultura Económica, México, 1996), como patria de San Eloy –Eloi era el nombre de pila del hermano menor de Carto Potoc, no conocido en esos momentos de la historia y que reclamaría a Galalit los restos mortuorios de Carto– siendo realmente Chatelac, cerca de Limoges, la patria del que fuera platero y tesorero de los reyes Clotario II, al que hizo un trono de oro, y Dagoberto. Y, tercero, la marca norteamericana de coches Cadillac –favorita de Morna, «mi sueño es conducir un Cadillac Deville del 74»– tiene su origen –1902– en el siguiente episodio: los Cardellach, familia española (de Tarrasa, Barcelona) instalada en Nueva Orleáns desde comienzos del XIX, financian, con dinero obtenido cuarenta años antes a partir de oscuros negocios gestados en la guerra de Secesión, al mecánico naval Henry Leland para que fabrique el coche que se bautiza «Cadillac», transcripción fonética al inglés de «Cardellach». Y Cardellach era el tercer apellido de Deogracias Deulofeu Castaña (su abuela paterna Milagros «Mila» Cardellach de la Palma era natural de Tarrasa).

Gello

[«Y Oturia había mejorado y patentado su mochila: MOCHILA ABORTIVA GELLO», pág. 303]

Dos entradas enciclopédicas:

«GELLO: Joven sumamente deseosa de tener hijos; murió doncella porque no encontró quien quisiese ser su marido, lo que da a entender que sería más que medianamente fea. Su espectro iba errante por la isla de Lesbos, y como tenía celos de todas las madres, hacía morir dentro de su seno a los niños que llevaban antes que naciesen» (Collin de Plancy, *Diccionario Infernal*, Editorial Táber, Barcelona, 1968).

«GELO. Gelo es un "fantasma" de la isla de Lesbos. Era el alma en pena de una muchacha lesbia muerta joven y que volvía del más allá para robar a los niños» (Pierre Grimal, *Diccionario de Mitología Griega y Romana*, traducción de Francisco Payarols, Ediciones Paidós, Barcelona, 1982).

Dux
[«El individuo se identificó como Dux», pág. 311]
«Varón con gabán y sombrero, uno de los faustos de Eduardo Arroyo, visto de espaldas en un picado oblicuo a corta distancia. Plano medio lateral: cabeza, cuello, hombros. El protagonista en movimiento. Andando, a grandes pasos aunque no rápido pero sí resuelto. Pese a lo corto del encuadre pueden verse otros viandantes, parte de la fachada, la acera (profundidad de campo). Camina por una calle algo empinada.» Así se inicia la primera versión de la primera secuencia de un guión que escribiríamos sobre la ceremonia de la caminata de Dux hacia comisaría, la entrada en ella, y el íter procesal. El personaje surge ahí, al ser grabado por las cámaras de seguridad, antes no hay noticia alguna, si obviamos, claro, los hechos de los que se declarará responsable. Llega a la puerta y el protocolo, desde el «vengo a entregarme» a su ingreso en el calabozo, cuesta creer que fuera el habitual, dada la magnitud de sus culpas. El rostro, todavía, las formas generales, todavía, se desconocen; puede que se intuya cierta corpulencia o empaque importante por el modo de andar y, se desea, por la relevancia del personaje, un aire noble. En trazos nerviosos se apunta a lápiz en el margen derecho: «John Travolta, en *Basic*, sin duda». Quizá el momento más esperado, el punto sobre el que bascula la historia, es su llegada a la sala de vistas y el acto en el que se desprende tranquilo de las esposas para dárselas educadamente al perplejo oficial. Otras anotaciones: «Borsalino, Eduardo Úrculo»; «pantalla en negro y en su centro pequeñas letras blancas localizando y datando la acción»; «*ex lege, per legem*»; «Dux»; «ejecutor, *executioner, hangman*, verdugo, conocedor».

Comportamiento normal –por ejemplo pronunciaba frases de este cariz: «Quizá la forma que menos prefiera para morir sea la asfixia»–. Sin embargo el hecho de no excretar (no sudaba, no deponía, no orinaba; por abajo estaba cerrado) sorprendía a propios y extraños. Una analítica precisa hubiese despejado dudas acerca de su estado de salud, pero ello no fue posible; la masa de la sangre era cero. Al mes, anunció a bombo y platillo que se iba aunque antes ofrecería una rueda de prensa para dar un puñado de consejos. Abogados, jueces, el pueblo en general, urgieron a las fuerzas del orden para que redoblaran las medidas de seguridad. Y, en efecto, así se hizo. Mas nada impidió su marcha. En la celda, vacía tras su desaparición, un soldado reptante (por haberse roto el hueso de la alegría) de la marca estadounidense Marx Toys, provisto de rara voz, anunciaba enfático: «*Il tempo se ne va*». Cumplió, no obstante. Irrumpió, sin que se pudiera evitar, en todas las cadenas televisivas. Una arenga, una prédica demoledora, clara, concisa, que, gracias a la glosolalia en su forma más carismática, la que permite la comprensión del discurso sea cual sea la lengua del oyente, tuvo un efecto neutralizador, pedagógico, balsámico; todos amamos a Dux por buscar la dicha de la raza humana y, lo que es capital, por contribuir al logro de un buen futuro para el planeta Tierra.

Trepidante y colosal. Manta de carne. «Latifi Abd Alraziq, ahora en Yenín, paradigma, bomba demográfica árabe, sesenta y dos años, casada a los trece, 19 hijos, 16 vivos, 227 nietos y bisnietos. Israel tiembla –su población crece a un ritmo del 2,9 por ciento anual frente al 5 por ciento de Palestina–, mas nadie habla de que el problema no es la aniquilación del Estado judío sino la razón por la que puede ser aniquilado (la tasa de fertilidad en la franja de Gaza es del 7,5 por ciento, una media de siete hijos por mujer)» [Dux dixit]. Y así, sigue: «Como advirtiera Giovanni Sartori somos muchos, demasiados para un sitio tan pequeño. A comienzos del siglo XX éramos 1600 millones. En 1968, 3500 millones. Hoy (2003), 6000 millones». Añade: «Etiopía de 6 millones a 60 en pocos años. Nigeria en 2040 tendrá 250 millones. ¿Qué hacemos, les mandamos comida?». Dux también desgrana los postulados de Lovelock e incluso cita a investigadores locales como Grisolía y Tortella. Golpea después nuestras conciencias al acudir a los bienintencionados titulares de un diario –cada minuto fallecen 19 niños menores de cinco años, cada hora, 1140; cada día, 27.360; cada año, casi 10 millones– y nos golpea todavía más al interrogarnos: «¿Qué pasaría si no murieran?, ¿de qué modo se incrementaría el volumen de sufrimiento?, ¿hasta dónde creemos que el planeta va a soportar esta absurda plaga?». Dux calla, y queda flotando, sobre ese silencio, quizá por un fallo técnico, durante uno, dos segundos, al desvanecerse su imagen en los monitores, queda flotando la sensación de que su figura real no es la que nos ofrece; ha creído verse una disminución, desde una complexión holgada, fuerte, casi corpulenta, se ha pasado, o se ha iniciado el paso, a otra complexión menor, enclenque dicen en Magán, un hombre, sin duda, que mengua al término del parte justificativo diario. Sentado, confortablemente, en el sofá Mykonos, pegado a Nora, excitado como siempre que me hallo junto a ella, escucho complacido el canturreo de mi hembra, esa cancioncilla indefinida que susurra cuando es feliz, una costumbre que sólo grandes personalidades –José Luis Sampedro, Belita, Nardo Vuelco– son capaces de mantener durante toda una vida, pero, entremezclado en el canto, creo percibir un ligero reproche, una minúscula queja, no a mí, compruebo aliviado, sino a su hijo Cuco: «Antes, no hace mucho, mutabas a mayor velocidad; querido niño, tarreña viva, *ruisseau des singes*, mi rojo obús».